JN082928

図解

給排水衛生設備の基礎

山田信亮●著　菊地 至●イラスト

オールカラー

ナツメ社

はじめに

本書は2006年に初版を発行し、長い期間にわたって建築設備を学ぶ方や実務に就いている方などに愛読されてきました。この間も、社会のニーズの多様化や地球環境問題などに取り組むことによって、建築技術と共に建築設備の技術は日々、進化、発展をとげています。そこで、現在の状況に対応すべく、内容を見直し、全編をオールカラーにして改訂版を発行することになりました。

建築の設計や工事を行うにあたっては、３つの分野（意匠・構造・設備）の協力によって進められていきます。人間にたとえると、意匠は顔であり外観をいい、構造は骨であり、設備は心臓や胃腸、動脈・静脈および神経を表します。意匠・構造だけではただの倉庫や小屋にすぎません。人が生活していくためには設備がなければ生きられません。

さらに建築設備を分けると、給排水衛生設備、空気調和設備、電気設備から成り立っています。給排水衛生設備は、人間でいうと口から食道・胃・腸・肛門までのことで、水や食料を消化し、栄養源をとり（給水）、不必要なものは排泄する（排水）内臓です。空気調和設備は、熱源を心臓として、血液を各器官に送る動脈・静脈で表されます。電気設備の配線は神経であり、照明器具は頭脳です。これらのすべてがないと、人間も建物も生きていけません。

本書では上記のうち、生きていくためにもっとも必要といえる給排水衛生設備について、さらに細分化し、①上・下水道、②給水設備、③給湯設備、④排水・通気設備、⑤衛生器具設備、⑥消火設備、⑦ガス設備、⑧浄化槽設備についてわかりやすく、かつ詳細に説明しています。また、この本は、一般の方々から建築設備の仕事をしている方々まで、幅広くご愛読いただけるように、巻末に給水管および排水管の管径を決定するまでの解き方、さらにそれらの資料なども付けています。

ぜひ本書が、一般の方々の疑問解決に役立つことを願っています。また、建築系の各資格にチャレンジする方々の夢を実現するために、出題傾向の高いテーマに的を絞り解説をしていますので、１人でも多くの方が資格を取得され、社会で活躍されることを期待しています。

最後に、本書の執筆にあたり、諸先生方の文献、資料を参考にさせていただきましたことを、紙上を借りてお礼申し上げます。また、菊地至氏、および持丸潤子氏に並々ならぬご協力とご援助をいただきましたことを厚くお礼申し上げます。

2023年３月

山田　信亮

本書の読み方、使い方

左と右の２ページで１つの項目を説明しています。左のページでは、要点を絞って文章で解説しています。まずはこのページを読んで全体を理解しましょう。

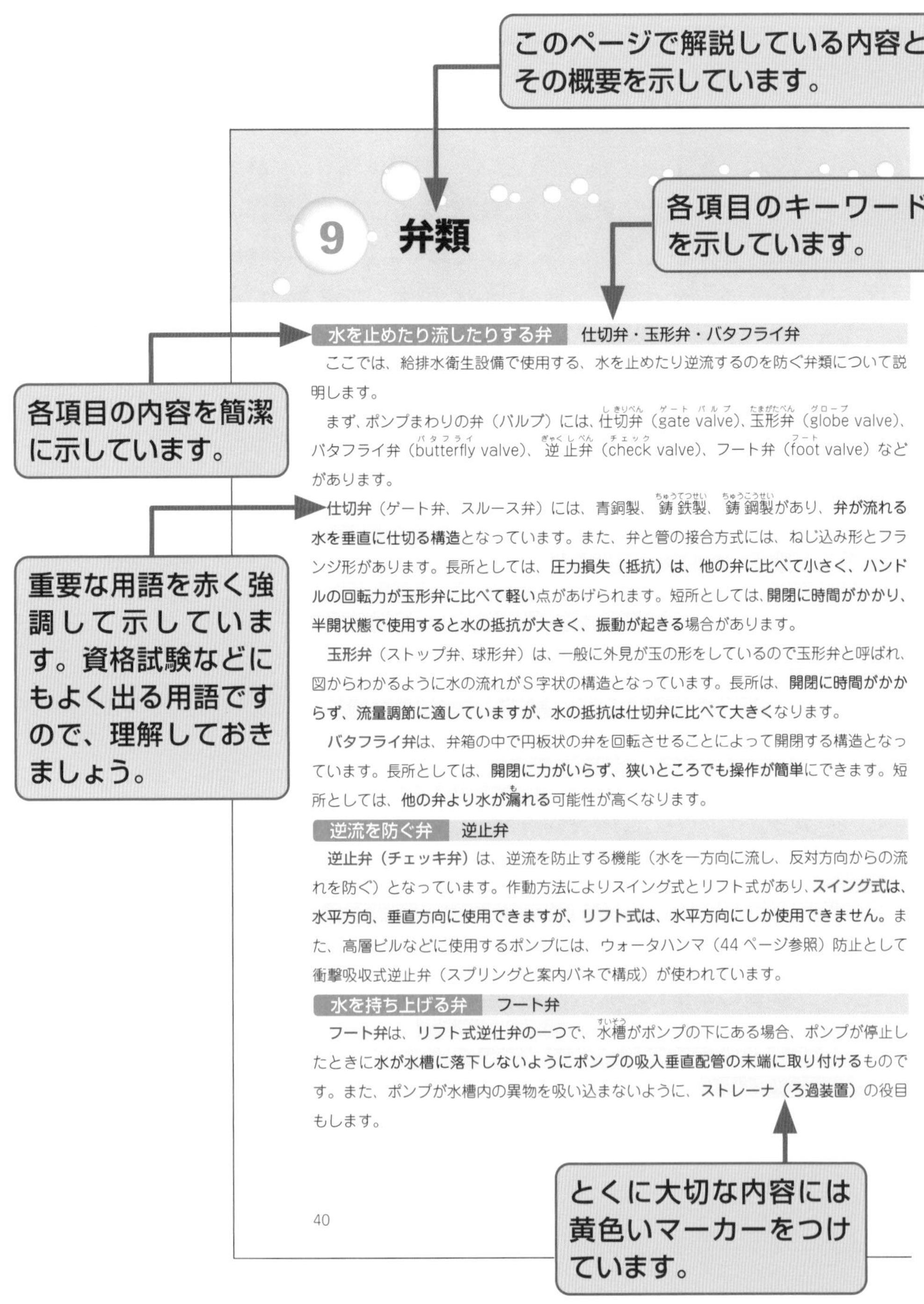

このページで解説している内容とその概要を示しています。
各項目のキーワードを示しています。
各項目の内容を簡潔に示しています。
重要な用語を赤く強調して示しています。資格試験などにもよく出る用語ですので、理解しておきましょう。
とくに大切な内容には黄色いマーカーをつけています。
9 弁類
水を止めたり流したりする弁　仕切弁・玉形弁・バタフライ弁
ここでは、給排水衛生設備で使用する、水を止めたり逆流するのを防ぐ弁類について説明します。
まず、ポンプまわりの弁（バルブ）には、仕切弁（gate valve）、玉形弁（globe valve）、バタフライ弁（butterfly valve）、逆止弁（check valve）、フート弁（foot valve）などがあります。
仕切弁（ゲート弁、スルース弁）には、青銅製、鋳鉄製、鋳鋼製があり、弁が流れる水を垂直に仕切る構造となっています。また、弁と管の接合方式には、ねじ込み形とフランジ形があります。長所としては、圧力損失（抵抗）は、他の弁に比べて小さく、ハンドルの回転力が玉形弁に比べて軽い点があげられます。短所としては、開閉に時間がかかり、半開状態で使用すると水の抵抗が大きく、振動が起きる場合があります。
玉形弁（ストップ弁、球形弁）は、一般に外見が玉の形をしているので玉形弁と呼ばれ、図からわかるように水の流れがＳ字状の構造となっています。長所は、開閉に時間がかからず、流量調節に適していますが、水の抵抗は仕切弁に比べて大きくなります。
バタフライ弁は、弁箱の中で円板状の弁を回転させることによって開閉する構造となっています。長所としては、開閉に力がいらず、狭いところでも操作が簡単にできます。短所としては、他の弁より水が漏れる可能性が高くなります。
逆流を防ぐ弁　逆止弁
逆止弁（チェッキ弁）は、逆流を防止する機能（水を一方向に流し、反対方向からの流れを防ぐ）となっています。作動方法によりスイング式とリフト式があり、スイング式は、水平方向、垂直方向に使用できますが、リフト式は、水平方向にしか使用できません。また、高層ビルなどに使用するポンプには、ウォータハンマ（44ページ参照）防止として衝撃吸収式逆止弁（スプリングと案内バネで構成）が使われています。
水を持ち上げる弁　フート弁
フート弁は、リフト式逆仕弁の一つで、水槽がポンプの下にある場合、ポンプが停止したときに水が水槽に落下しないようにポンプの吸入垂直配管の末端に取り付けるものです。また、ポンプが水槽内の異物を吸い込まないように、ストレーナ（ろ過装置）の役目もします。
40

右のページでは、左のページの解説の中でとくに大切な事項や、文章だけではわかりにくいことを図を用いて説明しています。

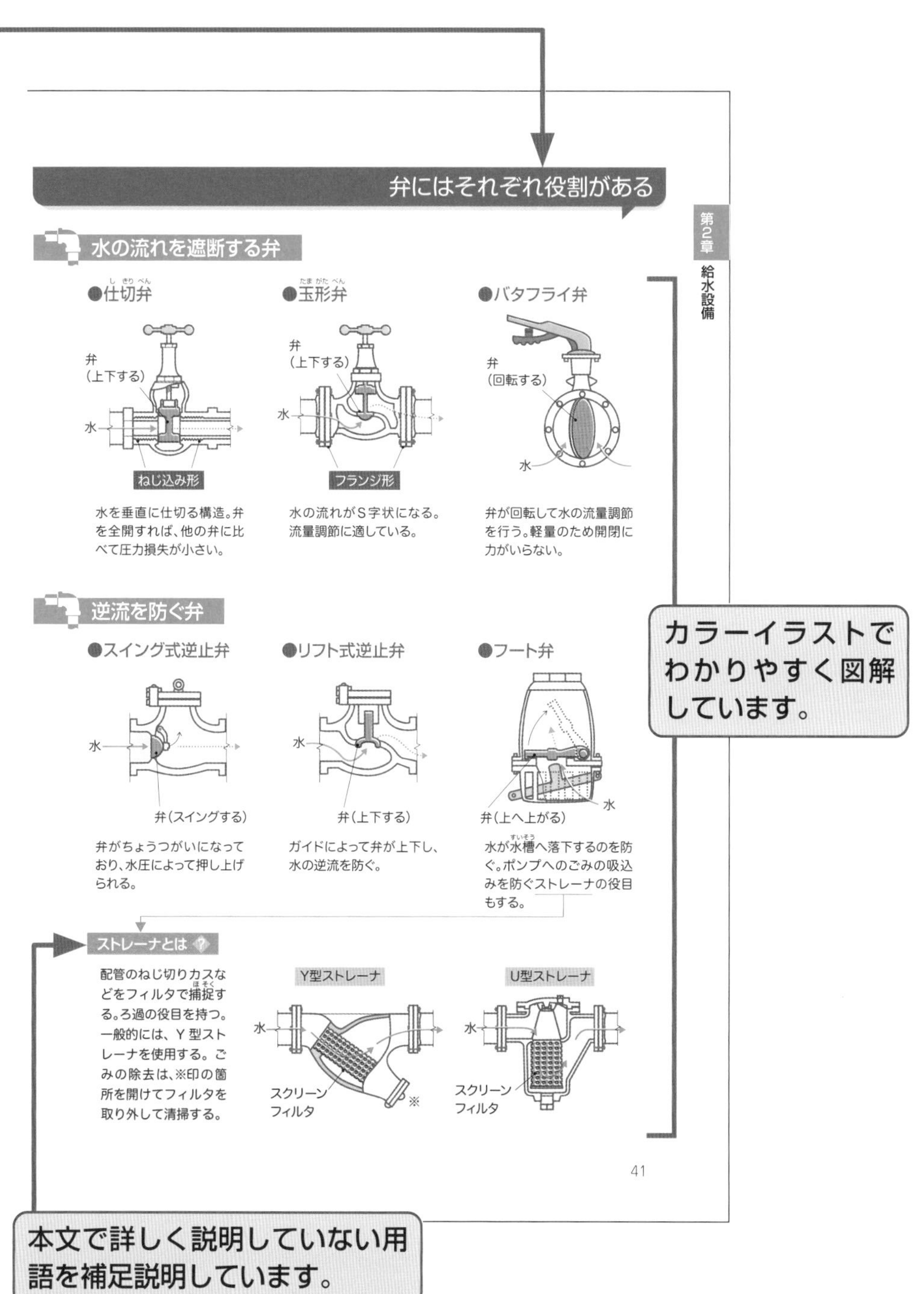

弁にはそれぞれ役割がある
第2章
給水設備
水の流れを遮断する弁
●仕切弁
弁
(上下する)
水
ねじ込み形
水を垂直に仕切る構造。弁を全開すれば、他の弁に比べて圧力損失が小さい。
●玉形弁
弁
(上下する)
水
フランジ形
水の流れがS字状になる。流量調節に適している。
●バタフライ弁
弁
(回転する)
水
弁が回転して水の流量調節を行う。軽量のため開閉に力がいらない。
逆流を防ぐ弁
●スイング式逆止弁
水
弁(スイングする)
弁がちょうつがいになっており、水圧によって押し上げられる。
●リフト式逆止弁
水
弁(上下する)
ガイドによって弁が上下し、水の逆流を防ぐ。
●フート弁
弁(上へ上がる)
水
水が水槽へ落下するのを防ぐ。ポンプへのごみの吸込みを防ぐストレーナの役目もする。
ストレーナとは
配管のねじ切りカスなどをフィルタで捕捉する。ろ過の役目を持つ。一般的には、Y型ストレーナを使用する。ごみの除去は、※印の箇所を開けてフィルタを取り外して清掃する。
Y型ストレーナ
水
スクリーン
フィルタ
※
U型ストレーナ
水
スクリーン
フィルタ
41
カラーイラストでわかりやすく図解しています。
本文で詳しく説明していない用語を補足説明しています。

目 次

第3章　給湯設備

第４章 排水・通気設備

第5章　衛生器具設備

第6章 消火設備

第7章 ガス設備

第8章 浄化槽設備

付 録

上・下水道

一般的に、「建築設備」というと、敷地内および建物の中の設備をいいます。上・下水道は敷地外の施設のため、これらの管理や整備は水道局や下水道局の仕事になりますが、水の循環システムの一環として、基本事項は把握しておきましょう。本章では「水はどこからきて、どのようにして飲める水になるのか」「下水がどうやってきれいな水になり放流されるのか」「上・下水道施設の施工」などを説明します。

1 上水道の施設

上水道とは？　飲料水を供給するための施設

上水道とは、水道法上の水道のことです。**水道**とは、**導管およびその他の工作物により水を人の飲用に適する水として供給する施設の総体**をいいます（臨時に施設されたものを除く）。

水の源にはどのようなものがあるか？　水道水の水源

水道水の水源は、地表水と地下水に分類されます。地表水には、河川水、湖沼水、貯水池水があり、地下水には、浅層水、深層水、湧泉水、伏流水などがあります。浅層水は、地表から深さ30mくらいまでの水を、深層水は30m以上の深い層にある水をいいます。

きれいな水はこうしてできる　上水道施設

水道の水源水が需要者に供給されるまでには、原水の質および量、地理的条件、水道の形態などに応じて、取水施設、貯水施設、導水施設、浄水施設、送水施設、配水施設、給水施設での作業プロセスを経ています。

取水施設は、河川、湖沼、または地下水源から**水を取り入れ、粗いごみや砂などを取り除いて導水施設へ送り込む**施設です。

導水施設は、**取水施設から浄水施設までの水路**のことです。導水方式は、水源と浄水場の水位関係によって自然流下方式とポンプ加圧方式を使い分けます。

浄水施設は、原水を水質基準に適合させるために**沈殿、ろ過、消毒などを行う**施設です。詳しくは、右図に説明しています。

送水施設は、**浄水池から配水池まで必要な量の水を送るためのポンプ、送水管など**による施設です。送水の方法は自然流下方式が望ましいですが、水位関係により必要に応じてポンプ加圧方式としています。

配水施設は、**浄化した水を給水区域内の需要者に必要な圧力で必要な量、配水する**ための施設です。配水池、配水塔または配水ポンプにより、配水管（水道本管）を通して各家庭などに水を供給します。

給水装置（給水施設）とは、**配水管から分岐した給水管とこれに直結する給水栓（蛇口）などの給水器具**のことです。配水管に直結していない受水槽以下の設備は水道法の対象となる給水装置ではありませんが、その構造、材質などについては建築基準法に定められています。給湯器などは、水道事業者の承認を受けた場合に限って給水装置として使用できます。

きれいな水はこうしてできる

上水道施設の一般構成図

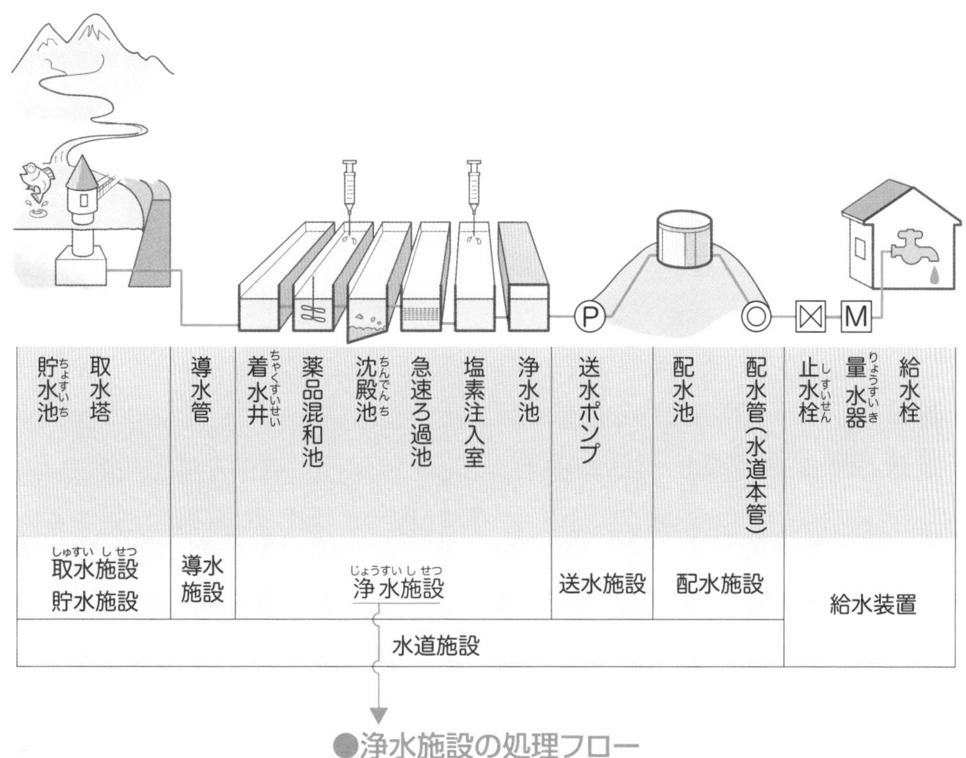

●浄水施設の処理フロー

着水井	河川などから原水を導入する際に、原水の水位の動揺を安定させるとともに、水量を調節する。
薬品混和池	原水中に浮遊している砂などの粒子を短時間で沈殿除去させるために薬品を注入する。
沈殿池	水中の微生物を沈殿しやすくする凝 集 剤を原水に混和させる混和池と、フロック（増殖した細菌の集まったもの）形池から構成される。凝集剤には硫 酸アルミニウムやPAC（水道用ポリ塩化アルミニウム）が一般的に使用される。
急速ろ過池	ろ過速度120～150m/日で水をろ過する池。これに対して3～5m/日でろ過する緩速ろ過がある。急速ろ過は　緩速ろ過に比べて、濁度、色度の高い水を処理する場合によく用いられる。
塩素注入室	ろ過法では細菌を完全に除去できないので、消毒剤（さらし粉、液化塩素、次亜塩素酸カルシウム）を用いる。これは水道法施行規則で定められている。

2 上水の水質基準

飲む水には基準がある　水質基準

飲用水は、**無色、透明であり、異臭や味もなく、かつ、人間に無害であり、健康に影響を与えてはなりません**。水道法に基づく水質基準に関する省令（平成15年5月30日厚生労働省令第101号）において、**51項目の水道水の水質基準**が定められています。その中でも特に重要で知っておいたほうがよい項目について解説します。

一般細菌とは、特定の菌をいうわけではなく、どこにでもいる雑菌（病原性細菌以外のもの）も含んでいます。上水が塩素消毒され、この数値が基準以下（集落数100／mL以下）になっていれば病原性細菌も消毒されているということになります。

大腸菌とは、人や動物の腸管内に住みつく細菌ですが、河川・湖沼などの自然環境にも生息しています。一般的に、人間の腸管内では病原性を示しませんが、一部の大腸菌が腸管内で感染すると、下痢などを起こさせ、急性の腸炎を引き起こす場合があります（病原大腸菌）。なお、水道により供給される水は、絶対に大腸菌が検出されることがあってはなりません。

蒸発残留物とは、水中に浮遊していたり溶けていたものが、水が蒸発したときに残ったものをいいます（一般的には白色）。主な蒸発残留物の成分は、カルシウム、マグネシウム、シリカ（二酸化ケイ素）、ナトリウム、カリウムなどの塩類および有機物です。

pH値（ピーエッチ）とは、水の酸性かアルカリ性の度合を示す数値です。pHはpH0～pH14までであり、pH7を中性とし、pH0に近いほど強酸性で、pH14に近いほど強アルカリ性となります。なお、水道水のpH値は**5.8以上8.6以下**であることとされています。

濁度とは、水の濁りの程度を数値で表したものです。

給水栓から出てくる水の塩素　塩素消毒

ビル衛生管理法では、特定建築物を環境衛生上良好な状態に維持するためには、**水質検査は6ヶ月以内ごと、残留塩素の測定は7日以内ごとに1回**行うことと定められています。残留塩素とは塩素消毒した水に残っている塩素のことで、水の汚染を防ぐためには、常に残留塩素が保持されている状態になっていなければなりません。水道法施行規則第17条第3号に次のように規定されています。「給水栓における水が、**遊離残留塩素を0.1mg／L（結合残留塩素の場合は0.4mg／L）**以上保持するように塩素消毒をすること。ただし、供給する水が病原生物に著しく汚染されるおそれがある場合又は病原生物に汚染されたことを疑わせるような生物若しくは物質を多量に含むおそれがある場合の給水栓における水の遊離残留塩素は、0.2mg／L（結合残留塩素の場合は、1.5mg／L）以上とする。」

飲む水には基準がある

水道水の水質基準

項目	基準値
一般細菌	1mL の検水で形成される集落数が 100 以下であること
大腸菌	検出されないこと
カドミウムおよびその化合物	カドミウムの量に関して、0.003mg/L 以下であること
水銀およびその化合物	水銀の量に関して、0.0005mg/ L 以下であること
セレンおよびその化合物	セレンの量に関して、0.01mg/ L 以下であること
鉛およびその化合物	鉛の量に関して、0.01mg/L 以下であること
ヒ素およびその化合物	ヒ素の量に関して、0.01mg/ L 以下であること
六価クロム化合物	六価クロムの量に関して、0.02mg/L 以下であること
亜鉛およびその化合物	亜鉛の量に関して、1.0mg/L 以下であること
鉄およびその化合物	鉄の量に関して、0.3mg/L 以下であること

項目	基準値
銅およびその化合物	銅の量に関して、1.0mg/ L 以下であること
ナトリウムおよびその化合物	ナトリウムの量に関して、200mg/ L 以下であること
マンガンおよびその化合物	マンガンの量に関して、0.05mg/L 以下であること
塩化物イオン	200mg/L 以下であること
蒸発残留物	500mg/L 以下であること
pH 値	5.8 以上 8.6 以下であること
味	異常でないこと
臭気	異常でないこと
色度	5 度以下であること
濁度	2 度以下であること

水質基準に関する省令（平成 15 年厚生労働省令第 101 号）より抜粋。すべての項目は 201、202 ページを参照のこと。

●水道水のpH値

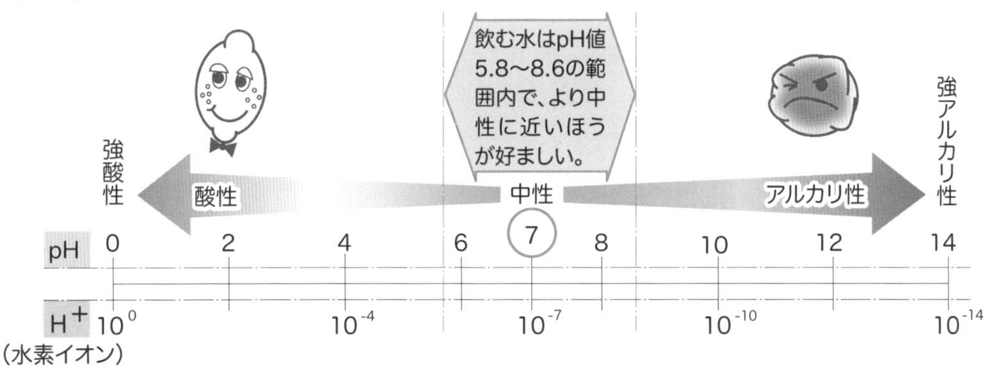

塩素消毒の義務づけ

給水栓における水の残留塩素量は以下のように規定されている。

		通常の水	汚染のおそれがある水
遊離残留塩素	塩素・次亜塩素酸・次亜塩素酸イオンのことで、強い殺菌力がある。	0.1mg/L 以上	0.2mg/L 以上
結合残留塩素	モノクロラミン・ジクロラミン・トリクロラミンなどの窒素と結合した塩素のことで、弱い殺菌力がある。	0.4mg/L 以上	1.5mg/L 以上

水道法施行規則第 17 条第 3 号より

3 水道施設の計画と施工

上水道の給水量はどのように決められているのか？　計画水量

取水施設、浄水施設、送水施設といった給水施設で処理する水の量を計画するには、次に記すような計画水量に基づいて計算します。

計画取水量、**計画浄水量**、**計画送水量**は、**計画１日最大給水量**（１日に必要とされる最大給水量）を基準として決められています。また、**計画導水量**は、**計画１日最大原水量**（１日に必要とされる原水の最大量）を基準として決められています。ただし、**計画配水量**だけは、**計画時間最大給水量**（１時間当たりの必要とされる最大給水量）を基準として決められていますが、**火災時を考えて、計画１日最大給水量の１時間当たりの水量と消火用水量の合計**とするのが望ましいでしょう。

配水管路の水圧はどのくらいか？　配水管路の静水圧・動水圧

配水管内の水圧は、**最大静水圧**（静水圧とは静止している水中において働く力のこと）**においては、0.75ＭＰａ（メガパスカル）を超えてはいけません**。また、**最大動水圧**（動水圧とは流れている水の垂直面にかかる圧力のこと）**においては、最高0.5MPa程度**とすることが望ましいといわれています。最小動水圧は、直結給水範囲の拡大、地域の特性に応じて必要な圧力とします。

配水管の深さはどのくらいか？　埋設深度

配水管（給水管）の埋設深度（まいせつしんど）は、公道（車道部分）で1.2m以上、公道（歩道部分）で0.9m以上、私道で0.75m以上、宅地内では0.3m以上（車道部0.6m以上）とします。

隣接する給水管同士の間隔は？　給水管の取付位置

隣接する給水管の取付口の間隔は30cm以上離さなければなりません。ある給水装置で大量の水を使う場合、隣の給水装置の水圧が変動し、水量が少なくなるおそれがあるからです。また、配水管と他の埋設物とが交差する場合、または近接して埋設する場合は、配水管を上部にして、管と管の間隔を最低30cm以上離さなければなりません。これは、汚染の原因となる場合があるからです。

施工上の注意点は？　配水管の施工

熱や地震などによって管が伸び縮みしたり曲がったりする場合があるので、**露出**（ろしゅつ）（地表に出ている部分）された管路では、**20～30mの間隔に伸縮継手**（しんしゅくつぎて）（伸び縮みする継ぎ物）を設けて対処するようにしています。また、施工・維持管理上、**口径800mm以上の管**には、中に人が入って点検できるように**入孔**（いりあな）（マンホール）を要所に設けるようにします。

上水道の施設はどのように造られているか

上水道の給水量基準

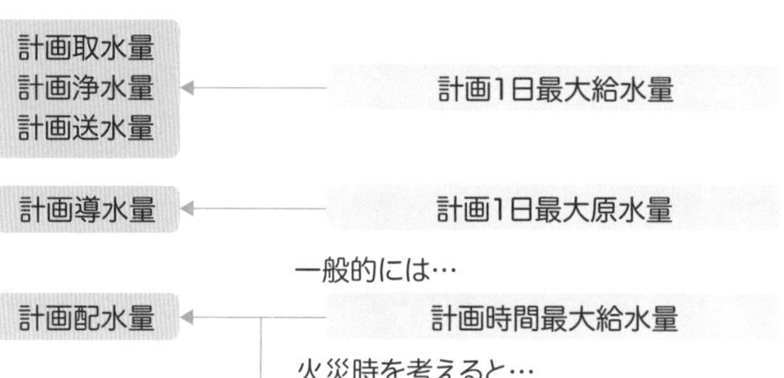

基準となる
計画1日最大給水量
計画1日最大原水量
計画時間最大給水量
を覚えよう！

配水管の埋設深度と施工

●埋設深度

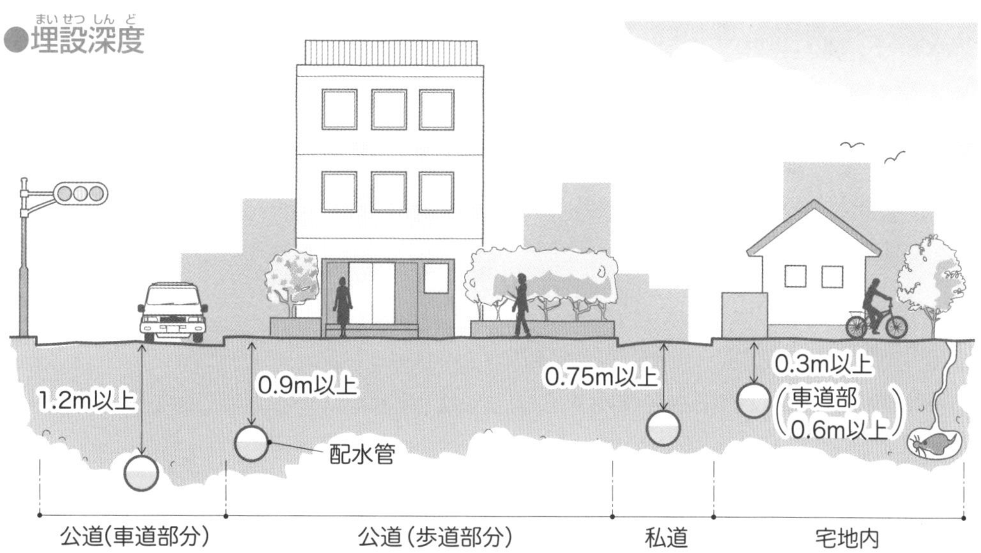

●給水管同士の間隔

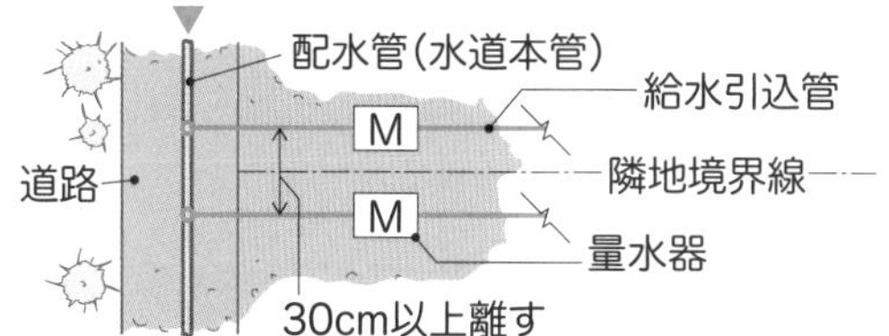

隣接する給水引込管の間隔は、30cm以上としなければならない。

●入孔の設置

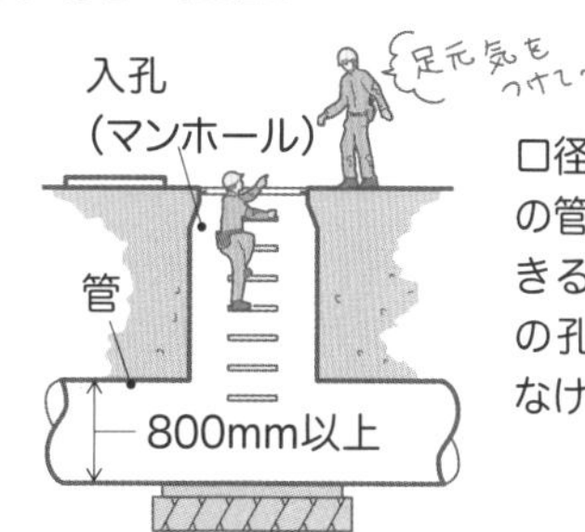

口径 800mm 以上の管には、点検ができるようなふた付の孔を要所に設けなければならない。

4 下水道の施設

下水道とは？　下水処理施設

下水道とは、下水（生活排水や工業排水または雨水をいう）を排除するために設けられる排水管、排水渠、その他の排水施設、さらにこれらに接続して下水を処理するために設けられる処理施設など、その他の施設の総体をいいます。

下水道にはいろいろある　下水道の種類

下水道の種類には、大きく分けると公共下水道、流域下水道、都市下水路があります。そのうち公共下水道にはさらに特定環境保全公共下水道と特定公共下水道があります。

公共下水道は、下水道法より「主として市街地における下水を排除し、又は処理するために地方公共団体が管理する下水道で、終末処理場を有するもの（**単独公共下水道**）又は流域下水道に接続するもの（**流域関連公共下水道**）であり、かつ、汚水を排除すべき排水施設の相当部分が暗渠（**地下に設けられた水路**）である構造のもの」とされています。この設置および管理は、原則として市町村が行います。公共下水道のうち、**特定環境保全公共下水道**は、農山漁村部の中心集落および湖沼周辺部の観光地などにおいて実施されています。また、**特定公共下水道**は、特定の事業活動に伴って排出される下水を処理するものをいいます。

流域下水道は、河川や湖沼の流域内にある２つ以上の市町村の行政区域を越えて下水を排除するものです。各市町村ごとに公共下水道を建設するよりも、一括して下水を処理することによって、建設費も安く、運営上からも効果的です。設置および管理は、都道府県が行います。

都市下水路は、市街地の雨水を排除する目的で造られるもので、終末処理場を持たないので水質の規制があります。

下水管は道路の下に１本か？２本か？　下水の排除方式

下水の排除方式には、分流式（**汚水と雨水とを別々の管路で流す**）と合流式（**汚水と雨水とを同一の管路で流す**）があります。

分流式は、雨天時に汚水を水域に放流することがないので、**水質保全上有利**です。ただし、汚水管渠は合流式に比べ小口径のため、所定の管内流速をとるのに勾配を急にしなくてはならず、**埋設が深くなり、あまり経済的ではありません**。**合流式**は、管が１本のため、**施工が容易**ですが、雨天時には、計画時間最大汚水量の３倍以上の下水が処理されずに放流され、**公共用水域が汚濁（汚れること）されるおそれ**があり、最近は分流式に切り替える地方が多くなってきています。

排水はこうして流れる

下水道の種類

下水道

公共下水道

主として市街地における下水を排除・処理する。終末処理場（しゅうまつしょりじょう）※を有する。

- **特定環境保全公共下水道**

  公共下水道のうち、農山漁村部の中心集落および湖沼（こしょう）周辺部の観光地などにおける下水を排除。

- **特定公共下水道**

  公共下水道のうち、特定の事業活動に伴って排出される下水を処理。

流域下水道

2つ以上の市町村の下水を排除。終末処理場を含む下水道施設の設置、管理は、原則として都道府県が行う。

都市下水路

主として市街地における雨水を排除。終末処理場を有していない。

※　下水処理場のことで、適正な水質に処理され、河川・湖・海へ放流される。

下水道のしくみ

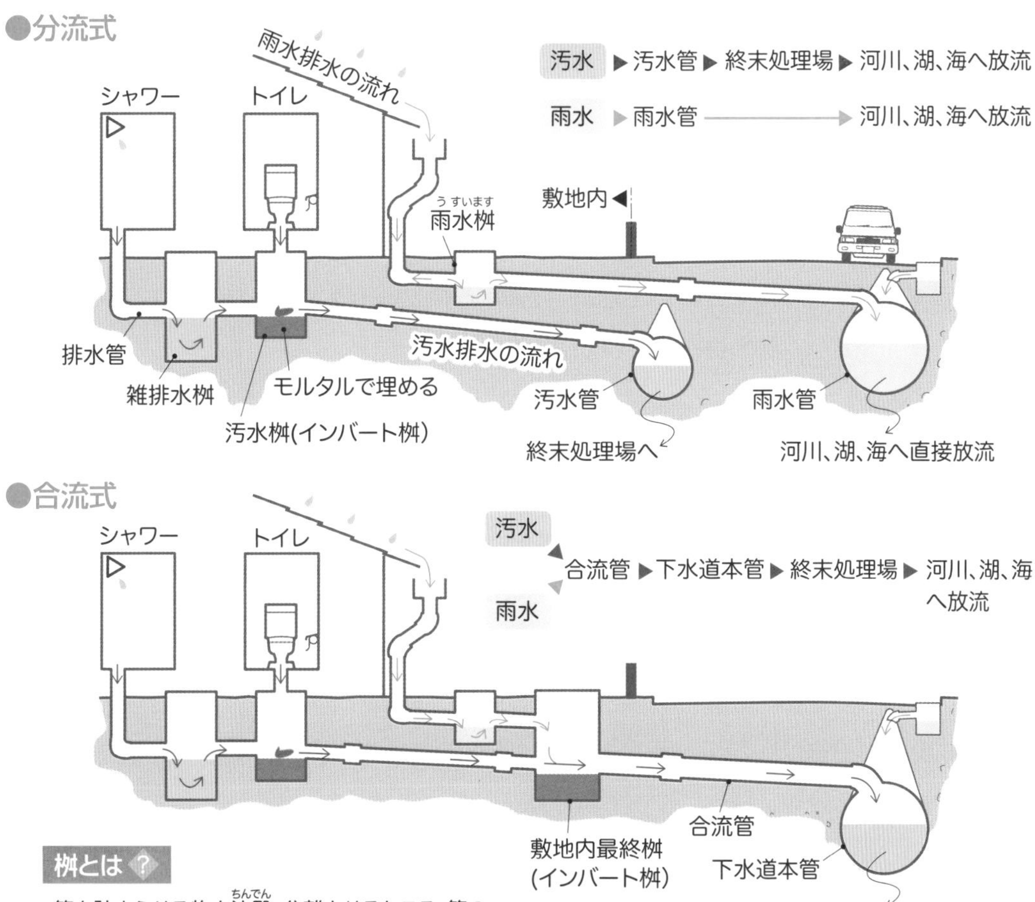

桝とは？

管を詰まらせる物を沈殿（ちんでん）、分離させるところ。管の清掃、メンテナンスの上でも重要な役割を果たす。

5　下水道の水質基準

放流する水には基準がある　下水道基準

上水（飲み水）に水質基準があるように、下水道（使用後、放流する水）にも水質基準があります。下水道法の第８条に「公共下水道から河川その他の公共の水域または海域に放流される水の水質は、政令で定める技術上の基準に適合するものでなければならない。」と定められています。また、下水道法施行令では、下水道への流入水の水質基準が定められており、下水を排除する者は、終末処理場で処理できない物質については、終末処理場からの放流水の水質基準とほぼ同様の基準にすることが義務づけられています。

ここでは、下水道法施行令の下水道への流入水の水質基準の中で、特に重要で知っておいたほうがよい項目について解説します。

BOD（Biochemical Oxygen Demand）は、**生物化学的酸素要求量**といいます。水中の腐敗性有機物質が微生物（好気性菌：酸素を好きな菌）によって分解される際に消費される、水中に溶解している酸素量（溶存酸素：**DO**［Dissolved Oxygen］）で示され、**水質汚濁の指標**としてよく用いられています。

このBODと関連したものに、**COD**（Chemical Oxygen Demand）というものがあります。これは右表には載っていませんが、水質に関する重要な用語ですので、ここで説明しておきましょう。CODは、**化学的酸素要求量**といい、**水中に含まれている有機物（炭素を含む化合物）の量を示す指標**となります。この数値は、汚濁水を酸化剤で化学的に酸化させて、消費した酸化剤の量を測定し、酸素量に換算して求められます。

SS（Suspended Solids）は、**浮遊物質**といい、水に溶けない懸濁性の物質（固体の微粒子が水中に散らばって浮遊している物質）のことです。これは、**水の汚濁度（汚れの度合）を視覚的に判断**するときに用いられています。

排水施設と処理施設に共通する基準　公共下水道等の構造の技術上基準

下水道法施行令第５条の８に、公共下水道等の構造の技術上の基準として以下のように定められています。

- 堅固で耐久力を有する構造とすること。
- 耐水性の材料で造り、かつ、漏水および地下水の浸入を最少限度とすること（ただし、雨水を排除する設備［桝］については、浸透機能を有することも可）。
- 腐食しにくい材料で造り、または腐食を防止する措置が講ぜられていること。
- 地震によって下水の排除、および処理に支障が生じないよう地盤の改良、可とう継手の設置その他の国土交通大臣が定める措置を講ずること。

きれいにしてから放流する

終末処理場での下水処理システム

汚水管、下水道本管を通ってきた汚水、下水。

下水を河川や海などに放流する前に、終末処理場で決められた基準に処理する。

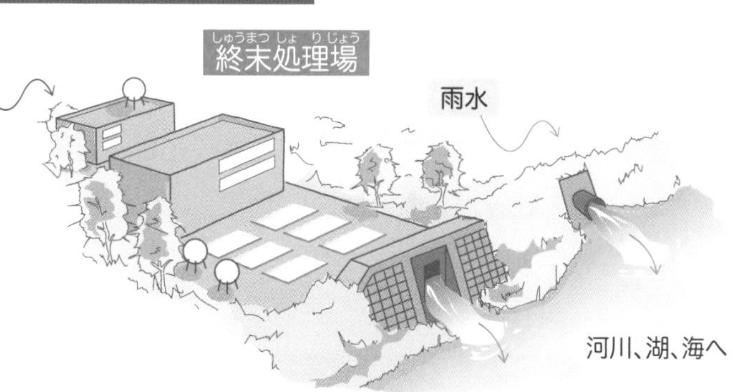

●下水処理の流れ

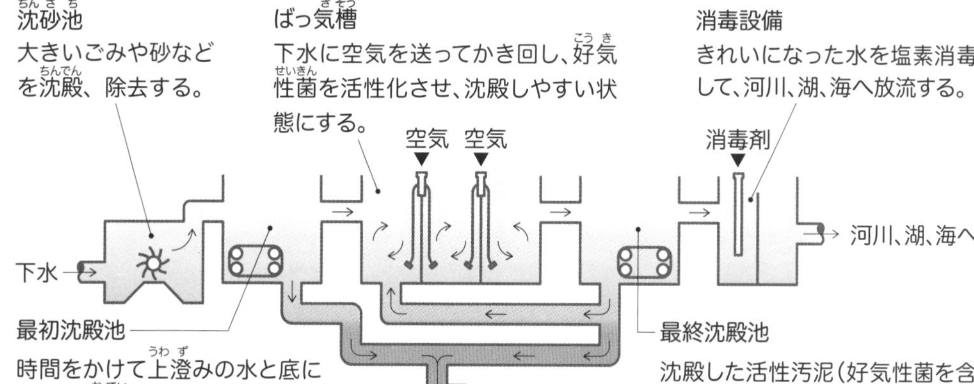

沈砂池
大きいごみや砂などを沈殿、除去する。
ばっ気槽
下水に空気を送ってかき回し、好気性菌を活性化させ、沈殿しやすい状態にする。
消毒設備
きれいになった水を塩素消毒して、河川、湖、海へ放流する。
空気
空気
消毒剤
下水
河川、湖、海へ
最初沈殿池
時間をかけて上澄みの水と底に沈んだ汚泥に分離させる。汚泥は汚泥処理場へと流される。
汚泥処理場へ
最終沈殿池
沈殿した活性汚泥（好気性菌を含んだ汚泥）は、ばっ気槽へ戻され、汚泥は汚泥処理場へ流される。

下水道へ放流する水の水質基準

基準値	項目
温度	45 度未満
pH 値	pH5 を超え 9 未満
BOD	5 日間に 600mg/L 未満
SS	600mg/L 未満
カドミウムおよびその化合物	カドミウム 0.03mg/L 以下
シアン化合物	シアン 1mg/L 以下
有機リン化合物	1mg/L 以下
鉛およびその化合物	鉛 0.1mg/L 以下
ヒ素およびその化合物	ヒ素 0.1mg/L 以下
水銀およびアルキル水銀	水銀 0.005mg/L 以下
アルキル水銀化合物	検出されないこと

基準値	項目
ポリ塩化ビフェニル	0.003mg/L 以下
トリクロロエチレン	0.1mg/L 以下
ジクロロメタン	0.2mg/L 以下
ベンゼン	0.1mg/L 以下
セレンおよびその化合物	セレン 0.1mg/L 以下
ホウ素およびその化合物	10mg/L 以下※1 230mg/L 以下※2
亜鉛およびその化合物	亜鉛 2mg/ L 以下
溶解性鉄およびその化合物	鉄 10mg/L 以下
溶解性マンガンおよびその化合物	マンガン 10mg/L 以下
ダイオキシン類	10pg/L 以下

※1　放流先が河川の場合
※2　放流先が海の場合

下水道法施行令第 9 条より抜粋

6 下水道施設の施工

下水道管はどのような管でできているか？　下水道管の材料

小さい管径の下水道管には、**陶管**（とうかん）、**鉄筋コンクリート管**などが使われていますが、中・大管径になると、**遠心力鉄筋コンクリート管（ヒューム管）**、最近では、軽量で施工性がよいということで、**硬質ポリ塩化ビニル管（VU 管）**や**強化プラスチック複合管**が使用されています。水路用遠心力鉄筋コンクリート管には内圧管と外圧管があり、埋設用排水管には主に外圧管が用いられています。

流れる速さと最低必要な管の太さは？　流速と最小管径

汚水管渠（おすいかんきょ）での下水の流速は、0.6～3.0m／s、雨水管渠・合流管渠では、0.8～3.0m／sになるように設計されます。最小管径は、汚水管渠で200mm（小規模下水道では150mm）、雨水管渠・合流管渠で250mm以上とします。

下水道管の接合はどのようになっているか？　接合方法

下水道管同士をつなぐ接合方法には、一般的に水面接合、管頂接合、管底接合があります。

水面接合は、水理学上もっとも理想的な方法で、おおむね**計画水位に沿うように接合**させます。

管頂接合は、**地表勾配**（こうばい）**が大きく、工事費への影響が大きい場合**に用いられています。

管底接合は、**地表勾配が小さく、放流河川などの流末水位に制限を受ける場合**に用いられています。

管渠の径が変化する場合の接合方法は、原則として**水面接合**または**管頂接合**とします。

地表の勾配が急な場合は、段差接合や階段接合を採用します。

施工上の注意点は？　下水道管の施工

流速は、下水中の沈殿しやすい物質が沈殿しないだけの流速にし、**下流にいくほど漸増**（ぜんぞう）（だんだんに増えること）させるようにします。また、**勾配は下流にいくにしたがい緩**（ゆる）**やかに**させます。

２本の管渠を合流させる場合の中心交角は、原則として60°以下とします。また、曲線をもって合流する場合の曲率半径（曲率中心と曲線までの長さ）は、内径の５倍以上とします。

汚水本管への取付け位置は、汚水中の浮遊物質（ふゆうぶっしつ）の堆積（たいせき）などで管内が塞（ふさ）がれることがないように本管の**水平中心線より上方**に取り付けて、その取付け部は本管の水平中心線に対し**60°または90°**とします。

下水道の施設はどのように造られているか

下水道管の種類

陶管(とうかん)

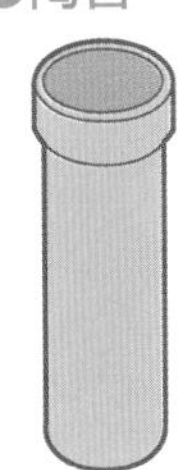

粘土(ねんど)などの原料を混ぜ合わせて焼き上げた管で、比較的小径の管で使われる。

ヒューム管

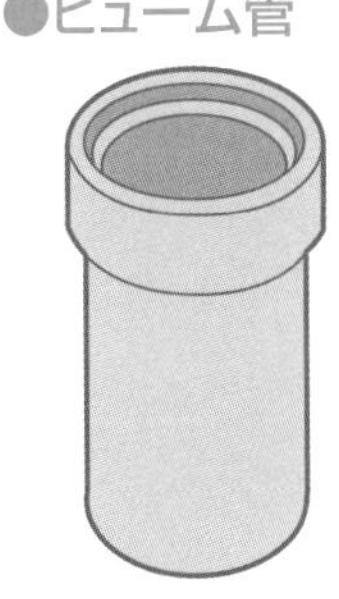

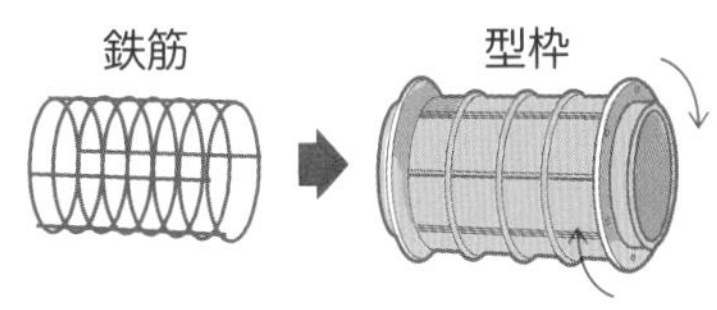

鉄筋を型枠の中に入れてコンクリートを流し込み回転させる。この遠心力の作用でしっかり目の詰まった強度の高いコンクリート管ができる。

※ヒューム管はオーストラリアのヒューム兄弟が発明。

硬質ポリ塩化ビニル管

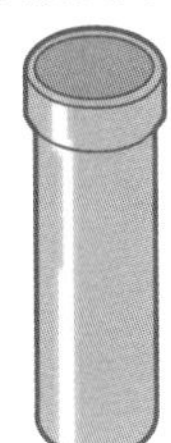

管の内面が滑(なめ)らかで汚物の付着が少なく軽量で施工性がよいので、最近では広く使われる。一般的に「塩ビ管」と呼ばれている。

管の口径とは？

よく管の「口径●mm以上」というが、口径とは管の内径の寸法(呼び径)のことである。

内径

下水道管の接合方法

水面接合

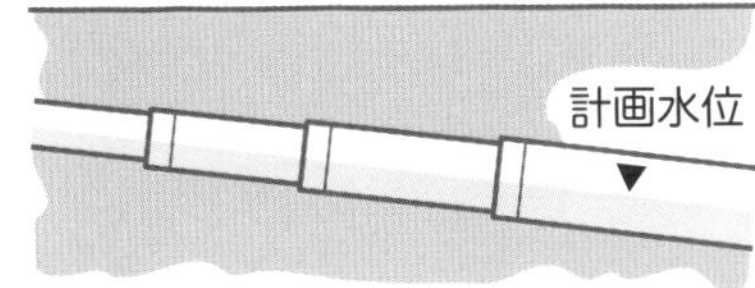

管頂接合

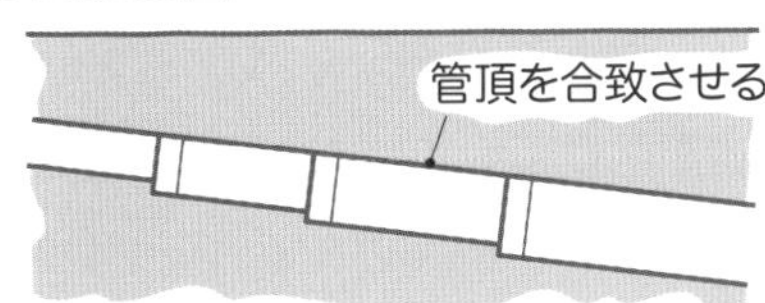

管底接合

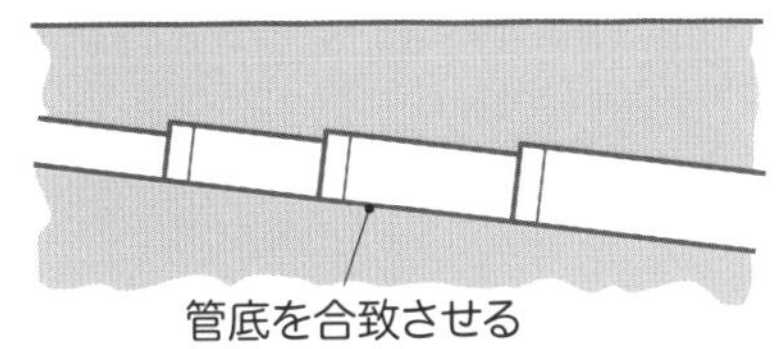

2本の管渠(かんきょ)を合流させる場合

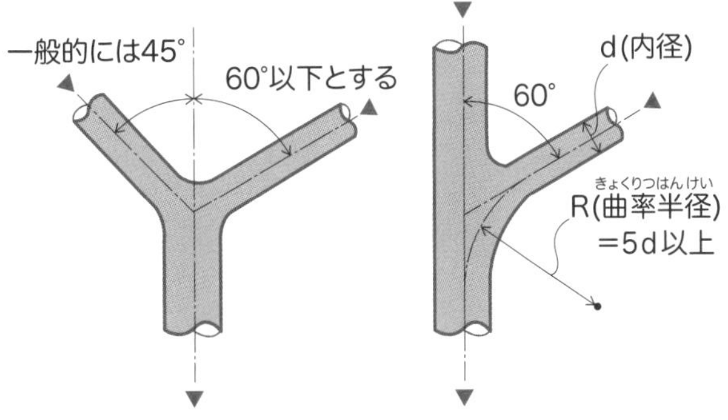

汚水本管への取付け位置

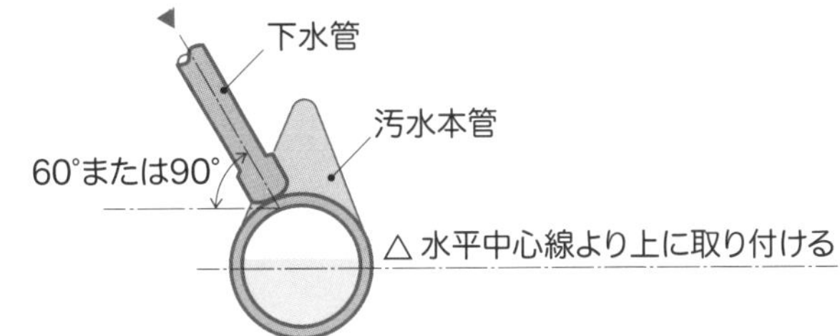

Column　赤水問題

フムフム。
赤水だな
水道
水道管
鋼の腐食によって
赤水が発生する。

昭和 43 年（1968 年）頃からのマンションブームをきっかけとして、配管の錆による赤水問題が昭和 50 年（1975 年）以前頃まで発生していました。

当時の給水管には、一般的に水道用亜鉛めっき鋼管が使用されており、古くなると錆が発生して赤い水となって蛇口から出てきました。その後の改善策として、配管用炭素鋼鋼管の内面を硬質塩化ビニルでライニングした水道用硬質塩化ビニルライニング鋼管（42 ページ参照）を使用するようになり、問題が解決してきました。さらに、管の切断面の問題も、現在では鋼管用防錆カバー等によって解決しています。なお、202 ページに掲載している飲料水の水質基準では、鉄の濃度は 0.3mg/L 以下と規定されています。

給水設備

この章では、給排水衛生設備のうち、私たちに水を供給するための、配管やポンプなどの給水設備について学びます。具体的には、「飲み水が水道本管から水栓を通して供給される給水方式」から「ポンプ、配管・弁類など給水に必要な器具」「給水設備でよくあるトラブルと対策」までを説明します。

1 給水方式

配水管（水道本管）から直接給水する　水道直結方式

水道直接方式には、直結直圧方式と直結増圧方式があります。

直結直圧方式は、水道本管から直接に水道管を引き込み、止水栓および量水器を経てそれぞれの水栓器具に給水するものです。一般住宅、２階建ての建物にこの方式がとられています。長所としては、使用箇所まで密閉された管路で水が供給されるため、**もっとも衛生的**です。また、**断水のおそれがほとんどなく**、ポンプや受水槽などが不要で、**設備費をもっとも安く**できます。ただし、**近隣の状態により給水圧が変動することがあります。**

直結増圧方式は、水道本管から引き込まれた水を、受水槽を通さず水道用直結加圧形ポンプユニット（増圧ポンプの口径が 75mm 以下）を利用して直接中高層階へ給水する方式です。事務所ビル、共同住宅などの、階高 10 階程度の建物を対象としています。ただし、病院、ホテルなど常時水が必要とされ、断水による影響が大きい施設は対象外となります。長所としては、配水管の水が直接蛇口まで供給されるため、**水が新鮮**で、**水槽の清掃・点検にかかる費用も不要**になり、また**受水槽の設置スペースも有効に利用**できます。

高いところから重力で給水する　高置水槽（高置タンク）方式

高架水槽方式ともいわれます。水道本管から引き込まれた給水管を通ってきた水を、いったん受水槽に溜め、揚水ポンプ（水を高いところにくみ上げるポンプ）で建物の屋上部にある高置水槽へと揚水し、そこから重力でそれぞれの水栓器具に給水するものです。

長所としては、**給水圧が他の方式に比べもっとも安定**しており、また、**断水時でも水槽に残っている水量分が利用**できます。ただし、**設備費が割高**で、**水質汚染の可能性**があります。

圧力を加えて給水する　圧力水槽（圧力タンク）方式

加圧給水方式ともいわれます。水道本管から引き込まれた給水管を通ってきた水を、いったん受水槽に溜め、圧力水槽を持ったポンプによりそれぞれの水栓器具に加圧給水します。

設備費が高置水槽方式に比べて安くなりますが、**給水圧の変動が大きく**なります。

数台のポンプによって給水する　ポンプ直送方式

タンクなし加圧方式または**タンクレスブースタ方式**ともいわれます。水道本管から引き込まれた給水を、いったん受水槽に貯水し、数台のポンプによってそれぞれの水栓器具に給水します。この方式には、定速方式、変速方式および定速・変速併用方式があります。

ポンプの運転台数または回転数を制御することで、**安定した給水**ができますが、複雑な制御が行われるので**故障時などの対策が必要**になり、**設備費がもっとも高価**になります。

飲む水はどのようにして口に入るか?

代表的な給水方式

●水道直結方式

直結直圧方式

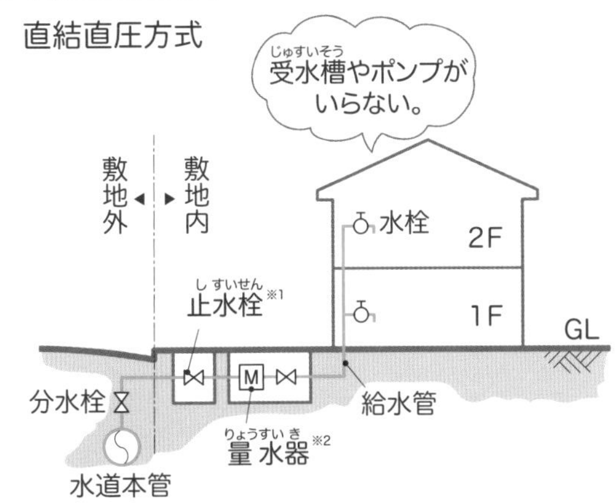

直結増圧方式

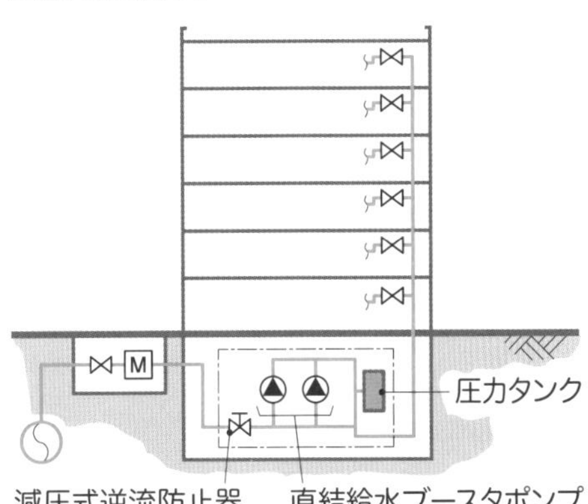

●高置水槽(こうちすいそう)方式(ほうしき)

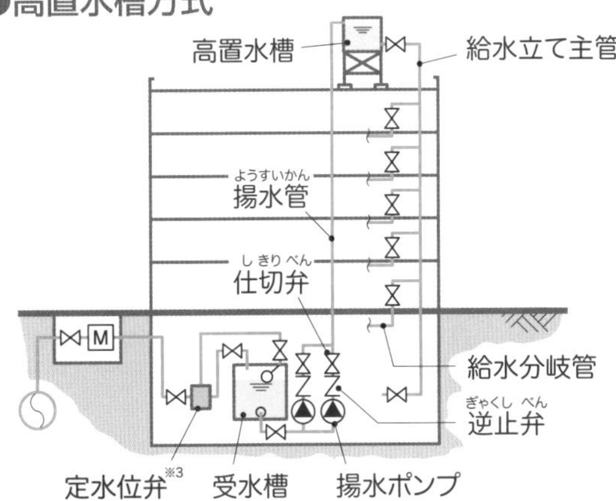

※1 給水管の途中に設置して流水を止めたり、水量を調節したりする弁のこと。
※2 水量を計測するために配管の途中に設置する水道メーターのこと。
※3 水位が下がると弁が開いて給水され、水位が上がると水が止まる構造の、水位を一定に保つ調整弁のこと。

●圧力水槽方式

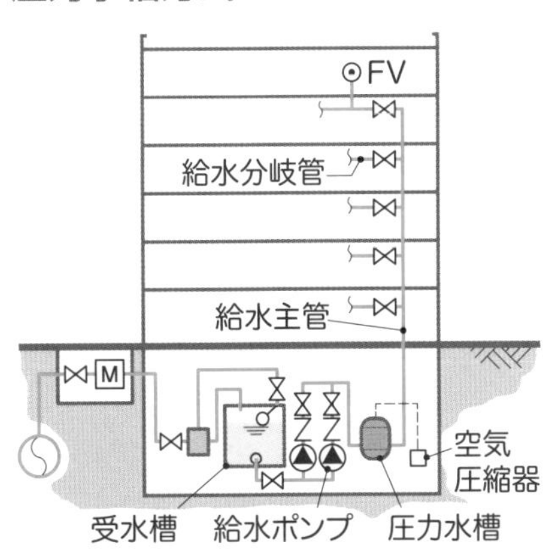

●ポンプ直送方式

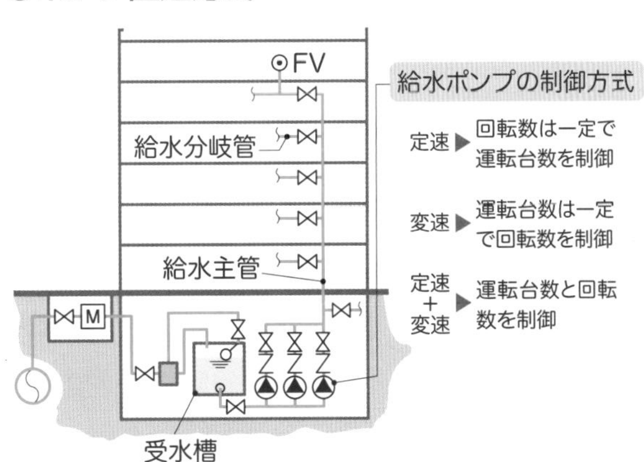

2 給水量と給水圧

1人当たりどのくらい水を使うのか？　給水量

建物内で使用する水の量を**給水量**（使用水量）といいます。建物の種類や規模、時間帯や季節などによって、水を使う量は違ってきます。

一般的な住宅と事務所ビル、学校、店舗（てんぽ）の1人当たりの1日平均給水量（1日に使用する平均の給水量）を示します。

住宅：200L／（人・日）～400L／（人・日）

事務所：60L／（人・日）～100L／（人・日）

学校：70～100L／((生徒＋職員)・日)

飲食店舗：20～130L／（客・日）

なお、建築士試験などにおいては、**住宅は160～250L／（人・日）**で出題されています。これは、最近、省エネルギーが訴えられ、節水している人が多くなってきているからですが、設計においては、上記の給水量で行うことを薦めます。また、大便器洗浄弁（フラッシュバルブ：FV、106ページ参照）の1回当たりの使用水量は、一般に13～15L程度ですが、節水用大便器洗浄弁を使用すると、8L程度になります。

どのくらいの圧力が必要か？　給水圧力

給水の状態は、**給水圧力**によって大きく左右されることがあります。

給水圧力は、一般的に400～500kPa（キロパスカル）（0.4～0.5MPa（メガパスカル））以下とします。これ以上の圧力であると、減圧弁（圧力を減ずる弁）を取り付けなければいけません。減圧しないと、コップに水を入れたときに水圧でコップが割れたり、途中の弁や配管が破損するなど、トラブルの原因になります。

大便器洗浄弁の最低必要圧力（最低必要とする圧力）は、通常のもので70kPa、低圧作動のもので40kPa程度です。最低必要圧力に満たないと、汚物が流れない場合があります。

高層建築物では、水栓（すいせん）、器具などの給水圧力は500kPa、大便器洗浄弁にあっては400kPaを超えないようにします。

管の中の速度はどのくらいか？　管内流速

水の**管内流速**は、0.6～2.0m／s以下（平均1.5m／s）が望ましい値です。給水圧力および流速が大きいと、給水器具や食器類が破損しやすくなります。また、**ウォータハンマ**（水による衝撃作用：48ページ参照）の原因となりやすいので注意が必要です。

1人当たりどのくらい水を使うか

建物により使う水の量は違う

●建物種類別平均給水量（使用水量）

建物種類	1日当たりの単位給水量	使用時間（h/日）	注記	有効面積当たりの人員（人/m^2）など	備考
戸建て住宅 集合住宅	200～400L/人 200～350L/人	10 15	居住者1人当たり 居住者1人当たり	0.16 0.16	
官公庁 事務所	60～100L/人	9	在勤者1人当たり	0.2	男子50L/人、女子100L/人、社員食堂・テナントなどは別途加算
ホテル全体 ホテル客室部	500～6000L/床 350～450L/床	12 12			設備内容などにより詳細に検討する 客室部のみ
喫茶店 飲食店	20～35L/客 55～130L/店舗m^2 55～130L/客 110～350L/店舗m^2	10 10		店舗面積には厨房面積を含む	厨房で使用される水量のみ。便所洗浄水などは別途加算 定性的には、軽食・そば・和食・洋食・中華の順に多い
小・中・普通高等学校	70～100L/人	9	（生徒＋職員）1人当たり		教師・従業員分を含む。プール用水は別途加算
劇場・映画館	0.2～0.3L/人 25～40L/m^2	14	入場者1人当たり 延べ面積1m^2当たり		従業員分・空調用水を含む

注　●単位給水量は設計対象給水量であり、年間1日平均給水量ではない。
●備考覧に特記のない限り、空調用水、冷凍機冷却水、実験・研究用水、プロセス用水、プール・サウナ用水などは別途加算する。

『第11版　空気調和・衛生工学便覧』第3巻　空気調和・衛生工学会編・発行より抜粋

減圧弁とは？

ソケット付

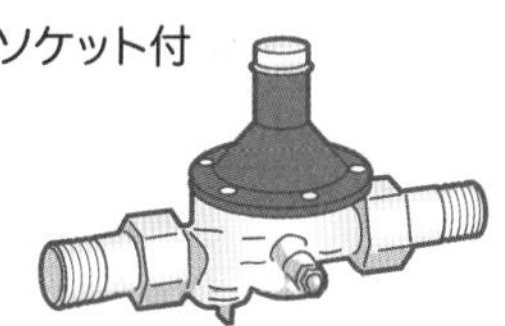

バルブ付

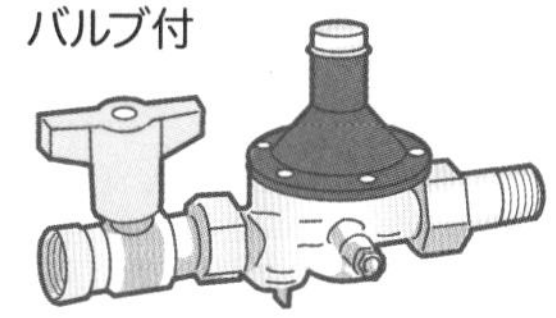

給水圧力が高い場合、そのまま給水すると器具が破損したり、水が跳ねたりするので、適正な給水圧力に減圧する。

●器具の最低必要圧力

一般水栓（すいせん）

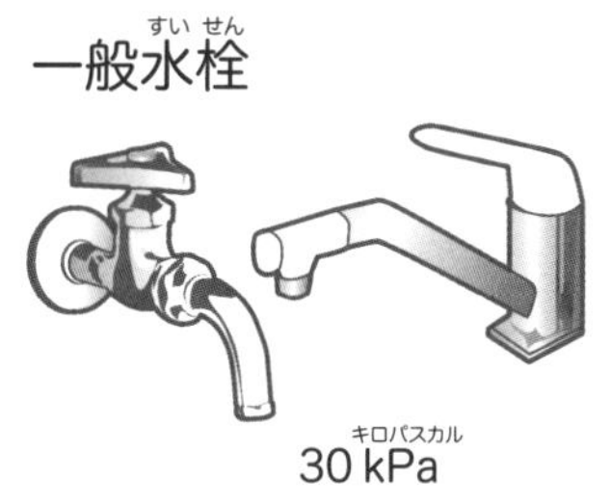

30 kPa（キロパスカル）

洗浄弁（せんじょうべん）

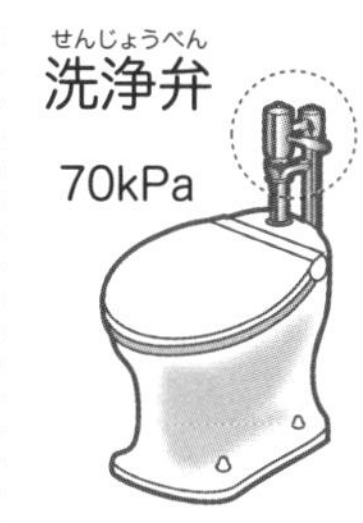

70kPa

シャワー

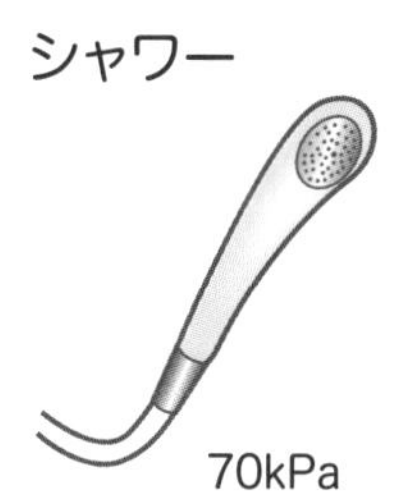

70kPa

瞬間湯沸器（しゅんかんゆわかしき）

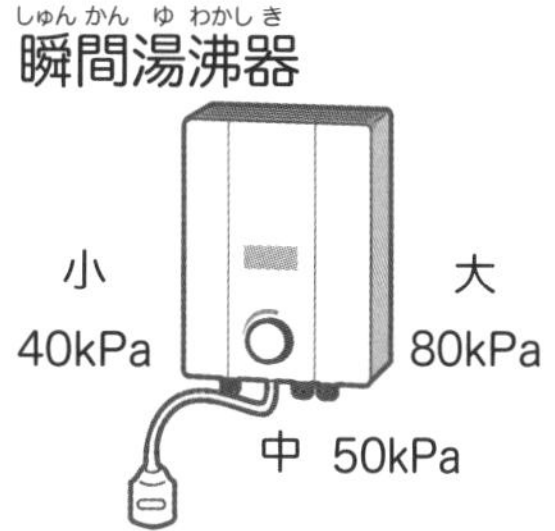

小 40kPa　大 80kPa　中 50kPa

3 タンク類の大きさの決定

受水槽および高置水槽の大きさを決めるには❶ 給水量の計算

受水槽(じゅすいそう)および高置水槽(こうちすいそう)の大きさは、①人員による1日の使用水量、②人員による時間当たりの平均予想給水量、③時間当たりの最大予想給水量から求めます。

①人員による1日の使用水量（1日予想給水量）Q〔L／日〕

生活給水は、一般的に人員の数から計算します。

$$Q = NQ_N$$

ここに、N：給水対象人員〔人〕、Q_N：1日当たりの1人の使用水量〔L／人・日〕とします。なお、空調の機器類に補給するための水が必要な場合は、その分もプラスします。

②人員による時間当たりの平均予想給水量 Q_H〔L／h〕

建物の時間当たりの平均予想給水量は、1日予想給水量を1日の平均使用時間で割ったものです。

$$Q_H = \frac{Q}{T_D}$$

ここに、T_D：1日の平均使用時間〔h／日〕とします。

③時間当たりの最大予想給水量 Q_{Hm}〔L／h〕

$$Q_{Hm} = (1.5 \sim 2)\ Q_H$$

受水槽および高置水槽の大きさを決めるには❷ 水槽の決定

受水槽の大きさは、人員による1日の使用水量 Q から求めます。

●受水槽容量 V〔L〕の求め方

$$V = \frac{Q}{2}$$

受水槽の容量は、一般的に1日予想給水量（1日の使用水量）の半分程度（1／3～1／2）としますが、各自治体に「各水道事業者指導基準」がありますので、設計を行う前に必ず水道事業者と打ち合わせをする必要があります。

●高置水槽容量 V_H〔L〕の求め方

時間当たりの最大予想給水量 Q_{Hm} の 0.5～1.0 倍を高置水槽の容量とします。

なお、水槽の大きさを決めるときには、水槽上部に全体の20～30％の空隙(くうげき)を設けるため、上記容量より大きめの水槽にする必要があります。水槽内水位より上部には、給水口や電極棒（揚水(ようすい)ポンプの発停用）を取り付けるからです。

必要に応じたタンクを設計する

タンクとは

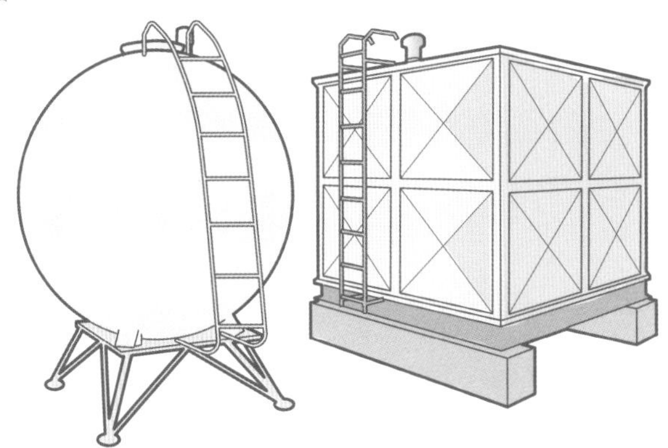

タンクとは受水槽や高置水槽といわれるもので、よく建物の屋上で見かけるのが高置水槽。建物内の1階や地下、敷地内の屋外に設置されているのが受水槽である。

タンクの大きさを決める計算

建物を建てる前に、まずその建物には何世帯入るのか、何人くらいの人が住むのか、住民が不自由なく暮らすためにはどのくらいの水が必要なのかを考えて、タンクの大きさを決める。

例題

1世帯3LDKの20世帯のマンション(一般的に1世帯の人員は4人とする)の受水槽の大きさはどのくらいになるか。

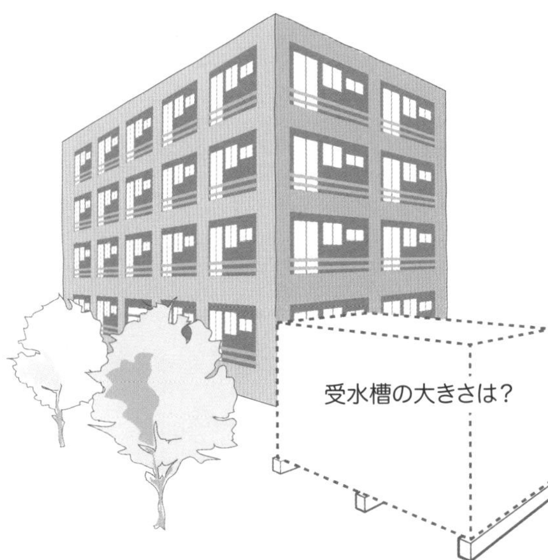

1. まず、人員による1日の使用水量を求める。31ページの建物種類別平均給水量の表より、集合住宅の住人1人の1日当たりの単位給水量は200～350L/人・日とある。これを使用水量として計算する。一般的には250L/人・日として計算する。
2. $Q=NQ_N$より、4〔人〕×20〔世帯〕×250〔L/人・日〕=20000〔L/日〕。これがこのマンションの1日の使用水量である。
3. 受水槽の容量は1日の使用水量の半日分とするので、10000L(cm^3)となる。
4. 受水槽の大きさは、水槽上部に20%の空隙を取ると、12000L(cm^3)が容量となる。
5. この容量から、設置する位置によって寸法を決める。

4 タンク類の法的基準

タンクをきれいに保つための基準がある　タンク類の法的基準

給水タンクおよび貯水タンク（受水槽、高置水槽など）の設置および構造に関して、昭和 50 年建設省告示第 1597 号（改正　平成 22 年国土交通省告示第 243 号）等で、必要な要件が規定されています。建築物の内部、屋上または最下階の床下に設ける場合においては、次に定めるところによります。

❶ 外部から給水タンクまたは貯水タンク（以下「給水タンク等」という）の天井、底または周壁の保守点検を容易かつ安全に行うことができるように設けること。

・給水タンク等の**下部、周囲には 600mm 以上、上部には 1000mm 以上**の保守点検のためのスペースを確保すること。

・給水タンク等の底部には、**1 ／ 100 以上の勾配**をつけること。

❷ 給水タンク等の天井、底または周壁は、建築物の他の部分と兼用しないこと。

・タンクの容量が大きい場合には、**迂回壁（間仕切壁）**を設けること。

❸ 内部には、**飲料水の配管設備以外の配管設備を設けない**こと。

❹ 内部の保守点検を容易かつ安全に行うことができる位置に、ほこりその他衛生上有害なものが入らないようにふちを立ち上げた**マンホール**（直径 600mm 以上の円が内接することができるものに限る）を設けること。ただし、給水タンク等の天井がふたを兼ねる場合においては、この限りでない。

❺ ❹の他、**水抜管**（排水管）を設けるなど**内部の保守点検を容易に行うことができる構造**とすること。

❻ ほこりその他衛生上有害なものが入らない構造の**オーバーフロー管**（水槽内の水位より水が多くならないようにするために余分な水をあふれさせるための管）を有効に設けること。

・水槽の通気管およびオーバーフロー管には**防虫網**を設ける。また、オーバーフロー管および水抜管は**間接排水**とし、十分な**排水口空間**を設け、排水管に直接接続すること。

❼ ほこりその他衛生上有害なものが入らない構造の**通気のための装置を有効に設けること**。

❽ 給水タンク等の上にポンプ、ボイラ、空気調和器等の機器を設ける場合においては、飲料水を汚染することのないように衛生上必要な処置を講ずること。

タンクをきれいに保つための基準

受水槽の設置・構造についての規定

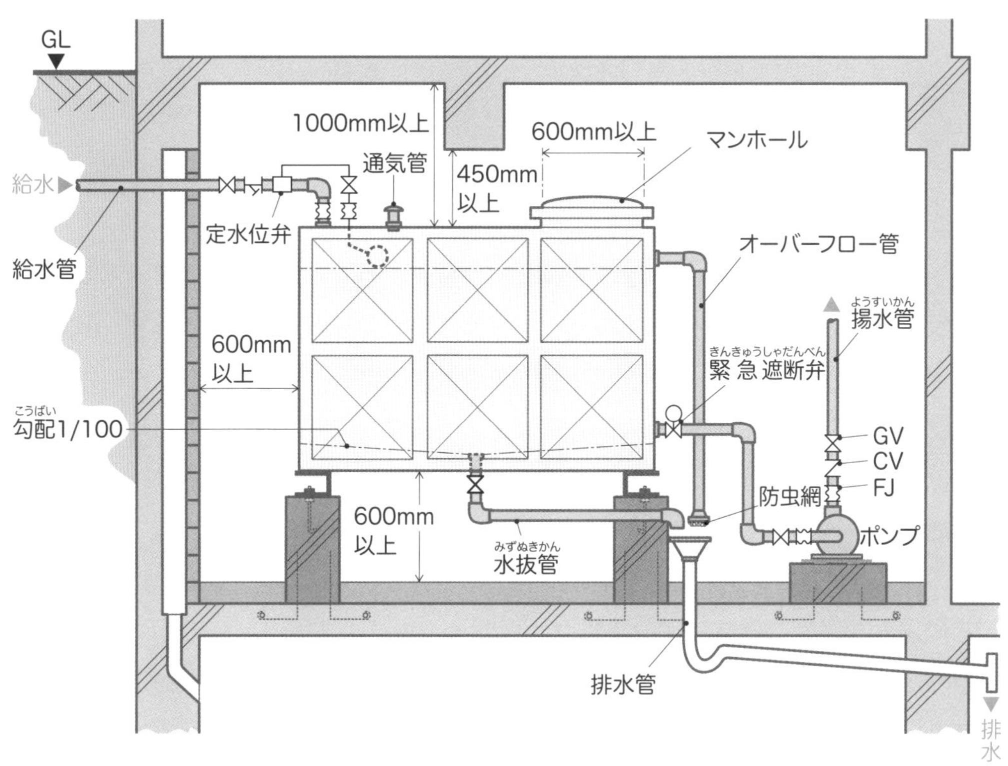

衛生面での配慮

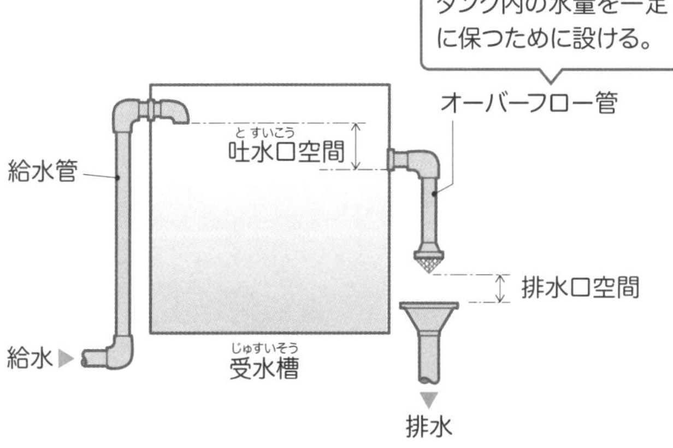

十分な吐水口・排水口空間を取らないと、水が逆流し、タンク内の飲料水を汚染する危険性がある。飲料用貯水タンク等の排水口空間の最小寸法は150mmとする。

貯水量10m³以上のタンクは、定期的に点検・清掃を行わなければならないよ。

5　ポンプ類

水を送る装置　渦巻ポンプ

ポンプにはいろいろな種類がありますが、ここでは、高置水槽方式における**揚水ポンプ**（水を高いところにくみ上げるポンプ）について説明します。

揚水ポンプには**渦巻ポンプ**を使っています。この渦巻ポンプとは、**渦巻室で羽根車の回転によって、速度エネルギーを圧力エネルギーに変換する**ポンプです。

渦巻ポンプには、**ボリュートポンプ**と**タービンポンプ**があり、**一般的に渦巻ポンプというと低揚程用**（揚程とはポンプが水をくみ上げることのできる高さ）**のボリュートポンプ**のことをいいます。タービンポンプは**多段式渦巻ポンプ**のことで、**多段タービンポンプ**ともいいます。これは、同一の回転軸に２個以上の羽根車が取り付けられており、１段、２段と順に水が通過していくもので、羽根車を通過する数が段数で表されます。**タービンポンプは高揚程用**として使用されています。

一般の清水を扱うポンプでは、吸込み揚程は約６m 程度で、ポンプの吸上げ作用は、ポンプの吸込側が完全に真空状態であれば、理論上、標準大気圧のもとで 10.33m の高さまで吸い上げることができます。ポンプの吸込み揚程は、水温が高いほど飽和蒸気圧（最大の蒸気の圧力）が低く蒸発しやすいので吸い込みにくくなります。吸込み揚程が高い場合や温度の高い水を吸い上げるときは、吸込口の圧力が低くなって水が蒸発し、気泡が発生しやすくなります。この状態を「**キャビテーション**が発生しやすくなる」といいます。キャビテーションとは、**ある温度のもとで、なんらかの原因で水の圧力が低下することによって液体が気化し、気泡ができること**をいいます（48 ページ参照）。

水（お湯）を循環させるポンプ　インライン形遠心ポンプ

水を循環させるポンプには、**循環させる水量（湯量）が多ければ渦巻ポンプ**を使用します。**循環水量が少なければ、一般的にインライン形遠心ポンプ（ラインポンプ）**を使用します。これは、ポンプとモーターが一体となっていて、ポンプの吸込口と吐出口が同一線上にあるポンプです。給湯用循環ポンプとして用いられています。

給排水設備で使用するポンプ　その他のポンプ

ボルテックス形および**ブレードレス形遠心ポンプ**は、**固形物を含んだ汚水をくみ上げる汚物ポンプ（水中ポンプ）**として使用されます。

エアーリフトポンプは、空気の浮力を利用したポンプで、**浄化槽の汚泥返送用、砂の多い井戸や酸性の強い温泉のくみ上げ**などにも使用されます。

水をくみ上げたり循環させたりするポンプ

揚水ポンプ

●渦巻ポンプ（ボリュートポンプ）

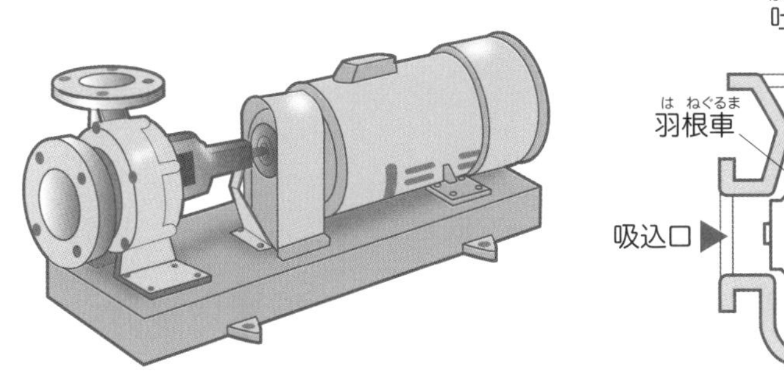

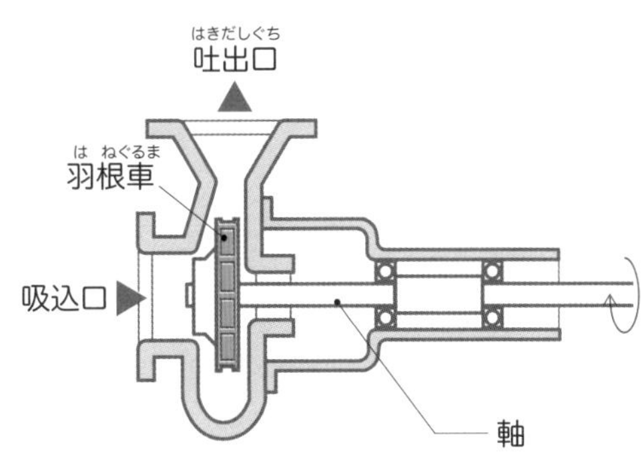

1枚の羽根車をモーターなどで高速回転させ、遠心力で水を送り出すしくみのポンプ。大量の水を揚水できるが、比較的低い揚程に使われる。

●タービンポンプ

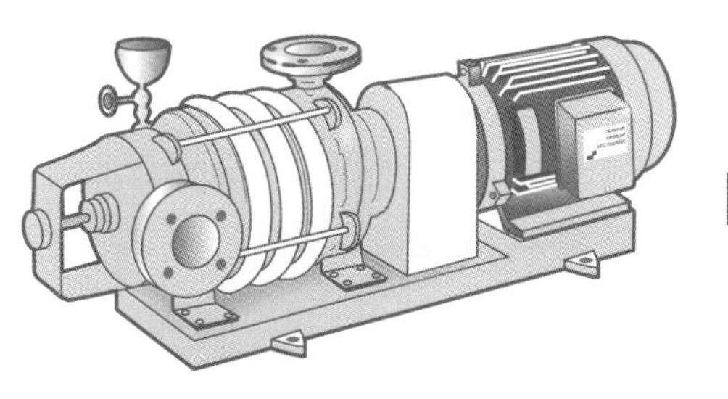

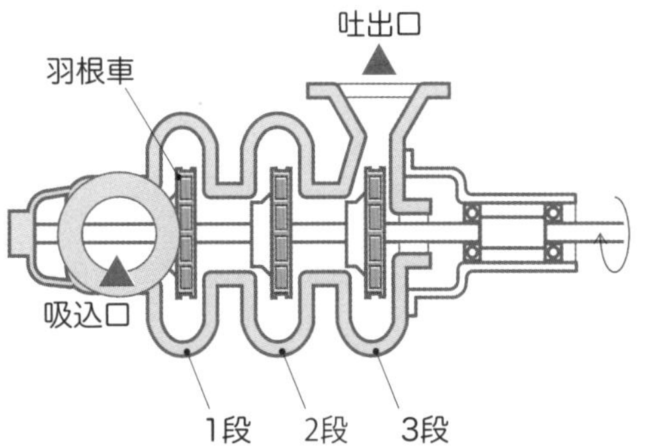

複数の羽根車を回転させることにより、高揚程が可能となる。幅広い用途で使われるが、一般的にはビルの地下の受水槽から屋上の高置水槽への揚水ポンプ、消火ポンプとして使われることが多い。

循環ポンプ

●インライン形遠心ポンプ（ラインポンプ）

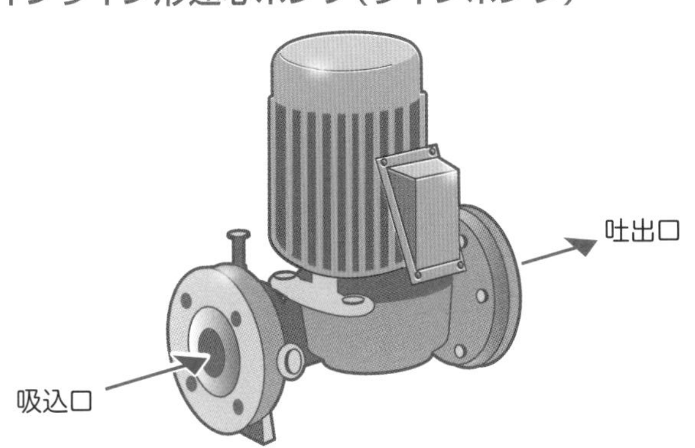

水やお湯を循環させる目的で取り付けられるポンプ。小型、小容量で据付けが比較的簡単。給湯用、空調用循環ポンプなどとして配管途中に取り付けられる。

6 揚水ポンプの決定

揚水ポンプの揚水量の求め方　揚水量の計算

揚水ポンプを選定するには、まず、**ポンプの揚水量**を求めます。一般的に、下記の**時間当たりの最大予想給水量**（Q_{HP}）を揚水ポンプの揚水量〔L／min〕とします。

$$Q_{HP} = (1.5 \sim 2)\, Q_H$$

ここに、Q_H：人員による時間当たりの平均予想給水量〔L／h〕(32 ページ参照)とします。

なお、これを 60 分で割ると、分当たりの揚水量〔L／min〕が求められます。

どのくらいの高さに送るポンプにするのか？　揚程の計算

揚水ポンプは、受水槽から高置水槽へ水をくみ上げなければなりません。そこで、次に**揚水ポンプの全揚程**（H）〔m〕（ポンプが水をくみ上げることのできる高さ）を求めます。下記に計算式を示します。

$$H \geqq H_a + H_{f\,(s+d)} + \frac{V^2}{2g}$$

ここに、H_a：揚水ポンプの実揚程〔m〕、$H_{f\,(s+d)}$：吸込管と吐出管の摩擦損失水頭〔m〕、$V^2 / 2g$：吐出し速度水頭〔m〕とします。

実揚程（静水頭）とは、受水槽の水面から高置水槽の水面までの垂直距離（高さ）をいいます。単位は m ですが、実際は mAq（m 水柱）で表します。

摩擦損失水頭とは、水と配管の間で摩擦が生じ、水の流れが妨げられた際の弁（バルブ）や管の継手などの抵抗を水頭（水の高さ）に換算したものをいいます。

速度水頭とは、吐出し管内に流れる水の流速によって減少した水圧のことで、この抵抗を水頭に換算したものです。

どのくらいの動力が必要になるのか？　ポンプの電動機容量

一般的に、揚水量と揚程を求めれば、メーカーカタログよりポンプが決定し、ポンプの電動機の容量（動力）もわかりますが、電動機容量M〔kW〕は、下記の計算式によって求められます。

$$M = \frac{0.163 \times Q_{HP} \times H}{\eta} \times K$$

ここに、Q_{HP}：揚水量〔m^3／min〕（$1m^3$／min = 1000L／min）、H：揚程〔m〕、K：伝達係数（直結 1.1 ～ 1.2）、η：ポンプ効率（ポンプ特性曲線による）とします。

ポンプを決めるための計算

ポンプの揚水量を決める

33ページの例の、20世帯のマンション(1世帯4人家族)のポンプの揚水量(ようすいりょう)を求めるには、

$Q = NQ_N$ = 4〔人〕×20〔世帯〕×250〔L /人・日〕 = 20000〔L / 日〕… 人員による1日の使用水量

$Q_H = \frac{Q}{T_D}$ = 20000〔L / 日〕÷10〔時間〕 = 2000〔L / h〕… 人員による時間当たりの平均予想給水量

これらを $Q_{HP} = (1.5 \sim 2) Q_H$ にあてはめると、

Q_{HP} = 1.5×2000〔L / h〕÷60〔分〕= 50〔L / min〕となる。

これが時間当たりの最大予想給水量であり、揚水量とする。

揚水する高さ(揚程)を求める

$$H \geqq H_a + H_{f(s+d)} + \frac{V^2}{2g}$$

全揚程(ようてい)(ポンプが揚水できる高さ)は、実揚程と摩擦損失水頭(まさつそんしつすいとう)、速度水頭の合計より大きくする。

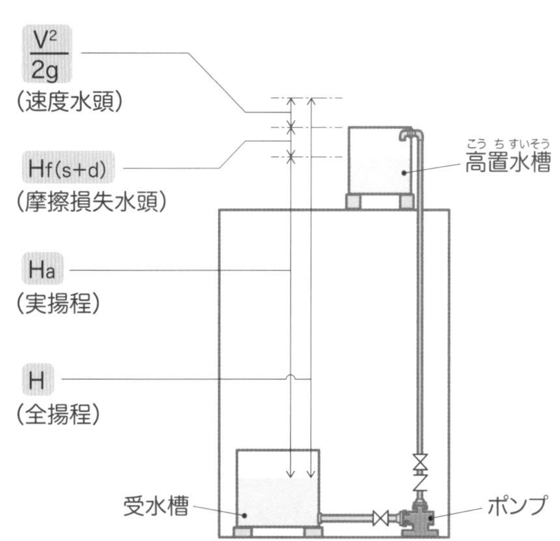

ポンプに必要な動力を求める

揚水量と揚程によりポンプが決まります。動力は、メーカーカタログでわかるけど、右記の計算式によっても求められるのです。

$$M = \frac{0.163 \times Q_{HP} \times H}{\eta} \times K$$

7 ポンプの設置および試運転調整

渦巻ポンプを固定する基礎について　コンクリート基礎工事

ポンプなどの重量があり、振動を伴う機器類は、**必ずコンクリートの基礎に乗せて固定**し、振動を吸収したり地震などに耐えるようにしなければなりません。

コンクリートを多量に使用する場合は、レディーミクストコンクリート（工場において練り混ぜを完了しているもの）を使用し、**設計基準強度を 18 N ／ mm^2**（スランプ値約 18cm。スランプ値については右図参照）とします。少量使用する場合は、現場練りとし、**コンクリート材料の容積比を 1（セメント）: 2（砂）: 4（砂利）程度**とします。

基礎の高さは**床上 300mm** とし、**基礎表面の排水溝には排水目皿を設けて、最寄りの排水系統に間接排水**します。コンクリート基礎の仕上げは、コンクリート打設時に金ごて仕上げとするか、コンクリート表面を水洗いしてからモルタルで水平に仕上げます。

渦巻ポンプを据え付けるには　ポンプの据付け

ポンプの据付けは、**コンクリート打設後 10 日以内は行ってはいけません**。ポンプに直接吐出管の重量がかからないように床面等から十分な支持をし、吸込管は、空気だまりがないように**ポンプに向かって先上りの 1 ／ 30 ～ 1 ／ 100 の上り勾配**とします。なお、輸送、搬入時においての軸心の狂いのチェックはしっかりしましょう。

渦巻ポンプを運転する前に　試運転調整

❶**軸受に油が注がれているか**を確認します。

❷手でポンプを回して**回転むらがないか**、また回転軸に装着して水漏れを防ぐシール材である**グランドパッキンが締め付けすぎていないか**を確認します。

❸**カップリングが水平になっているか**を確認します。

❹ポンプに付いている呼び水じょうごから水を注ぎながら**エア抜きをし、ポンプを満水**にします。

❺満水状態になったら、**吐出弁を閉めて起動し、瞬時運転をして回転方向を確認**します。

❻過電流に注意して**吐出弁を徐々に開いて、規定水量に調節**します。

❼ポンプの温度が**周囲より 40 ℃以上高くなっていないか、軸受温度を確認**します。また、異常音や異常な振動がないかを確認します。

❽キャビテーションやサージング現象（48 ページ参照）が起きていないかを確認します。

ポンプの保全管理

基礎工事

床上にコンクリート基礎を造る。コンクリートは打設後10日以上おき、十分に乾燥させる。

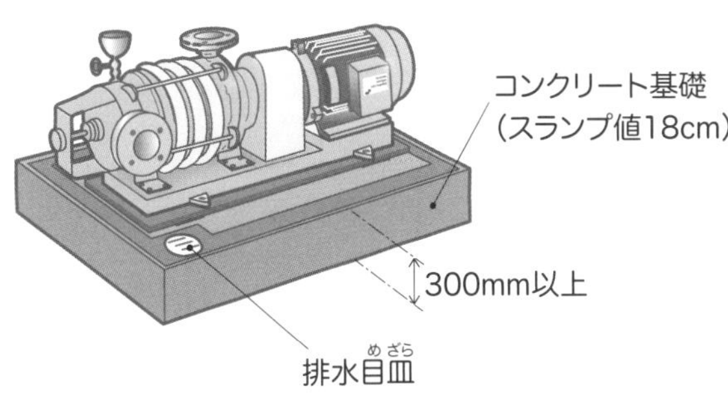

スランプ値とは?

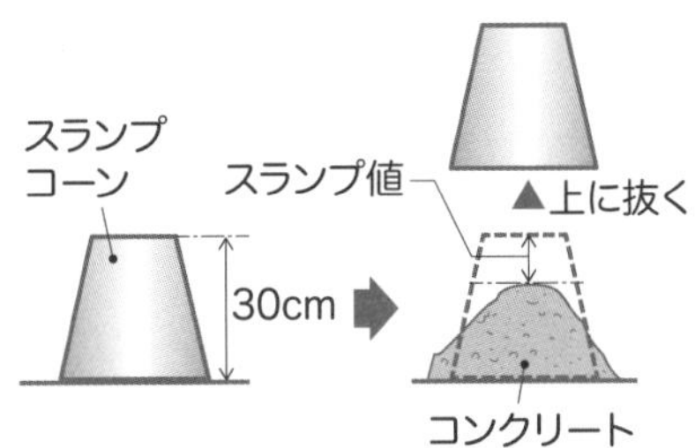

スランプコーンと呼ばれる鉄製の容器にコンクリートを入れ、コーンを上方に抜き取ったあとにコンクリートが下がった値。コンクリートのやわらかさを示す目安として使われる。

ポンプの据付け

コンクリート乾燥後、基礎の上にポンプを置き、しっかり固定する。

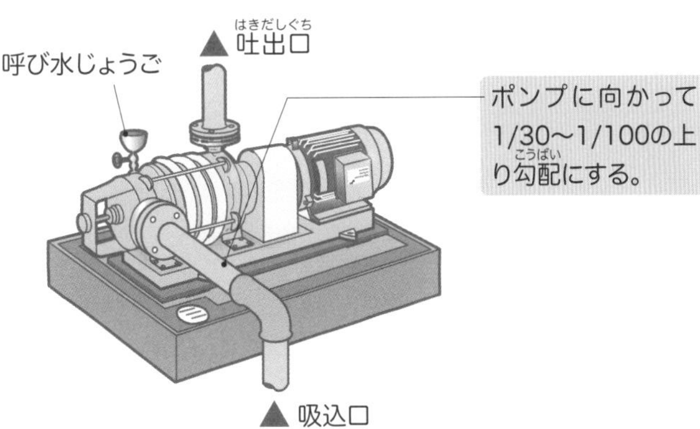

運転前のチェック

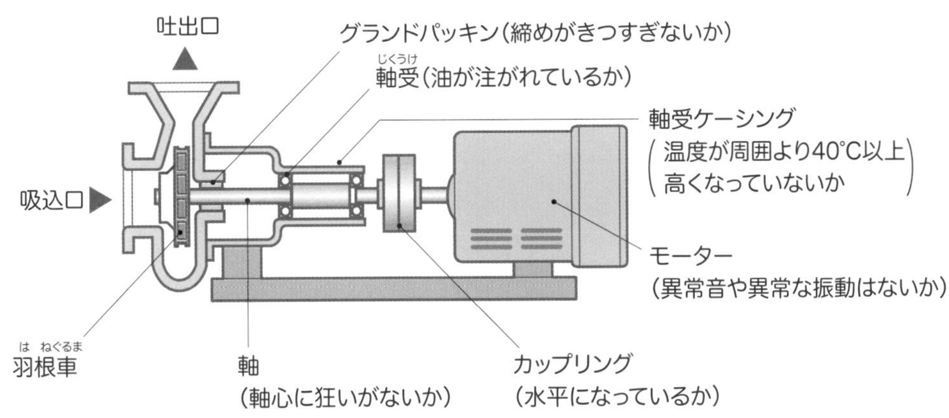

8 給水管

水を送るパイプにはどのような種類があるか　給水管の材料

給水管として使用するパイプにはどのような種類があるか、次に述べます。

給水装置の構造及び材質に関する規程の第５条第１項によると、給水管の種類は、鋳鉄管（水道用ダクタイル鋳鉄管）、塗覆装鋼管（水道用塗覆装鋼管）、ビニルライニング鋼管（水道用硬質塩化ビニルライニング鋼管）、ポリエチレン管（水道用架橋ポリエチレン管）、硬質塩化ビニル管（水道用耐衝撃性硬質塩化ビニル管を含む）等にすることが定められています。また、第５条第２項に配水管（水道本管）の取付口から水道メーターまでの給水管は、鋳鉄管またはポリエチレン管とすると定められています。

よく使用されている給水管　給水管の種類①

Ⓐ水道用硬質塩化ビニルライニング鋼管（JWWA K 116）

配管用炭素鋼鋼管（SGP）をもとに、内外面に硬質塩化ビニルをライニング（腐食などを防ぐための被覆）したものをいいます。一般配管用として SGP － VA 管（黒ガス管に内面ライニングをしたもの）、SGP － VB 管（亜鉛めっき鋼管に内面ライニングをしたもの）、地中埋設用として SGP － VD 管（黒ガス管に内外面ライニングをしたもの）があります。

特徴としては、鋼管の耐圧性、耐衝撃性、持続性と、硬質塩化ビニルの耐食性に優れています。

Ⓑ水道用ポリエチレン粉体ライニング鋼管（JWWA K 132）

配管用炭素鋼鋼管（SGP）をもとに、内面に適正な前処理を施したのちに、ポリエチレン粉体を熱融着（熱処理を行って被覆すること）によりライニングしたものです。特徴は、硬質塩化ビニルライニング鋼管に似ています。

その他の給水管　給水管の種類②

Ⓐ水道用塗覆装鋼管（JWWA G 117）

鋼管の内外面にタールエポキシ、アスファルト、コールタール、エナメルなどの耐水性に優れた材料を塗覆装したもので、STW（Steel Tube Water）といわれています。特に、埋設用に適しています。

Ⓑ水道用硬質ポリ塩化ビニル管（JIS K 6742）

一般に塩ビ管（VP：90 ページ参照）といわれている管の、耐衝撃荷重が大きいものです（HIVP）。屋外配管やコンクリート内配管に使われます。

＊ JIS：日本工業規格、JWWA：日本水道協会規格

給水管の構造を見てみよう

いろいろな給水管

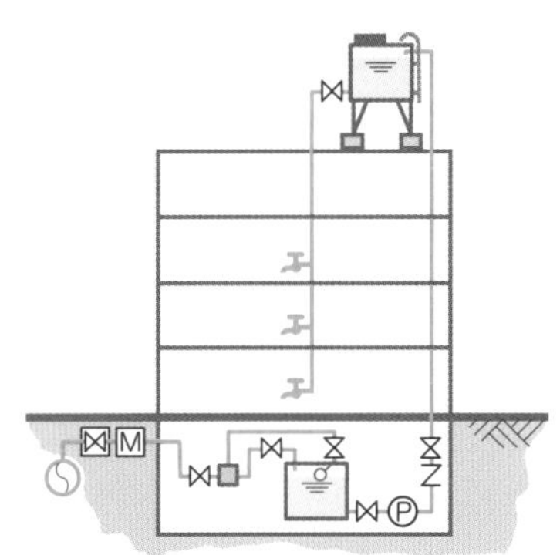

給水設備の配管に使用される給水管の材料は、規定により決められたものの中から、用途(ようと)や器具の設置スペースなどに応じて、適切なものを選ぶ必要がある。

●水道用硬質塩化ビニルライニング鋼管(こうかん)

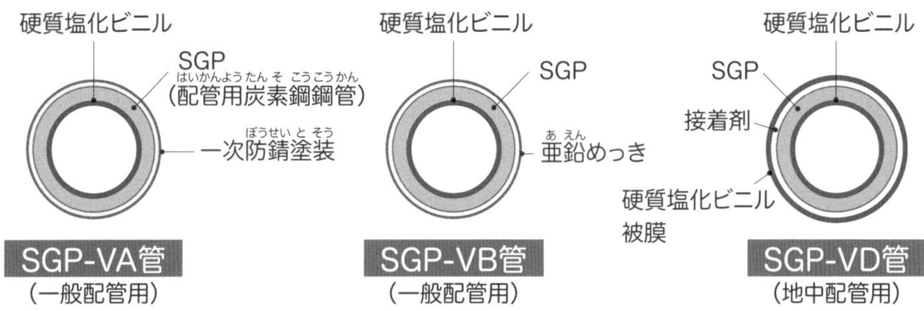

炭素鋼鋼管の内側に硬質塩化ビニルをライニングし、腐食の進行を防ぐ。耐食、耐圧、耐衝撃性に優れている。

●水道用ポリエチレン粉体ライニング鋼管

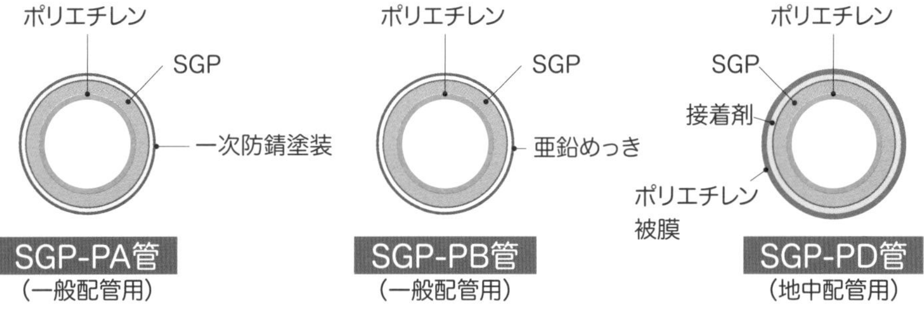

硬質塩化ビニルの代わりに、ポリエチレンをライニングしたもの。性能や特徴は、硬質塩化ビニルライニング鋼管に似ている。

9 弁類

水を止めたり流したりする弁　仕切弁・玉形弁・バタフライ弁

ここでは、給排水衛生設備で使用する、水を止めたり逆流するのを防ぐ弁類について説明します。

まず、ポンプまわりの弁（バルブ）には、仕切弁（gate valve）、玉形弁（globe valve）、バタフライ弁（butterfly valve）、逆止弁（check valve）、フート弁（foot valve）などがあります。

仕切弁（ゲート弁、スルース弁）には、青銅製、鋳鉄製、鋳鋼製があり、**弁が流れる水を垂直に仕切る構造**となっています。また、弁と管の接合方式には、ねじ込み形とフランジ形があります。長所としては、**圧力損失（抵抗）は、他の弁に比べて小さく、ハンドルの回転力が玉形弁に比べて軽い**点があげられます。短所としては、**開閉に時間がかかり、半開状態で使用すると水の抵抗が大きく、振動が起きる**場合があります。

玉形弁（ストップ弁、球形弁）は、一般に外見が玉の形をしているので玉形弁と呼ばれ、図からわかるように水の流れがＳ字状の構造となっています。長所は、**開閉に時間がかからず、流量調節に適していますが、水の抵抗は仕切弁に比べて大きく**なります。

バタフライ弁は、弁箱の中で円板状の弁を回転させることによって開閉する構造となっています。長所としては、**開閉に力がいらず、狭いところでも操作が簡単**にできます。短所としては、**他の弁より水が漏れる**可能性が高くなります。

逆流を防ぐ弁　逆止弁

逆止弁（チェッキ弁）は、逆流を防止する機能（水を一方向に流し、反対方向からの流れを防ぐ）となっています。作動方法によりスイング式とリフト式があり、**スイング式は、水平方向、垂直方向に使用できますが、リフト式は、水平方向にしか使用できません**。また、高層ビルなどに使用するポンプには、ウォータハンマ（48ページ参照）防止として衝撃吸収式逆止弁（スプリングと案内バネで構成）が使われています。

水を持ち上げる弁　フート弁

フート弁は、リフト式逆仕弁の一つで、水槽がポンプの下にある場合、ポンプが停止したときに**水が水槽に落下しないようにポンプの吸入垂直配管の末端に取り付ける**ものです。また、ポンプが水槽内の異物を吸い込まないように、**ストレーナ（ろ過装置）**の役目もします。

弁にはそれぞれ役割がある

水の流れを遮断する弁

●仕切弁（しきりべん）

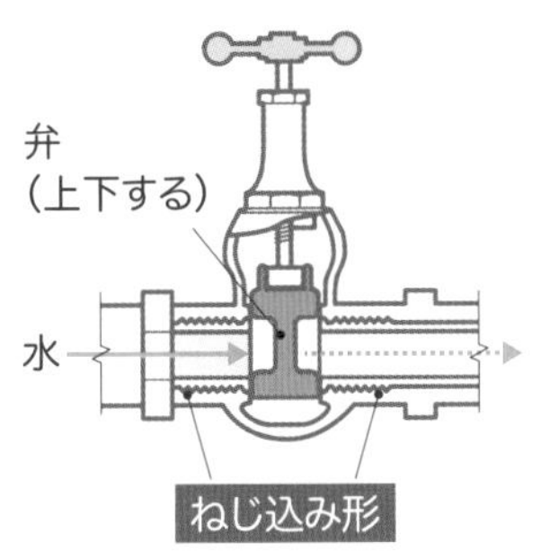

水を垂直に仕切る構造。弁を全開すれば、他の弁に比べて圧力損失が小さい。

●玉形弁（たまがたべん）

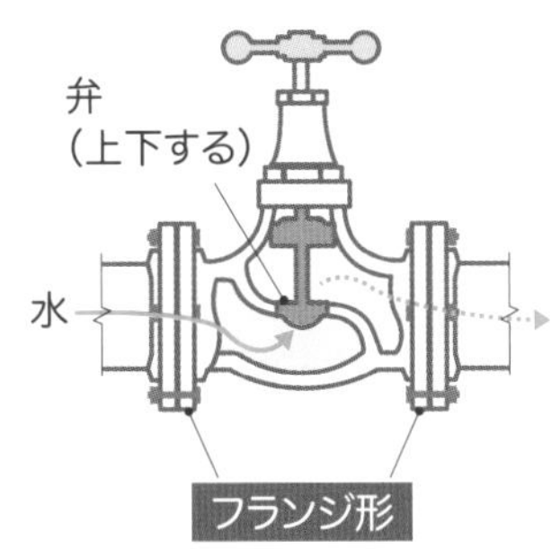

水の流れがS字状になる。流量調節に適している。

●バタフライ弁

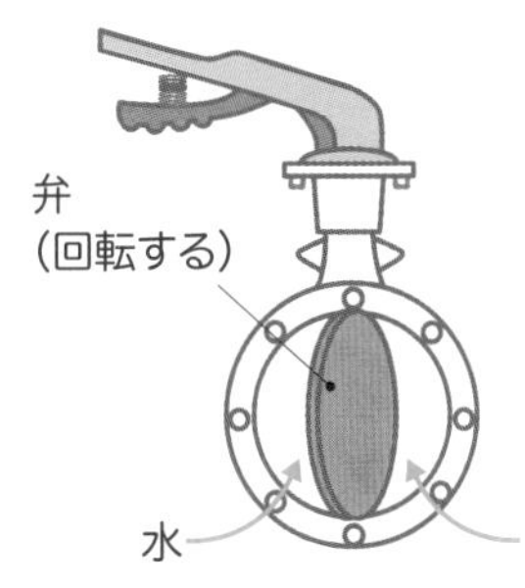

弁が回転して水の流量調節を行う。軽量のため開閉に力がいらない。

逆流を防ぐ弁

●スイング式逆止弁

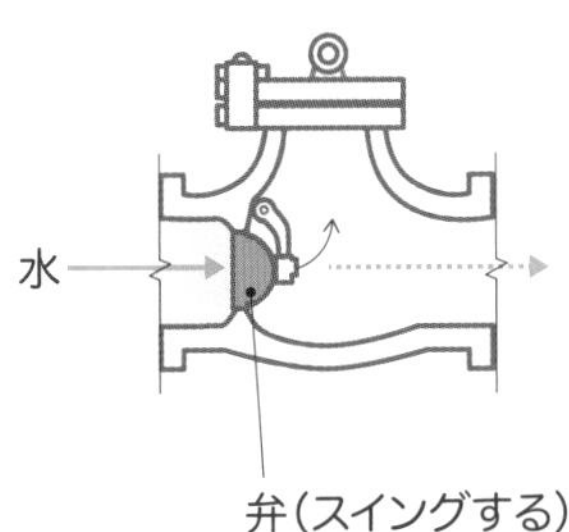

弁がちょうつがいになっており、水圧によって押し上げられる。

●リフト式逆止弁

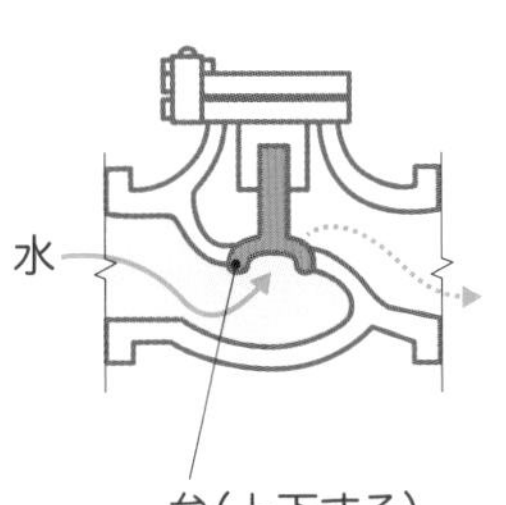

ガイドによって弁が上下し、水の逆流を防ぐ。

●フート弁

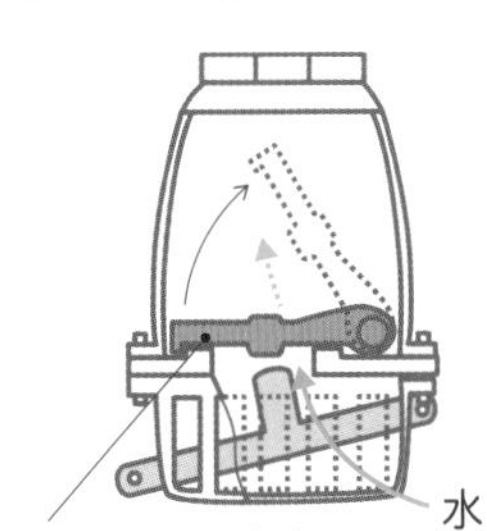

水が水槽（すいそう）へ落下するのを防ぐ。ポンプへのごみの吸込みを防ぐストレーナの役目もする。

ストレーナとは？

配管のねじ切りカスなどをフィルタで捕捉（ほそく）する、ろ過の役目を持つ。一般的には、Y型ストレーナを使用する。ごみの除去は、※印の箇所を開けてフィルタを取り外して清掃する。

Y型ストレーナ

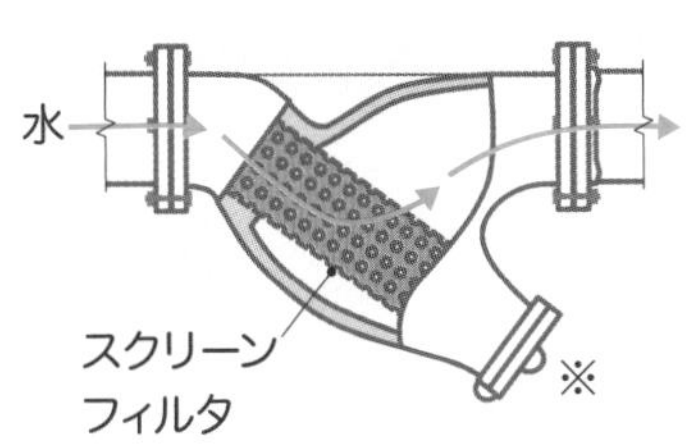

U型ストレーナ

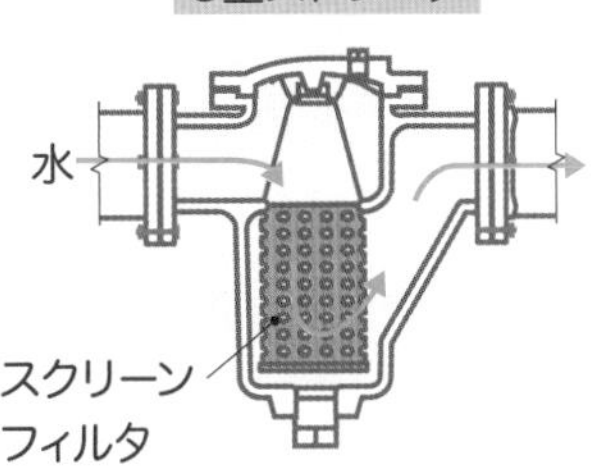

10 給水設備用語①

試験によく出る言葉❶

この章では、給水設備のしくみや技術などについて説明してきましたが、ここでそのまとめを兼ねて、建築・建築設備系の試験または、インテリアコーディネーター試験によく出題されている、給水設備に関連する用語の解説をします。

Ⓐ給水用具（器具）（supply fittings）

給水や給湯に使う器具の総称をいいます。**給水栓、止水栓、分水栓、量水器、洗浄弁およびボールタップ**などの器具のことです。

Ⓑクロスコネクション（cross connection）

飲料水系統の配管とその他の系統（雑排水管、汚水管、雨水管、ガス管など）の配管を接続することをいいます。クロスコネクションすると水の汚染につながるので禁止されています。たとえば、**上水配管と井水（井戸の水）配管とを逆止弁および仕切弁を介して接続してもクロスコネクション**となります。滅菌して飲み水とされている井水でも禁止されています。

Ⓒ逆サイホン作用（back siphonage）

断水や過剰流量のとき、給水管内が負圧になる（大気圧より空気の圧力が低くなる）ことがあり、**いったん吐水された水が逆流し（吸い込まれ）、給水管の中に入る作用**をいいます。

たとえば、お風呂でシャワーを使っていて、シャワーハンガー（シャワーヘッドを掛ける器具）があるのによく洗面器の中にシャワーヘッドを入れている光景が見られますが、急に蛇口を止めると逆サイホン作用により洗面器の中の水が給水管内に逆流してしまいます。

Ⓓバキュームブレーカ（vacuum breaker）

バキュームブレーカは、**給水系統へ汚水が逆流するのを防止**する器具のことをいいます。常に水圧がかかる箇所に用いられる圧力式と、一時的に水圧がかかる箇所に用いられる大気圧式があり、洗浄弁付大便器に付いているものは大気圧式です。

大気圧式バキュームブレーカは、大便器洗浄弁の大便器側のように、**常に圧力がかからない箇所に設け、器具のあふれ縁**（48ページ参照）**より上部に設置**するようにします。これにより、逆サイホン作用は防止できますが、背圧（流出側の圧力）による逆流は防止できません。

検定試験などでよく出題される用語❶

重要な給水設備用語

●給水用具（器具）とは

給水や給湯に使用する器具や、それらの器具に付属する用具などの総称。

一般水栓（すいせん）

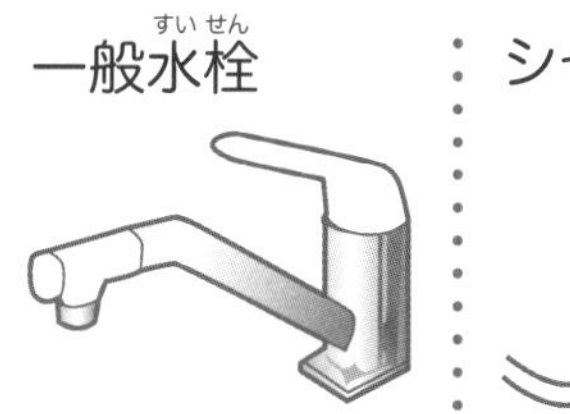

シャワー

量水器（りょうすいき）

●クロスコネクション

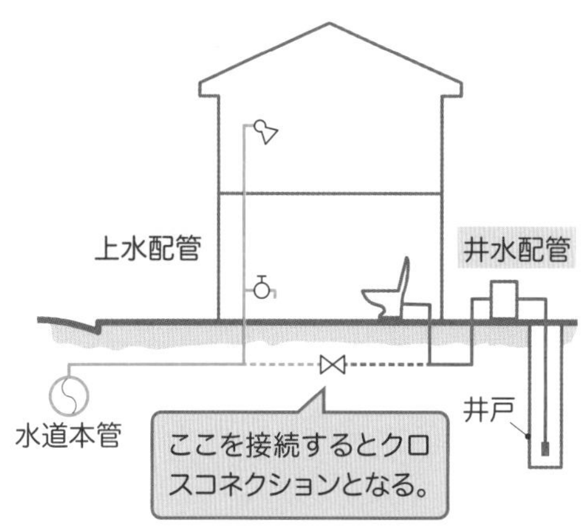

●逆サイホン作用

たとえば、このような状態でシャワーの水を急に止めると、ホース内が負圧になり、洗面器の中の水が逆流してしまう。

●バキュームブレーカ

汚水が逆サイホン作用によって給水系統へ逆流するのを防ぐ器具。和風大便器には必ず設置しなければならない。

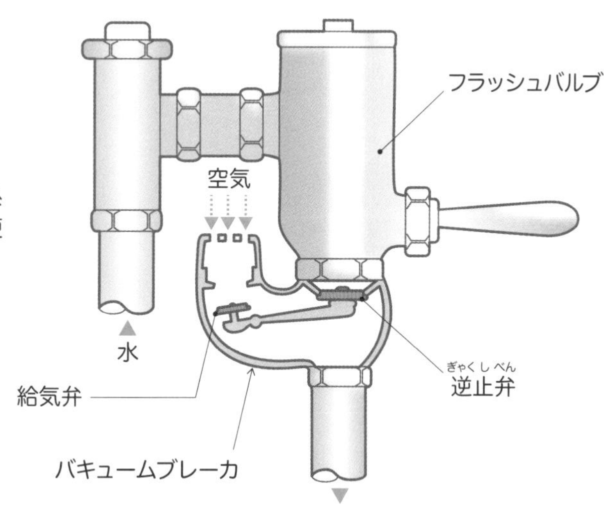

大気圧式バキュームブレーカ

11 給水設備用語②

試験によく出る言葉❷

Ⓔあふれ縁（flood level rim）

衛生器具におけるあふれ縁とは、洗面器などでは、満水になったとき、**水があふれる縁**の部分をいいます。水槽類のあふれ縁は、オーバーフロー（あふれ）口の最下端になります。

Ⓕ吐水口空間（air gap）

給水栓または給水管の吐水口端（水が出てくる口の端）とあふれ縁との垂直距離をいいます。必ず吐水口空間をとらないと、逆流して水の汚染につながります。よって、**逆サイホン作用の防止**には、吐水口空間の確保が必要となります。

Ⓖキャビテーション（cavitation）

ポンプ内や管の中を高速で流れる水の**低圧部分が気化**（液体が気体に変わる現象）して蒸発し、**気泡が発生する現象**をいいます。ポンプなどによってキャビテーションが発生すると、性能が低下し、金属音や振動の発生、侵食の原因となる場合があります。

Ⓗサージング（surging）

ポンプを運転しているとき、息をつくような運転状態になって、ポンプ出入口の圧力計および連成計（正圧と負圧を計ることができる装置）の針が振れ、**吐出し量が変化**してしまう状態をいいます。

Ⓘウォータハンマ（water hammer）

水による衝撃作用のことをいいます。配管内の流速が速くなったり、配管内の流れを急閉したり、停電によりポンプが停止したりするときに**衝撃音が発生し、振動や騒音を引き起こします**。弁の急閉鎖によるウォータハンマの水撃圧は、水が流れていたときの流速に比例します。

ウォータハンマ防止対策

❶水栓や弁類を急閉止しないこと。

❷給水管の水圧や流速を過度に大きくしないこと。

❸給水管の水圧が高いときは、減圧弁、定流量弁などを設置し、給水圧か流速を下げること。

❹ウォータハンマが発生しそうな箇所には、上流側（手前）にエアチャンバ（水撃防止器具：管内圧力変動を吸収する器具）を取り付けること。

重要な給水設備用語

●あふれ縁と吐水口空間

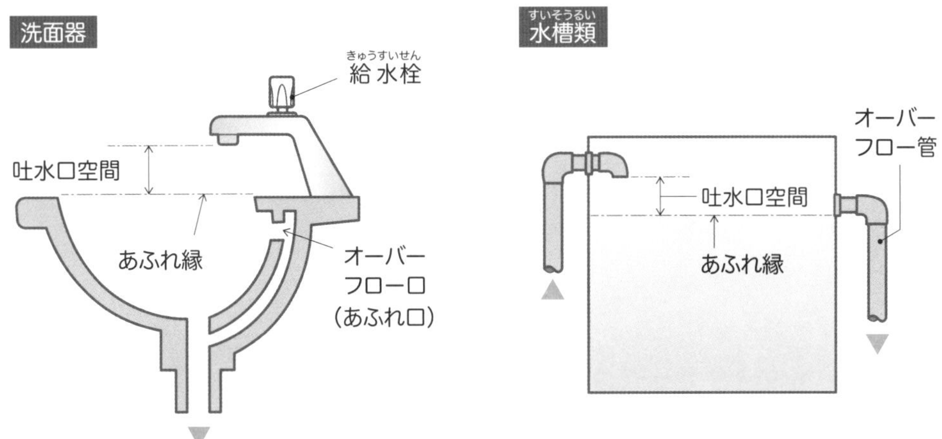

逆サイホン作用を防止する上で、吐水口空間は重要な役割を果たす。

●キャビテーション

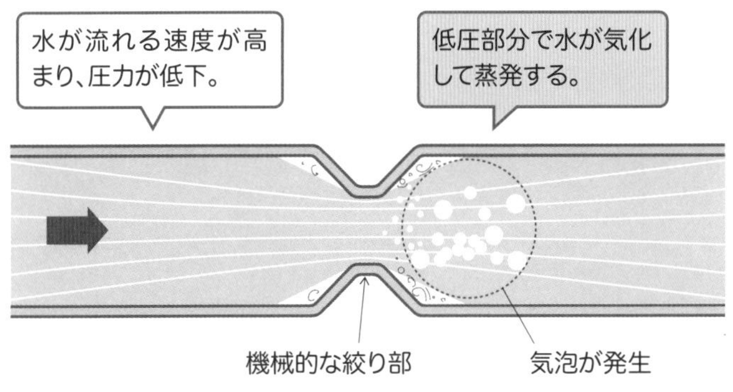

水が流れる速度が高まり、圧力が低下。
低圧部分で水が気化して蒸発する。
機械的な絞り部
気泡が発生

振動や騒音の発生のほか、ポンプの性能低下や損傷を引き起こす。

●ウォータハンマ

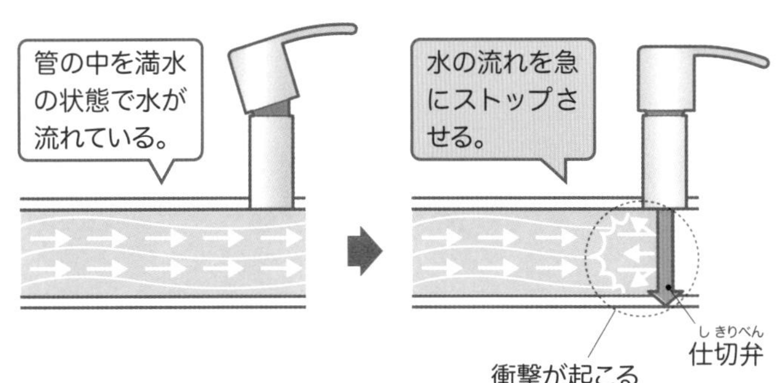

管の中を満水の状態で水が流れている。
水の流れを急にストップさせる。
衝撃が起こる
仕切弁

衝撃による圧力波が管内に波及して、振動や騒音の発生、管の破損の原因となる。管内の圧力変化を吸収するエアチャンバなどを取り付けることにより防止できる。

12 給水設備のよくあるトラブルと対策

水圧不足のトラブル❶　住宅においてのトラブル

●水道直結方式における水圧不足

給水設備で水圧のトラブルが絶えないのは、最初の設計における給水の圧力の選定が悪いからです。これは、十分な調査が必要です。まず、役所または各地域の水道局で、**水道を引き込む場所の水道本管の水圧がどのくらいあるか**を調べます。2階にお風呂がある住宅の場合、いざシャワーを浴びようと思ったら使えなかった、というようなことがあったら大変です。その水圧が十分かどうかは、下記の式で調べます。

$$P \geqq P_1 + P_2 + P_3$$

ここに、P：水道本管の圧力

P_1：水道本管から最高位の器具類（水栓（すいせん）など）まで水を押し上げるのに必要な圧力〔kPa（キロパスカル）〕（100kPa＝0.1 MPa（メガパスカル） ≒ 10 mAq（メーターアクア））

P_2：水道本管から最高位の器具類までの配管内を通るのに必要な圧力（摩擦（まさつ）損失水頭（そんしつすいとう））〔kPa〕

P_3：機器・器具類の最低必要圧力〔kPa〕（30、31ページ参照）とします。

水圧不足のトラブル❷　高層ビルにおいてのトラブル

●高置水槽方式（こうちすいそうほうしき）の高置水槽における水圧不足

よく、マンションなどで「最上階に住むと水圧が足らないからやめたほうがよい」などという人がいます。これは、どのマンションにもあてはまるわけではなく、最上階でも、設計・施工がきちんと行われていれば、水圧不足の問題は起こりません。水圧が足らない場合は、**高置水槽の高さ**に問題があるのです。水槽の位置が低いと水圧が足りなくなる場合があります。一般的に、**最上階の床から高置水槽底部までを10m**とすると問題ないでしょう。また、高置水槽の高さが十分かどうかは、下記の式で調べることができます。

$$H \geqq H_1 + H_2$$

ここに、H：最高位の器具類（最悪条件）から高置水槽の低水位面までの実高〔m〕

H_1：最高位における機器・器具類の最低必要圧力に相当する高さ〔m〕

H_2：高置水槽から最高位の器具類までの配管内を通るに必要な圧力（摩擦損失水頭）に相当する高さ〔m〕とします。

水圧不足によるトラブルの解決

住宅におけるトラブル

水圧が弱い場合、水道本管の水圧が十分かどうか、計算によって調べてみる必要がある。
右図における水道本管の水圧は以下のとおりである。

$P \geqq P_1 + P_2 + P_3$

P	水道本管の圧力
P_1	水道本管から最高位の器具まで水を押し上げるのに必要な圧力 6.5〔m〕= 65〔kPa〕
P_2	摩擦損失水頭
P_3	器具の最低必要圧力(30、31ページ参照) 50〔kPa〕+ 70〔kPa〕= 120〔kPa〕 瞬間湯沸器　シャワー

P_2の摩擦損失水頭を算出するには細かい計算が必要とされる。ここでは、配管の長さ、曲がり数によるが、一般的に $(P_1+P_3) \times 1.1〜1.2$ で計算してよい。

$P = (65+120) \times 1.1 ≒ 204$

よって、最低でも本管圧力が 204kPa以上 なければ、2階にシャワーを取り付けることはできない。

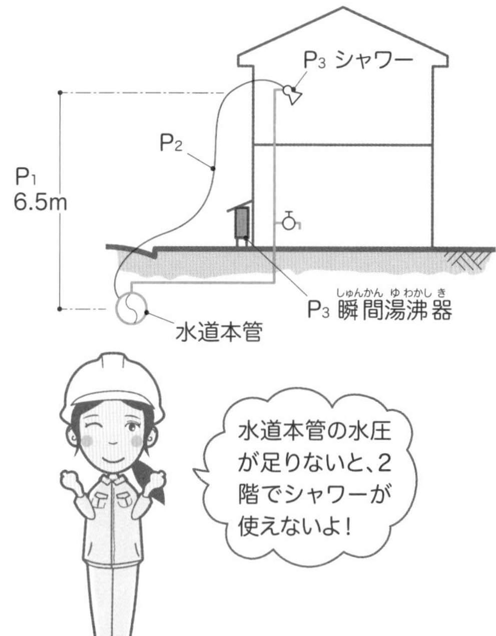

高層ビルにおけるトラブル

水圧が足りない場合、高置水槽の高さが低すぎないか、計算で調べてみる必要がある。
右図における高置水槽の高さは以下のとおりである。

$H \geqq H_1 + H_2$

H	最高位の器具から高置水槽の低水位面までの高さ
H_1	最高位の器具の最低必要圧力(30、31ページ参照) フラッシュバルブ(FV)＝70〔kPa〕⇒7〔m〕
H_2	摩擦損失水頭

H_2の摩擦損失水頭を算出するには細かい計算が必要とされるが、ここでは、$H_1 \times 1.1〜1.2$ としてよい。

H＝7〔m〕×1.1＝7.7〔m〕

よって、高置水槽の高さは、最高位の器具から7.7m以上 とする。一般的には最上階の床面から高置水槽底部までを 10m とすれば問題はない。

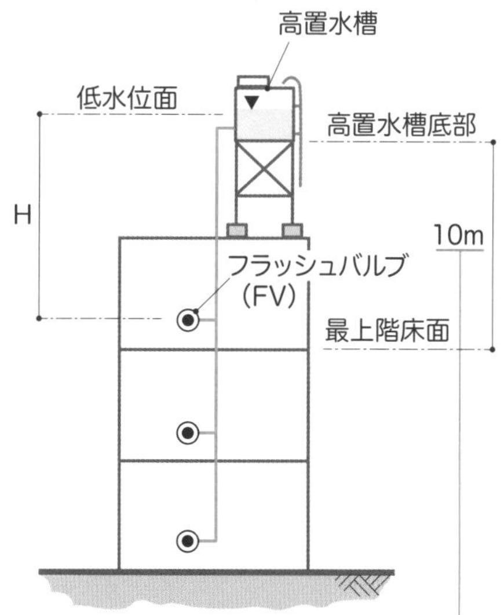

Column　アスベストは水中にも存在する？

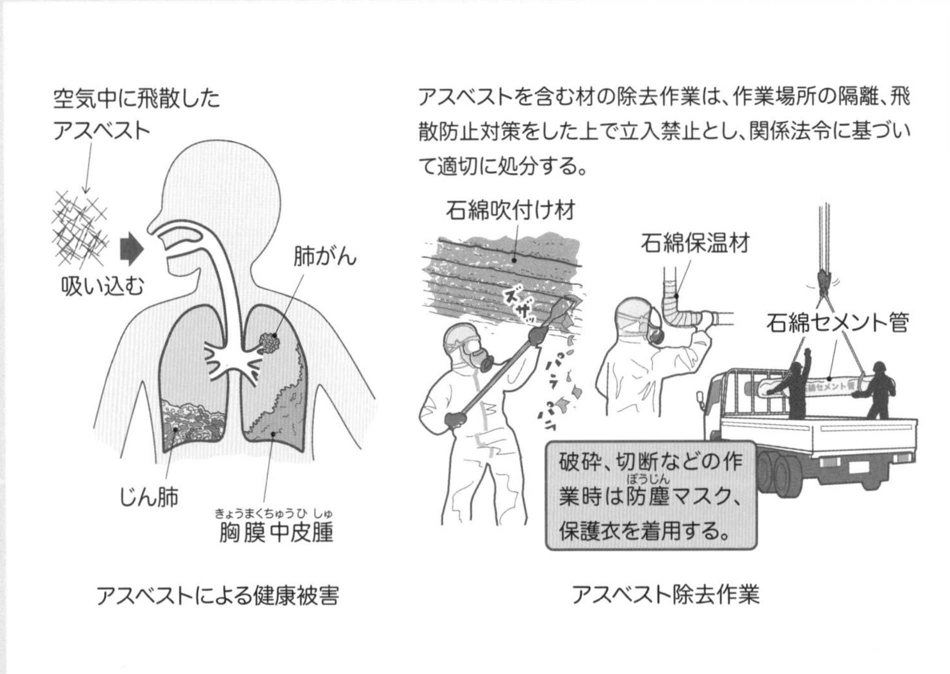
空気中に飛散した
アスベスト
吸い込む
肺がん
じん肺
胸膜中皮腫
アスベストを含む材の除去作業は、作業場所の隔離、飛散防止対策をした上で立入禁止とし、関係法令に基づいて適切に処分する。
石綿吹付け材
石綿保温材
石綿セメント管
破砕、切断などの作業時は防塵マスク、保護衣を着用する。

アスベストによる健康被害　　アスベスト除去作業

●アスベストとは？

アスベストとは、繊維状ケイ酸塩鉱物のことで、「石綿（せきめん・いしわた）」と呼ばれています。アスベストは、建築物の断熱材や保温材、および防音材に使用されていましたが、建築物の解体等により飛散し、肺がん等の悪性腫瘍を引き起こす原因物質であることが 1975 年頃にわかり、使用禁止になりました。

●アスベストセメント管の撤去が進められている

アスベストは、大気中だけではなく、水道水にも混入しているおそれがあります。水道管の強度を上げるため、アスベストセメント管が全面的に使用されていたのです。これは、1988 年頃やっと使用禁止および製造中止になり、アスベストセメント管の撤去が進められ、現在も継続してしています。

なお、水道水に含まれているアスベストの量では健康上の問題はないとされています。

給湯設備

「給湯設備」とは、上水を加熱器などによって加熱し、飲料や調理、洗浄、入浴などに適した温度にして供給する設備です。この章では、「水を温めお湯をつくる加熱方式」「お湯を供給する給湯方式」から「水を加熱する機器の種類」「給湯設備でよくあるトラブルと対策」までを説明します。

1 給湯方式と加熱方式

お湯はどのような方法で供給されるのか　給湯方式

給湯方式は、一般に局所式と中央式に大別されます。

局所式は、**個別給湯方式**ともいい、必要な箇所に小型の**ガス瞬間湯沸器**や**電気温水器**といった加熱器を設置し、水道水を直接加熱してできたお湯を供給する方式です。一般住宅や事務所ビルの給湯室にこの方法がよく使われています。また、飲食店の厨房にも専用の局所給湯を設ける場合があります。長所は、必要な温度のお湯を比較的簡単に供給することができるということです。また、給湯箇所が少ない場合は、設備費が安くなります。ただし、加熱器が各所に点在すると、維持管理費が高くなってきます。

中央式は、機械室やボイラ室などに**ボイラ**（密閉されたボイラ缶内の水をガス、油などの燃料を使用して加熱し、温水や蒸気を発生させ、必要とする箇所に供給する機械）や**湯沸器**を設置し、そこで加熱したお湯を**循環ポンプ**によりそれぞれお湯を必要とする箇所に給湯する方式です。事務所ビル、ホテル、病院など大規模な建物に使われています。

飲む水を加熱してお湯にする方法　加熱方式

次に、水を加熱する方式には、瞬間式と貯湯式があります。

瞬間式は、瞬間湯沸器を用い、水道水を直接湯沸器に通過させ、瞬間的に温めてお湯を作る方法です。一般住宅では、この方式が採用されています。

貯湯式は、ボイラなどで加熱したお湯を、いったん貯湯槽（お湯を蓄えておくタンク。ストレージタンクともいう）に蓄え、常にお湯を温めておき、必要なときにそのお湯を給湯する方式をいいます。これは、ホテルなど多くの人が一斉にお湯を使う建物に多く使われています。

貯湯式の加熱方法には、直接加熱式と間接加熱式があり、**直接加熱式**は、使用する量に見合ったお湯を一定温度に加熱し、温水ボイラと貯湯槽を直結して一体化し、貯湯槽内の水を直接的に加熱するものです。貯湯槽の中に常に新しい水が供給されるため内部水温が激しく変化し、熱効率が低下しやすいので、比較的小規模な建物に採用されています。大規模建築には、貯湯槽の内部に加熱コイルを備え、蒸気や温水などの熱源により間接的に加熱する**間接加熱方式**が採用されています。

密閉型で加熱コイル付の貯湯槽は、使用圧力または大きさによっては第一種圧力容器（液体を加熱する容器で、容器内部の圧力が大気圧を超えるもの）となり、労働安全衛生法やボイラー及び圧力容器安全規則などの適用を受けます。

どのようにして水はお湯に変わるのか

お湯を供給する方法

●局所式

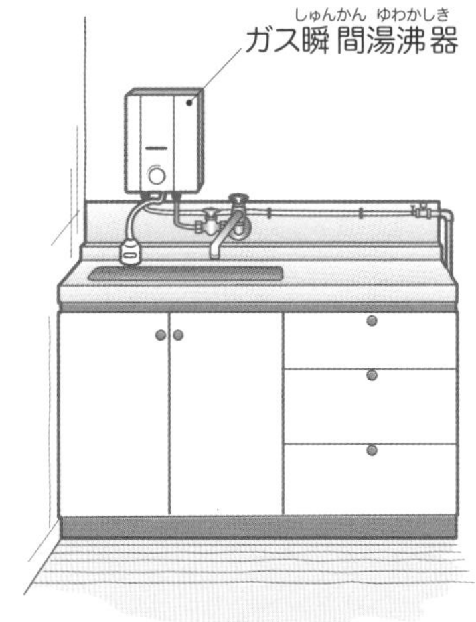

必要な箇所に小型の加熱器を設けて、水を直接加熱して各設備に給湯する。比較的小規模なビルや一般家庭で使われる。

●中央式

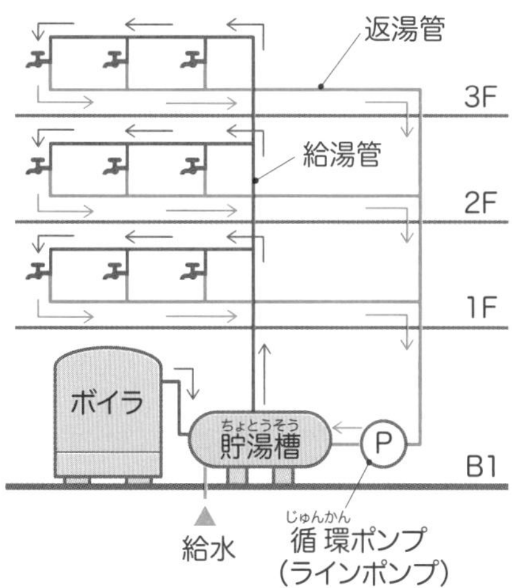

1箇所に置かれたボイラや湯沸器で作ったお湯を必要とするところへ送る。ホテル、病院、ビルなど大規模な建物で使われる。

水を加熱する方法

●瞬間式

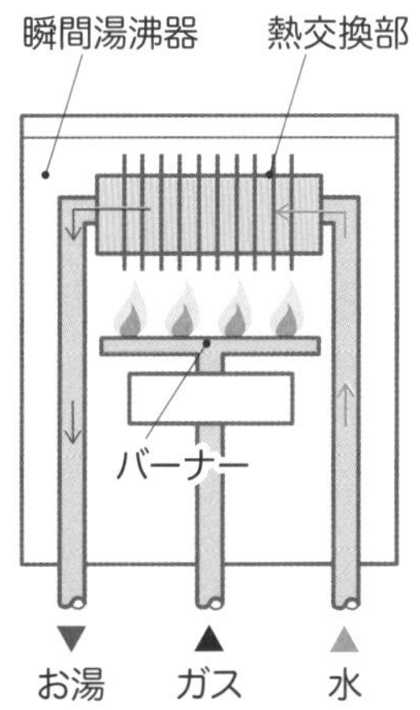

水を瞬間湯沸器に通し、瞬間的に温めてお湯を作る。

●貯湯式

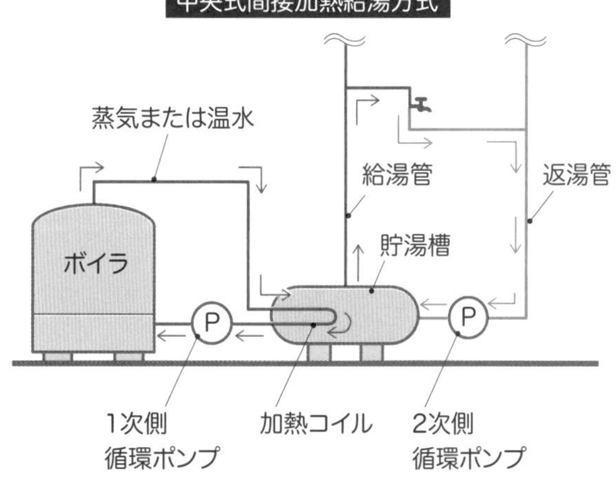

ボイラなどで温めたお湯を貯湯槽に蓄え、そのお湯を必要なとき必要な箇所へ送る。

2 給湯量と給湯温度

1人当たりどのくらいお湯を使うのか？　給湯量

給湯量を決める場合、使用人員によって求める方法と器具数によって求める方法がありますが、一般的に**使用人員による方法**が多くとられています。ここでは、使用人員による方法について説明します。

1日の総給湯量〔L／d〕は次の式で求めます。

$$Q_D = Nq_d$$

ここに、Q_D：1日の総給湯量〔L／d〕、N：給湯対象人員〔人〕、q_d：1人1日当たりの給湯量〔L／d・人〕（右ページ「建物の種類別給湯量」表参照）とします。

そして、1時間当たりの最大給湯量〔L／h〕を次の式で求めます。

$$Q_{HMAX} = Q_D q_h$$

ここに、Q_{HMAX}：時間最大給湯量〔L／h〕、q_h：1日の使用に対する必要な1時間当たり最大値の割合（右ページ「建物の種類別給湯量」表参照）とします。

温度はどのくらいにしたらよいのか？　給湯温度

給湯温度は、一般的には**60～70℃で供給**し、使用する際にお湯と水を混合させて適当な温度とするのが経済的です。

飲食店の厨房（ちゅうぼう）などでの飲料用や皿洗い機の濯（すす）ぎ用としての給湯温度は、**80℃から95℃**程度と高く設定するので、一般的に給湯方式は単独系統とし、局所式で直接加熱給湯方式（別途、瞬間湯沸器（しゅんかんゆわかしき）などを設置する）が採用されています。

幼稚園（ようちえん）の小児専用、老人ホームの老人用、精神病患者用の洗面・手洗い・浴室の上がり湯などは、給湯温度を**50℃以下**とします。

安全に給湯するには？　湯温設定表示

BL（Better Living（ベターリビング））基準（優良住宅部品認定基準）では、安全を確保するための基準を設けています。2007年11月まで、湯水混合水栓（すいせん）の湯温設定目盛りの値が40℃および50℃相当位置になっているとき、湯温設定目盛りの値と吐水（とすい）（出た湯水）温度との差は±3.0℃以内であることなどが定められていました。優良住宅部品としての単体での湯水混合水栓の基準は廃止されましたが、**サーモスタット（自動温度調整性能）付き湯水混合栓は、温度表示目盛りを40℃付近に合わせたときの吐水温度は、設定温度の±3.0℃以内と**し、また**吐水温度を40℃付近に設定した後、一次側給水圧力を変動させた場合の吐水温度は、±3.0℃**でなければならないと規定（JIS B 2061：2017）されています。

給湯量と給湯温度を計画する

給湯量を求める

例題

50世帯（1世帯4人）の共同住宅がある。これに要する給湯量はどのくらいか。使用人員による方法によって求めよ。

1. 1日の給湯量を求める。
1日の給湯量は $Q_D = Nq_d$ の式により求められる。
給湯対象人員N=50〔世帯〕×4〔人/世帯〕=200〔人〕。
1人1日当たり給湯量 q_d は下表より求める。ここでは100〔L / d・人〕とする。
以上から、
$Q_D = 200 \times 100 = 20000$〔L / d〕

2. 1時間当たりの最大給湯量を求める。
1時間当たりの最大給湯量は $Q_{HMAX} = Q_D q_h$ の式より求められる。1日の使用に対する必要な1時間当たり最大値の割合は下表より求める。
以上から、
$Q_{HMAX} = 20000 \times 1/7 \fallingdotseq 2857$〔L / h〕

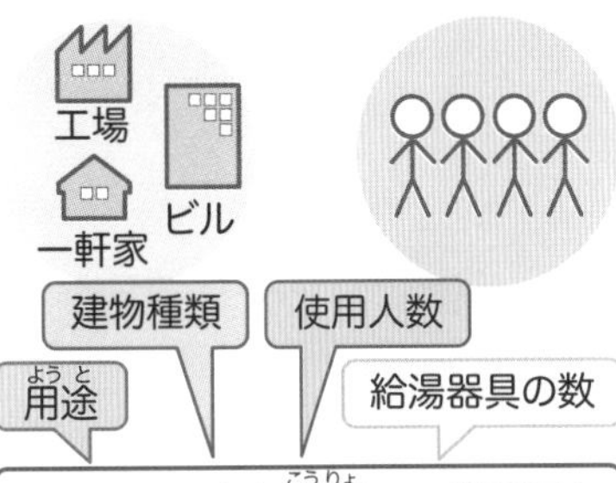

これらの要素を考慮して、給湯量と給湯温度を計画する必要がある。

1時間当たりの最大給湯量

使用用途に適した給湯温度

●建物の種類別給湯量

建物の種類	1人1日当たり給湯量 q_d〔L/人・日〕	1日の使用に対する必要な1時間当たり最大値の割合 q_h	ピークロードの継続時間 h	1日の使用量に対する貯湯割合 v	1日の使用量に対する加熱能力の割合 r
住宅・アパート・ホテル	75～150※	1/7	4	1/5	1/7
事務所	7.5～11.5※	1/5	2	1/5	1/6
工場	20※	1/3	1	2/5	1/8
レストラン				1/10	1/10
レストラン（3食/1日）		1/10	8	1/5	1/10
レストラン（1食/1日）		1/5	2	2/5	1/6

※ 60℃において
『改訂第10版　管工事施工管理技術テキスト』技術編　地域開発研究所編・発行より

適当な給湯温度は

お湯の使用温度は使用箇所によって異なり、下表の温度がだいたいの目安とされる。一般的に、60～70℃で給湯されたお湯を水で調整して適当な温度にして使用する。

●湯の使用温度

用途	使用温度〔℃〕
飲用	85～95 （実際に飲む温度は50～55）
入浴・シャワー	42～45（差し湯・追いだきは60）
厨房	40～45（皿洗機は60、皿洗機すすぎは80）

用途	使用温度〔℃〕
洗面・手洗	35～40
洗濯	絹および毛織物は33～37 （機械洗いの場合は38～49） リンネルおよび綿織物は49～52 （機械洗いの場合は60）

『改訂第10版　管工事施工管理技術テキスト』技術編　地域開発研究所編・発行より抜粋

3 各種加熱機器

各建物で使用する加熱機器は　各種加熱機器

給湯設備における加熱機器とは、ボイラや瞬間湯沸器（しゅんかんゆわかしき）、電気温水器などの、水を加熱する機器の総称です。

住宅やマンションで使用するお湯を作る給湯設備としては、**ガスを使用する瞬間湯沸器**が一般的ですが、この他にも、**熱源にガスや重油などを使う給湯用小型温水ボイラ**や**潜熱**（せんねつ）**回収型給湯器**（通称エコジョーズ：ガス給湯器、エコフィール：石油給湯器）、などがあります。潜熱回収型給湯器は燃焼ガスを再利用して、水を潜熱で温めた後に一次熱交換器で加熱して温水を作り出す給湯器です。さらに、**電気でヒーターを加熱してお湯を貯める貯湯型**（ちょとうがた）**電気温水器**（64ページ参照）や**熱源に大気熱を利用する自然冷媒**（れいばい）**ヒートポンプ給湯器**（通称エコキュート）、**地中熱利用ヒートポンプ給湯器**、また、**太陽熱を利用して給湯するアクティブソーラーシステム**（66ページ参照）などがあります。

事務所ビルでは、お湯を使用する場所として給湯室しかない場合は、一般的に、ガスを使用する瞬間湯沸器か電気を使用する小型電気温水器が採用されています。

その他、大規模ビルや常時蒸気が必要とされている病院やホテルの給湯設備としては、温水ボイラ缶内の水を**直接加熱**してそのまま給湯する方法がありますが、飲用としては衛生上の見方から、**間接加熱方式**が一般的に採用されています。その場合、病院やホテルの多くは、蒸気ボイラを採用しています。

法的な規制を受けないボイラ　真空式温水ヒータ・無圧式温水ヒータ

●真空式温水ヒータ

真空式温水ヒータは、真空式温水発生器ともいいます。**缶体内を大気圧以下に減圧して真空状態にし、内部の水を蒸発させて真空蒸気を発生させ、熱交換器部分を加熱し、その中を通過する水を温水にする**システムになっています。

●無圧式温水ヒータ

無圧式温水ヒータは、**缶体内に大気開放のタンクを設けて無圧の状態にし、そのタンクを加熱して温水を作り、その温水により缶体内のタンク部分に設置した熱交換器部分を温め、温水を発生させる**システムです。

真空式温水ヒータ、無圧式温水ヒータともに、2つ以上の回路に接続し、1台のボイラで暖房と給湯もできるものがあります。また、温水プール回路にも簡単に接続でき、1台で多目的に使用することができます。これらのボイラは、「ボイラー及び圧力容器安全規則」の適用は受けないので、取扱いにボイラー技士などの資格はいりません。

建物の用途や規模に合った加熱機器を使用する

加熱機器の種類

●ガス瞬間湯沸器

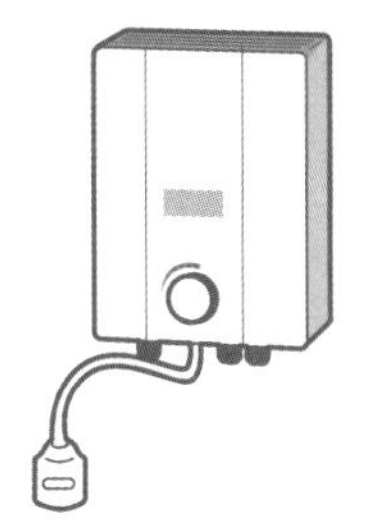

貯湯はせずに、流入した水をガスバーナーで温め、お湯にして出す。一般住宅などで使用される。

●電気温水器

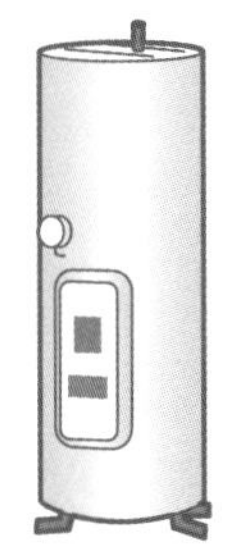

割安な深夜電力を利用して沸かしたお湯をタンクに溜め、必要なときに使用することが可能。マンションなどで使用される。

●ボイラ

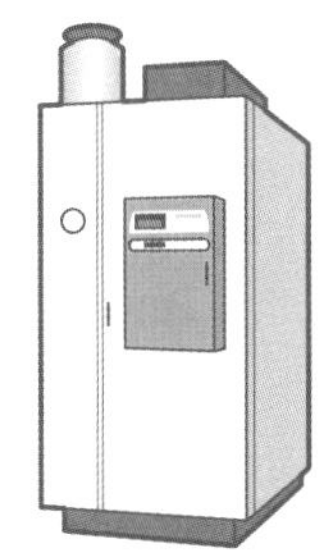

密閉した容器の中の水を加熱し、蒸気や温水を発生させる。大規模ビル・病院・ホテルなどで使用される。

法の適用を受けないボイラ

●真空式温水ヒータ

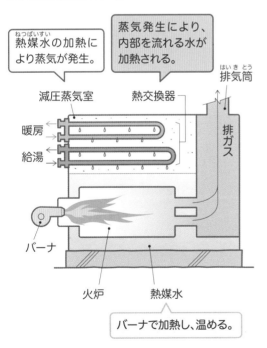

熱媒水の加熱により蒸気が発生。

蒸気発生により、内部を流れる水が加熱される。

排気筒

減圧蒸気室

熱交換器

暖房

給湯

排ガス

バーナ

火炉

熱媒水

バーナで加熱し、温める。

●無圧式温水ヒータ

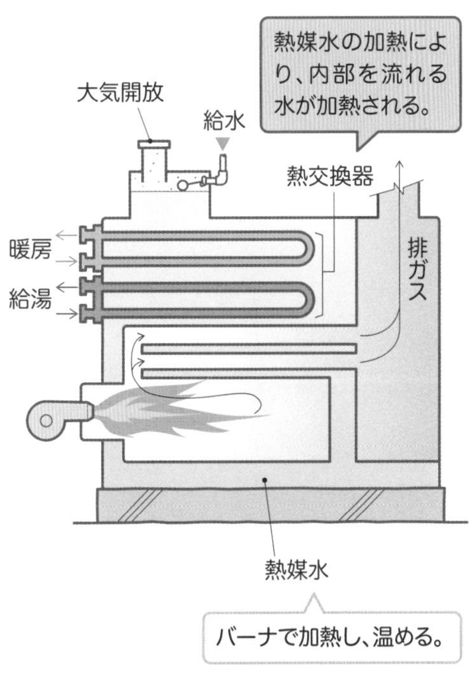

4 ボイラの種類

ボイラを分類すると　法規的な分類

ボイラには、温水を作る温水ボイラと蒸気を作る蒸気ボイラがありますが、**給湯に使われるのは、主に温水ボイラ**です。ボイラを法規（ボイラー及び圧力容器安全規則）によって分類すると、**鋳鉄製ボイラ**と**鋼製ボイラ**に分類されます。鋳鉄製ボイラは、**鋳鉄製セクショナルボイラ**のみですが、鋼製ボイラは、**丸ボイラ**、**水管ボイラ**、**特殊ボイラ**に分けられます。さらに、丸ボイラは、**炉筒ボイラ**、**炉筒煙管ボイラ**、**煙管ボイラ**に分けられ、水管ボイラは**自然循環水管ボイラ**、**強制循環水管ボイラ**、**貫流ボイラ**に分けられます。

鋳鉄製のボイラ　鋳鉄製セクショナルボイラ

鋳鉄製セクショナルボイラは、何枚かの鋳鉄製のセクションを接続して缶体を構成したもので、温水用ボイラとしては、最高使用水頭圧（水柱の高さで表した圧力）は0.5 MPa（50 m）以下で、温水温度は 120 ℃以下となっています。低圧の蒸気用ボイラの最高使用圧力は、0.1MPa 以下です。長所としては、**分解ができ、入・搬出が容易にでき、能力のアップも可能で、鋳鉄製のため耐食性があり、寿命が長く価格も安い**ということがあげられます。ただし、**熱応力（単位面積当たりの熱の力）には弱い**という弱点もあります。

鋼製のボイラ　炉筒煙管ボイラ・水管ボイラ

大規模用としては、炉筒煙管ボイラが使われます。さらには、地域暖房用（一定の地域全体で一つの熱供給設備を持ち、温水や蒸気などを各ビルなどに供給するシステム）として、炉筒煙管ボイラより能力の大きい水管ボイラが一般的に採用されています。

●炉筒煙管ボイラ

炉筒煙管ボイラは、円筒形の缶胴の中に炉筒と多数の煙管を設けた胴だき式のボイラです。使用圧力は一般的に 0.2 ～ 1.2MPa 程度で、高圧蒸気が得られます。蒸気用の場合、最高使用圧力は 1.6MPa 以下で、温水温度は 170 ℃以下です。炉筒煙管ボイラは、**水管ボイラに比べて水処理が容易で、保有水量が多い**という特徴があり、**保有水量が多いので負荷変動に対して安定性があります。**

●水管ボイラ

水管ボイラは、多数の小口径の管を配列して燃焼室と伝熱面を構成しているボイラです。蒸気用の場合、最高使用圧力は 2.0MPa 以下で、温水用としては 200℃程度までの温水を作ることができます。**負荷変動に対して追従性があり、加熱や予熱が簡単で、熱効率がよい**という特徴があります。

構造や循環方式などによって分類される

代表的なボイラの特徴

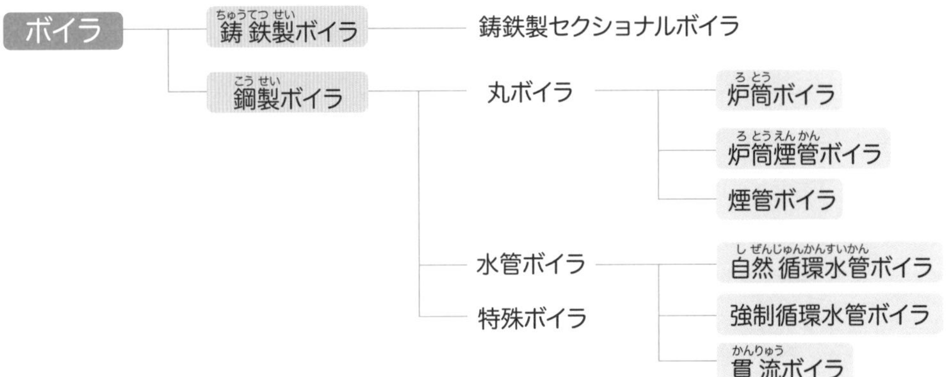

●鋳鉄製セクショナルボイラ

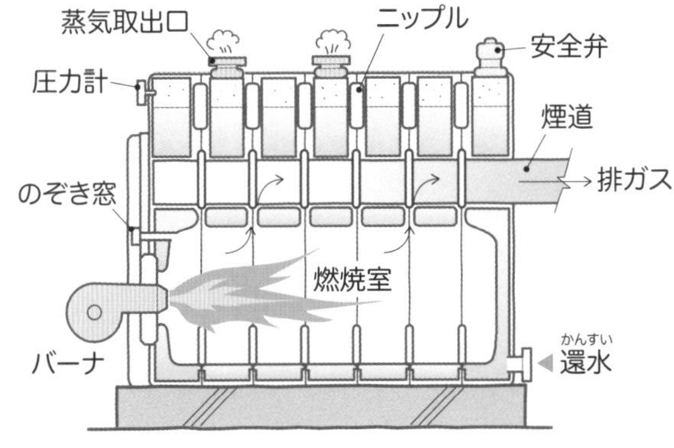

鋳鉄製のセクションを組み合わせて1台のボイラを形成。内部の水を加熱して蒸気・温水を発生させる。

●水管ボイラ

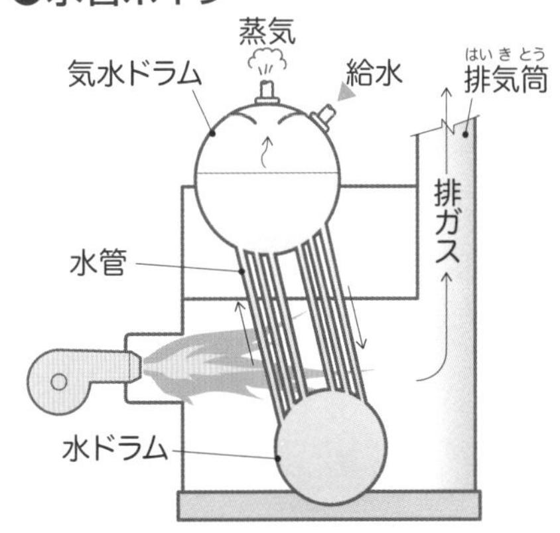

内部に配置した多数の水管内の水を加熱し、その水を循環させる。

●炉筒煙管ボイラ

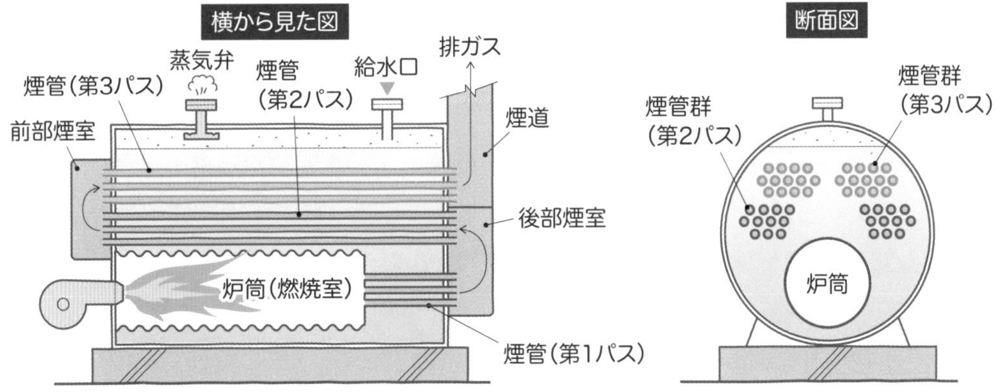

円筒形の炉筒(燃焼室)と多数の煙管で構成されるボイラ。

5　ボイラとボイラ技士

取扱者の資格免許を必要としないボイラ　簡易ボイラ

ボイラは、その規模によって扱うことのできる技術者が異なります。

簡易ボイラは、**伝熱面積**（ボイラの中の水に接している面の反対側の火気や燃焼ガスに触れた面の表面積）が4 m^2 以下で、かつ、**最高使用水頭圧**（すいとうあつ）が0.1ＭＰa（メガパスカル）（10m）以下の温水ボイラをいいます。このボイラは、いわゆる法規的ボイラではなく、「ボイラー及び圧力容器安全規則」による労働基準監督署への届け出や、取扱者の資格免許を必要としません。また、年一回の定期検査も必要ありません。

特別教育を受けた者が取り扱えるボイラ　小型ボイラ

一般的に**小型ボイラ**というのは、伝熱面積が8 m^2 以下で、かつ、最高使用水頭圧が0.1MPa（10m）以下の温水ボイラをいいます。蒸気用ボイラの場合は、最高使用圧力は0.05MPa以下となっています。このボイラは、特別教育を受けた者が取り扱えます。

ボイラー取扱技能講習修了者が取り扱えるボイラ　小規模ボイラ

小規模ボイラは、伝熱面積が14 m^2 以下の温水ボイラと、その他、胴の内径が750mm以下で長さが1300mm以下の蒸気ボイラ、伝熱面積が3 m^2 以下の蒸気ボイラ、伝熱面積が30 m^2 以下の貫流（かんりゅう）ボイラがこれに属します。このボイラは、ボイラー取扱技能講習修了者が取扱いをすることになっています。

ボイラ技士の免許が必要なボイラ　大規模ボイラ

大規模ボイラは、伝熱面積が14 m^2 を超える温水ボイラ、伝熱面積が3 m^2 を超える蒸気ボイラ、伝熱面積が30 m^2 を超える貫流ボイラを指します。取扱いにはボイラ技士の免許が必要となります。

ボイラ技士の等級　特級・一級・二級ボイラー技士

ボイラ技士とは、ボイラを取り扱う技術者で、構造、燃焼理論、水管理、事故防止、大気汚染防止等についての知識を身につけていなければならないと法で定められています。ボイラ技士には、**特級・一級・二級ボイラー技士**があります。特級ボイラー技士は、伝熱面積が500 m^2 を超える温水ボイラおよび蒸気ボイラ、一級ボイラー技士は、伝熱面積が25 m^2 を超え500 m^2 未満の温水ボイラおよび蒸気ボイラ、伝熱面積が250 m^2 を超える貫流ボイラ、二級ボイラー技士は、伝熱面積14 m^2 を超え25 m^2 未満の温水ボイラ、伝熱面積3 m^2 を超え25 m^2 未満の蒸気ボイラ、伝熱面積30 m^2 を超え250 m^2 未満の貫流ボイラを取り扱う作業主任者となるために必要な免許資格です。

取扱いには専門的な知識と技術が必要

ボイラの取扱い資格

ボイラは構造上、右図のように分類され、それぞれ取り扱うことのできる資格が異なる。

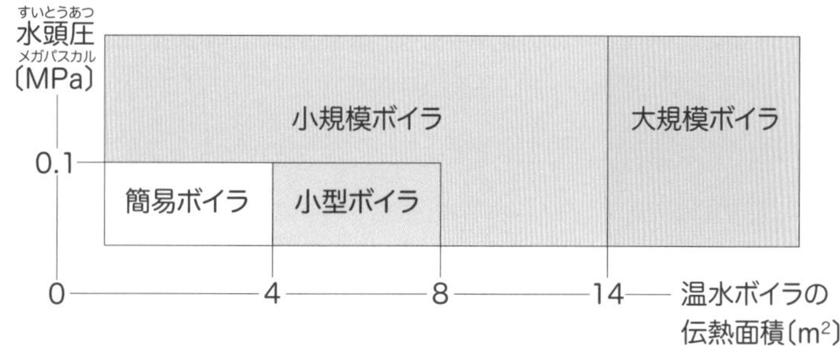

●簡易ボイラ

法規的にはボイラではないので、誰でも取り扱うことができるのです。

●小型ボイラ

事業者による特別教育を受けた者が取り扱うことができる。

特別教育

【学科】	
ボイラの構造に関する知識	2時間
ボイラの附属品に関する知識	2時間
燃料および燃焼に関する知識	2時間
関係法令	1時間
【実技】	
小型ボイラの運転および保守	3時間
小型ボイラの点検	1時間

●小規模ボイラ

ボイラー取扱技能講習修了者が取り扱うことができる。

講習科目

科目	時間
ボイラの構造に関する知識	2時間
ボイラの取扱いに関する知識	4時間
点火および燃焼に関する知識	3時間
点検および異常時に関する知識	4時間
関係法令	1時間

講習修了後、修了試験

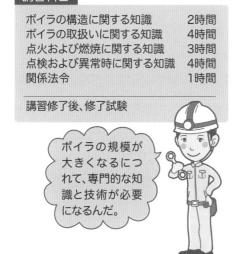

ボイラの規模が大きくなるにつれて、専門的な知識と技術が必要になるんだ。

●大規模ボイラ

ボイラー技士の免許を取得した者が取り扱うことができる。

試験科目と範囲〔特級ボイラー技師〕

科目	範囲
ボイラの構造に関する知識	熱および蒸気、種類および型式、主要部分の構造および強度、材料など
ボイラの取扱いに関する知識	点火、使用中の留意事項、埋火、附属設備および附属品の取扱いなど
燃料および燃焼に関する知識	燃料の種類、燃焼理論、燃焼方式および燃焼装置、通風および通風装置など
関係法令	労働安全衛生法、労働安全衛生法施行令および労働安全衛生規則中の関係条項

6 ガス瞬間湯沸器と電気温水器

ガスを使って簡単にお湯を作るには？　ガス瞬間湯沸器

ガスを熱源とする**瞬間湯沸器**には、元止め式と先止め式があります。**元止め式**とは、**器具に付いているスイッチにより、お湯を出したり止めたりする**ものです。流しの上部に取り付けてある小さな瞬間湯沸器（一般的に５号、６号といわれる湯沸器）はすべてこのタイプです。**先止め式**は、一般的に屋外等に設置してある大きな瞬間湯沸器（16 号、24 号程度の湯沸器）で、**そこで沸かしたお湯を配管により各所の水栓へ給湯し、それぞれの給湯栓（水栓）の開閉によって出したり止めたりする**ものです。冬季において、シャワーと台所でのお湯の同時使用に十分に対応するためには、24 号程度の能力のものが必要とされています。

なお、この号数は、水温を 25 ℃上昇させるときの流量（L ／ min）の値です。たとえば１号では、1.75kW で水温を 25℃上げ、１分間当たり１L の湯量が出ます。

その他、瞬間湯沸器には、シャワー、洗面、キッチンへの給湯とお風呂の追いだき（浴槽の冷めたお湯をもう一度温め直す機能）といった、給湯器と風呂釜の機能を１台が持った**給湯付風呂釜**があります。

また、一般的な瞬間湯沸器には、**安全装置**（不完全燃焼防止装置付、立消え安全装置付、消し忘れ防止装置付、お知らせランプ付など）が組み込まれています。

ガス機器の燃焼方式には　開放式・半密閉式・密閉式

ガス機器の燃焼方式には、開放式、半密閉式、密閉式があります。**開放式ガス機器**は、**コンロやレンジなど、燃焼用空気を室内から取り入れ、燃焼排ガスをそのまま室内に排出**する方式のガス機器です。**半密閉式ガス機器**は、風呂釜や瞬間湯沸器などのように**燃焼用空気を室内から取り入れ、燃焼排ガスを排気筒で屋外に排出**する方式のガス機器です。**密閉式ガス機器**は、ストーブや風呂釜、瞬間湯沸器など、**新鮮な空気を外部から取り入れ、燃焼した排ガスを強制的に外部に排出**する機器です。密閉式ガス機器には、自然に給排気を行う BF（Balanced Flue）形、送風機により強制給排気を行う FF（Forced Draught Balanced Flue）形、屋外設置機器の RF（Roof Top Flue）形があります。

電気を使って簡単にお湯を作るには？　電気温水器

電気温水器には、深夜電力を使用し電気ヒーターで沸かして保温する**貯湯型電気温水器**（大きさ：90 ～ 480L 程度）が主流でしたが、近年は**自然冷媒ヒートポンプ給湯器**（通称エコキュート）が使用されています。その他、流しの上や下に置く 10L 前後の小型のものもあります。

ガス瞬間湯沸器と電気温水器の構造

ガス瞬間湯沸器

●ガス瞬間湯沸器の2つの方式

元止め式

台所の流しなどに使用。給湯は湯沸器の給湯栓でのみ行われ、配管して給湯することはできない。6号くらいまでの小型の湯沸器に用いられる。

先止め式

1台の湯沸器から洗面や台所、浴室などの給湯栓に配管され、給湯される。16号くらい以上の大型の湯沸器に用いられる。

●元止め式の構造

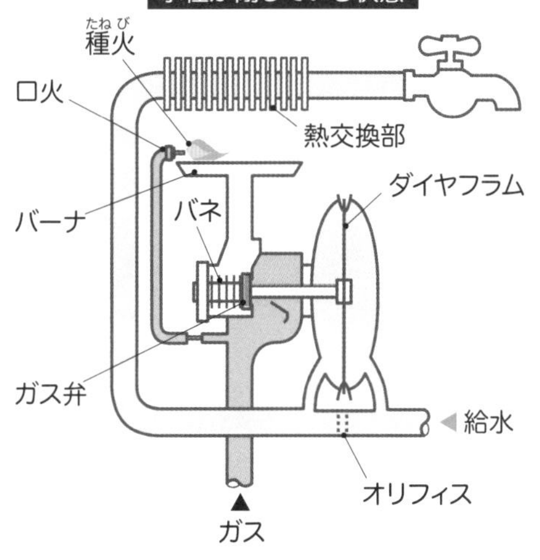

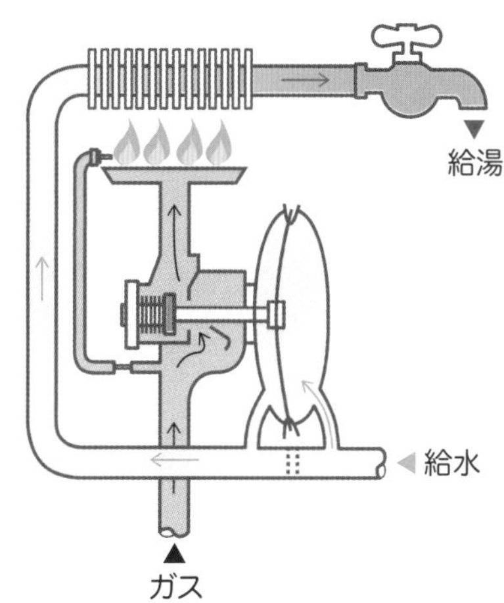

電気温水器

●貯湯型電気温水器

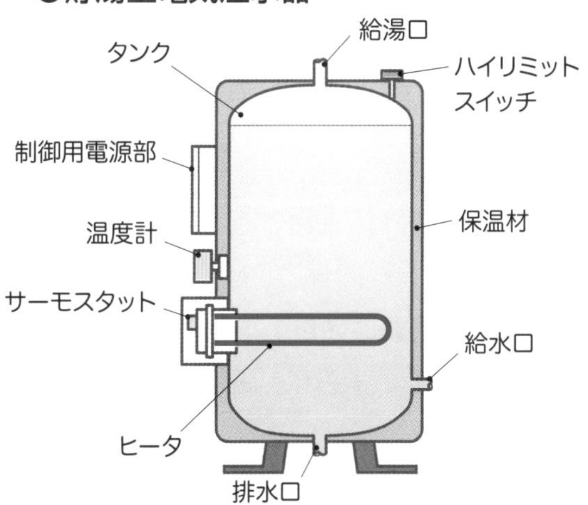

温水器のタンクに水を溜め、電力でお湯を作る。お湯は常に保温されているので、必要なときにいつでも使用することができる。

●エコキュート

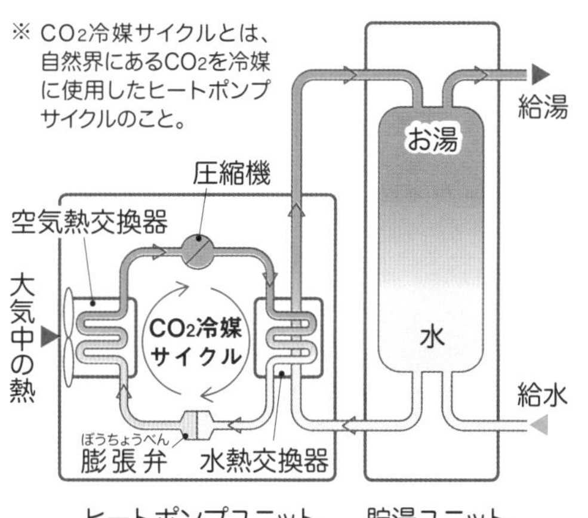

大気中の熱をヒートポンプ内の冷媒が吸収し、圧縮機で高温にし、貯湯ユニットの水に熱を伝えてお湯を作る。

7 太陽熱給湯方式

太陽熱を集熱しお湯を作る　2つの給湯方式

この項では、太陽熱を利用した給湯設備について説明します。屋上に設置された**太陽熱温水器に給水栓から給水し、集熱器（コレクター）で集めた太陽エネルギーを熱エネルギーにして温めたお湯を自然に重力で落下させて給湯する方式**と、**集熱器、貯湯槽、ポンプ、補助熱源（給湯ボイラなど）、配管からなるシステム（アクティブソーラーシステム）を利用した強制循環方式**があります。なお、このアクティブソーラーシステムに対して**パッシブソーラーシステム**という建築物全体で太陽熱を利用したシステムがあります。これは、動力を使用せず、自然の性質を建築的に応用して室内の気候調節をするシステムで、南面窓からの日射熱を床などに蓄熱し、夜間室内に放熱させる、ダイレクトゲイン方式などがあります。

重力で落下させて給湯する方式　太陽熱給湯方式①

お湯を自然落下させて給湯する方式には、くみ置き方式と自然循環方式があります。

Ⓐくみ置き方式

この方式の太陽熱温水器は、**集熱部と貯湯部とが一体構造となっており、金属または樹脂製で筒状の集熱部で水を溜めて加熱し、浴槽や台所などに直接給湯**します。貯湯量は一般的に200L前後で、集熱面積が2m^{2}前後です。住宅用として利用されています。

Ⓑ自然循環方式

集熱部と貯湯部（断熱されている）は分離されており、集熱部と貯湯部との間で水が自然循環し、温まったお湯が貯湯部に集められる方式です。貯湯量は一般的に300～400L前後で、集熱面積が4～6m^{2}前後です。住宅用太陽熱温水器として広く利用されています。

強制的に循環させて給湯する方式　太陽熱給湯方式②

お湯を強制的に循環させて給湯する方式には、直接加熱方式と間接加熱方式があります。

Ⓐ直接加熱方式

循環ポンプで蓄熱槽内の給湯用水を集熱部に直接流して循環させる方式で、比較的小規模なシステムに採用されています。この方式は、お湯を直接装置内の機器や配管などに流しているため防錆処理が必要であり、また寒冷地では凍結防止対策が必要です。

Ⓑ間接加熱方式

集熱部で温められたお湯を、密閉式貯湯槽を使用して間接的に加熱し給湯する方式です。この方式は集熱回路と給湯回路が分離しているので、直接加熱方式に比べて衛生的です。

太陽エネルギーを有効利用してお湯を作る

重力を利用して給湯する方式

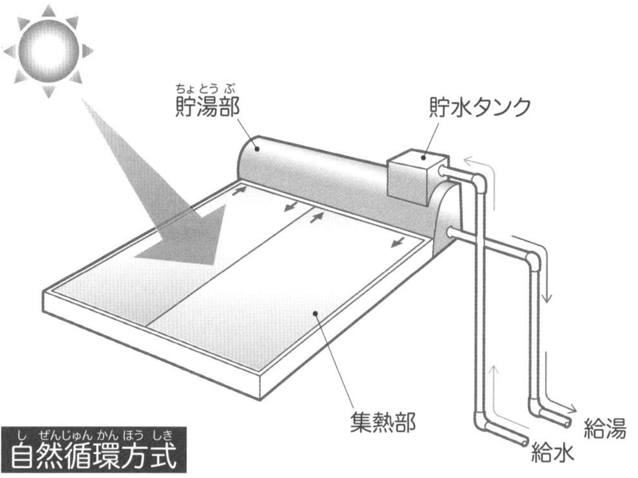

しぜんじゅんかんほうしき
自然循環方式

集熱部と貯湯部が分離されており、集熱部で太陽エネルギーが熱エネルギーに変えられ、温められたお湯は熱サイホン作用で上部の貯湯部に貯えられる。給湯の際は重力を利用し、自然落下させる。

強制的に循環させて給湯する方式

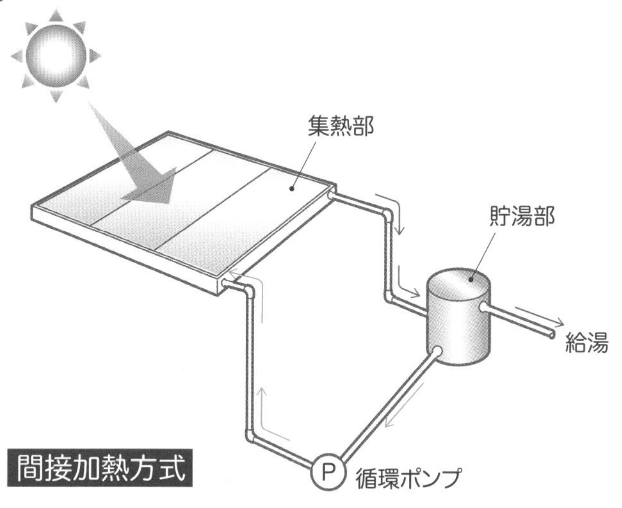

間接加熱方式

循環ポンプで集熱部に水を流し、そこで加熱してできたお湯を貯湯部で貯える。通常、集熱部は建物の屋根に、貯湯部は地上等に設置される。

アクティブソーラーシステムとパッシブソーラーシステムとは？

アクティブソーラーシステムとは、機器を利用して太陽エネルギーを取り入れるシステム。

パッシブソーラーシステムとは、機器を使わずに、構造などの建築的な工夫によって、効率よく太陽エネルギーを取り入れるシステム。

ダイレクトゲイン方式

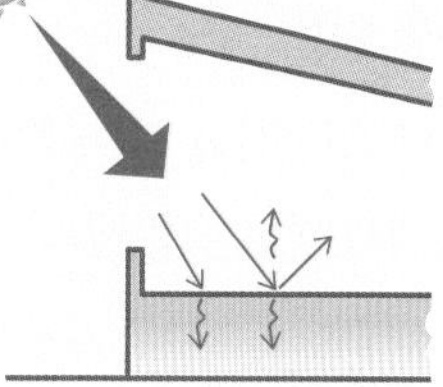

8 給湯循環ポンプと安全装置

常に温かいお湯を送るには？ 給湯循環ポンプ

中央式給湯方式に設置する循環ポンプには、一般的に**インライン形遠心ポンプ**（ラインポンプ、36ページ参照）を使います。循環ポンプは、**お湯を循環させることにより、配管内のお湯の温度が下がるのを防ぎ、どこの給湯栓を開いても、すぐに熱いお湯が出る**ようにするために設けられています。そのために、送湯管に設けた水用サーモスタットで温度設定をし、送湯管のお湯の温度が低下したらポンプを運転するようにします。

循環ポンプの循環水量は、循環配管系からの放散熱量を給湯温度と返湯温度（給湯栓を回って貯湯槽に戻っていくお湯の温度）との差で割ることにより求められます（給湯管のお湯と返湯管のお湯との温度差は5℃程度）。

揚程（水を押し上げる高さ）は、ポンプの循環水量をもとに、一般に給湯管と返湯管の長さの合計がもっとも大きくなる配管系統の摩擦損失（抵抗）を計算し、求めます。一般に**循環ポンプは返湯管側に設け、返湯管の管径は給湯管径の約1／2**を目安としています。

循環ポンプは、背圧（流出側の圧力：逆流）に耐えることのできるものを選定します。

装置が爆発しないようにするには？ 安全装置

加熱することによって水が膨張し、装置内（ボイラなど）の圧力を異常に上昇させる現象が起こります。それを防ぐために設ける装置（膨張タンク、安全弁など）に対する法令上の材質、構造、性能、設置の規制について、簡単に述べることにします。

Ⓐ膨張タンク

膨張タンクとは、**ボイラや配管内の膨張した水を吸収**するためのタンクをいい、**開放型**と**密閉型**があります。補給水槽を兼ねる開放式膨張タンクの有効容量は、**加熱による給湯装置内の水の膨張量に給湯装置への補給水量を加えた容量**とします。密閉式膨張タンクを設ける場合は、膨張管（開放式膨張タンクを屋上に設置したときの、末端から膨張タンクまでの配管）ではなく**ボイラなどの装置に逃し弁**（スプリングによって弁体を弁座に押さえつけている弁。所定の圧力を超えると弁体が自動的に開き、圧力を逃がす）を取り付けます。また、逃し弁の作動圧力の設定は、膨張タンクにかかる給水圧力よりも高くします。

Ⓑ安全弁

自動圧力逃し装置のことで、**圧力容器や配管内の圧力の上昇を防ぐ**弁です。

Ⓒ自動空気抜き弁

配管内の空気を逃がすために、配管ルート内の**正圧になる場所の最上部**に取り付けます。

安全にお湯を供給するための装置

お湯の循環に必要な装置

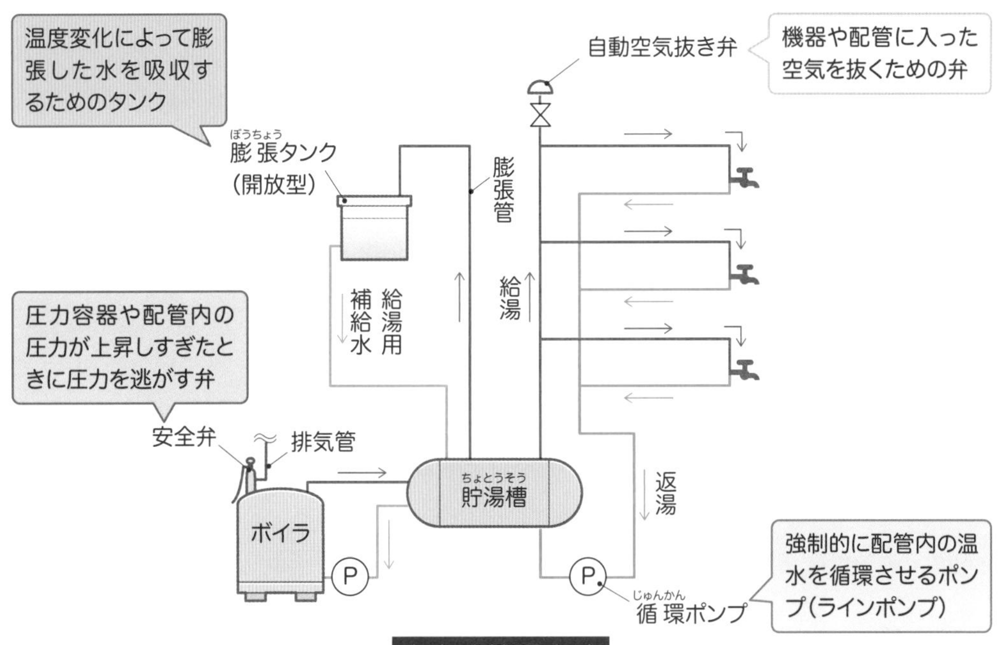

中央式給湯方式

膨張タンクの種類

●開放型

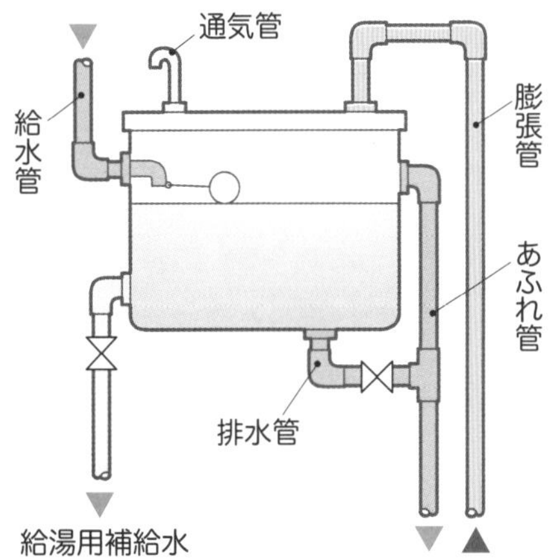

タンクの上部が通気管により大気に開放される構造になっている。

●密閉型

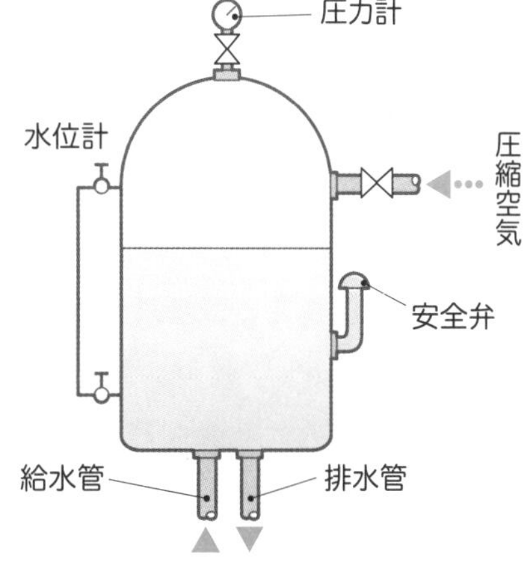

密閉された構造で、空気や窒素ガスの圧縮により水の膨張を吸収する。

9 給湯管

お湯を送るパイプにはどのようなものがあるか　給湯管

給湯管には耐熱性硬質ポリ塩化ビニル管、耐熱性硬質塩化ビニルライニング鋼管(こうかん)、架橋(かきょう)ポリエチレン管、銅管、水道用ステンレス鋼管があり、これらは、給水管にも使用されています。一般的な配管としては、従来どおり銅管が使用されていますが、最近のマンションや住宅では、システム配管（水廻りの配管をひとつにまとめた配管）として架橋ポリエチレン管がよく使用されています。

よく使用されている給湯管　給湯管の種類

Ⓐ耐熱性硬質ポリ塩化ビニル管（JIS K 6776）

内面、外面とも濃茶、赤色の**70～90℃の給湯配管**で、屋内、宅地内に使われます。一般にHTVPといわれています。**腐食がなく施工が簡単で耐熱性がありますが、外圧や衝撃に弱く、価格も高く**なります。

Ⓑ水道用耐熱性硬質塩化ビニルライニング鋼管（JWWA K 140）

外面が塗装（黒、濃灰色）され、内面が塩ビ被覆(ひふく)（濃茶、赤色）されたものです。主に屋内、宅地内の給湯配管に使われます。**内面の腐食に強く、耐熱性、強度があります。耐熱温度は85℃以下**です。

Ⓒ架橋ポリエチレン管（JIS K 6769）

最高使用温度95℃の高耐熱性樹脂(こうたいねつせいじゅし)で、安定した耐久性が保てます。一般にXPN（PEX）ともいわれています。透きとおった白色で、施工が簡単で柔軟性に優れ、配管接続が容易に行えます。**耐熱、耐寒、耐食性にも優れており、スケール（水の中に溶けているカルシウムなど）が付着しにくい**という利点もあります。

Ⓓ銅管（JIS H 3300）

CPといわれ、一般的によく使われています。**引っ張り強さが大きく耐食性に富み、軽量**です。また、**加工が簡単で、価格も安く、スケールも付きにくい**といえます。耐食性の金属ですが、緑青(ろくしょう)（緑色のさび）と呼ばれる腐食が発生したり、潰食(かいしょく)といい虫食状(むしくいじょう)の小さな無数の穴が空く場合があります。また、異種金属（銅と鋼、または銅とステンレス鋼）を直接接合することで、電位差からくる腐食（電食）が生じやすくなります。

Ⓔ水道用ステンレス鋼鋼管（JWWA G 115）

衛生的で優れた耐腐食性があり、リサイクル率の高さから、公共建物での採用率が多くなっていますが、高価でなかなか一般的には採用が難しいでしょう。

給湯に適した材質を使用する

給湯管の材質

設備に使用するさまざまな管の中で、以下の管が給湯に適しており、よく使用されている。

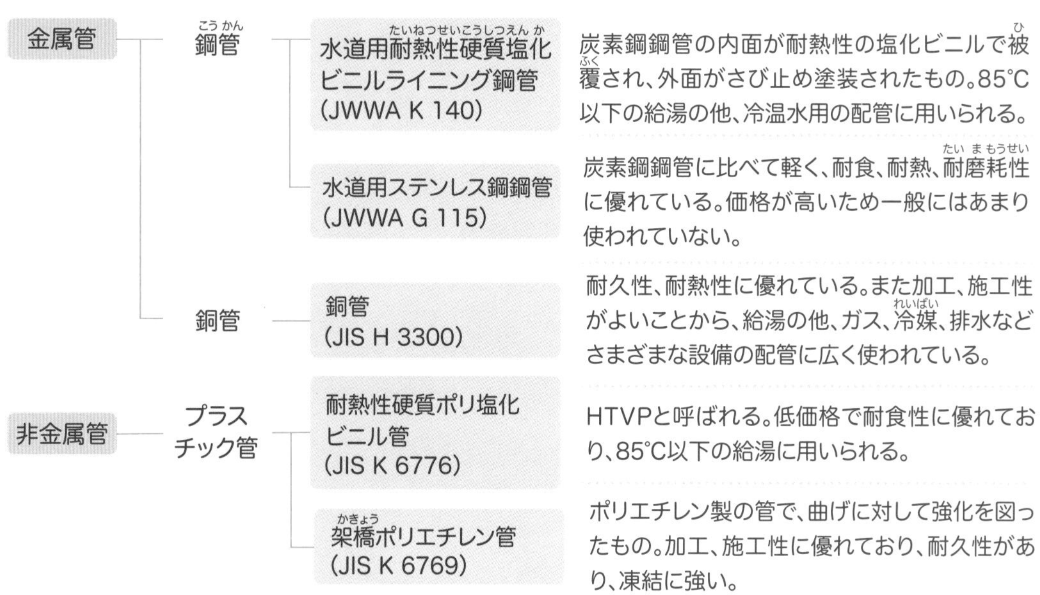

分類	種類	管	特徴
金属管	鋼管	水道用耐熱性硬質塩化ビニルライニング鋼管（JWWA K 140）	炭素鋼鋼管の内面が耐熱性の塩化ビニルで被覆され、外面がさび止め塗装されたもの。85℃以下の給湯の他、冷温水用の配管に用いられる。
		水道用ステンレス鋼鋼管（JWWA G 115）	炭素鋼鋼管に比べて軽く、耐食、耐熱、耐磨耗性に優れている。価格が高いため一般にはあまり使われていない。
	銅管	銅管（JIS H 3300）	耐久性、耐熱性に優れている。また加工、施工性がよいことから、給湯の他、ガス、冷媒、排水などさまざまな設備の配管に広く使われている。
非金属管	プラスチック管	耐熱性硬質ポリ塩化ビニル管（JIS K 6776）	HTVPと呼ばれる。低価格で耐食性に優れており、85℃以下の給湯に用いられる。
		架橋ポリエチレン管（JIS K 6769）	ポリエチレン製の管で、曲げに対して強化を図ったもの。加工、施工性に優れており、耐久性があり、凍結に強い。

金属製の管を使用する場合、異なる金属を接続する際は、化学反応による腐食が生じることがあるため、電気絶縁用継手を設ける。また、その他の材質の管でも、お湯の熱により膨張・収縮が起こるので、継手を設けて管の変形を吸収させる。

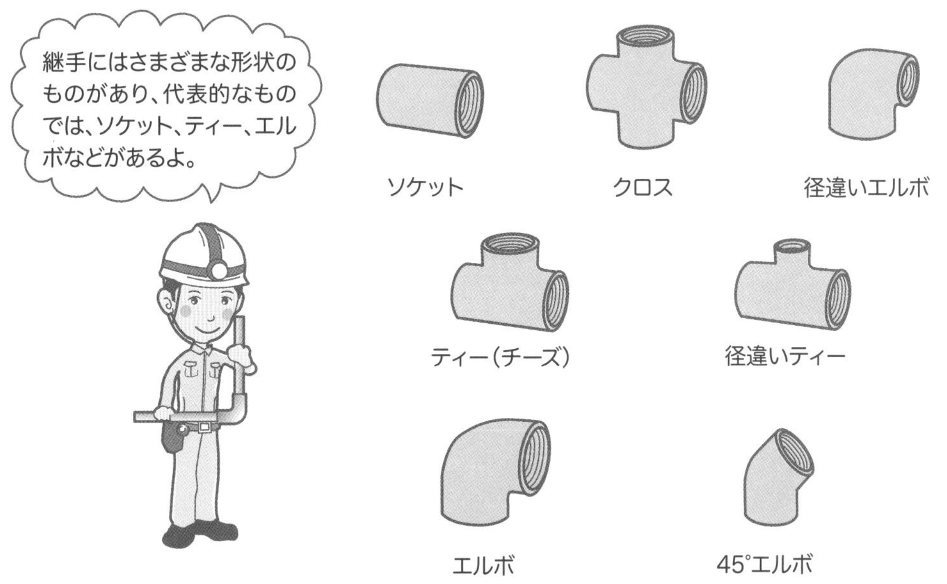

10 給湯用ボイラおよび付属機器類の決定

ボイラと付属機器を選定する　簡易的な算出方法

56 ページで 1 日の総給湯量の求め方について述べましたが、次にボイラなどを決めるために加熱能力を算出し、さらに、貯湯式(ちょとうしき)の貯湯槽(ちょとうそう)を決めるために貯湯容量を算出します。最近は、各先生方が研究を重ね、色々な方法によって決めていますが、ここでは簡易的な方法で求めます。

加熱する能力の求め方　給湯用ボイラの決定

給湯ボイラの能力は、下記の式により**加熱能力**を求めてから、配管の熱損失に対する補正係数（配管から逃げていく熱：約 1.2）や焚(た)き始めの負荷（水からお湯にするために消費するエネルギー：約 1.25）を考慮して、**1.3 ～ 1.5 程度を掛ける値**とします。これを**定格出力**といいます。

$$Hc = Q_D r\ (t_h - t_c)$$

ここに、Hc：加熱能力〔W〕、Q_D：1 日の総給湯量〔L ／ d〕、r：1 日に使用する総給湯量に対する加熱能力の割合、t_h：お湯の温度〔℃〕、t_c：水の温度〔℃〕とします。

貯湯容量の求め方　貯湯槽の決定

貯湯槽の大きさは、下記の式により**貯湯容量**を求めてから、各メーカーのカタログにより決定します。

$$V = Q_D v$$

ここに、V：貯湯容量〔L〕、v：1 日に使用する総給湯量に対する貯湯の割合とします。

なお、給湯量の使用状態が間欠的で一時的に多量のお湯を使用する場合は、加熱能力を小さく、貯湯容量を大きくします。また、長い時間にわたって平均的に使用する場合は、加熱能力を大きくし、貯湯容量を小さくするようにします。

給湯循環水量の求め方　給湯循環ポンプの決定

給湯循環(きゅうとうじゅんかん)ポンプの**循環水量**は、**配管などから損失する（失われる）熱量を補うだけの水量**とし、下記の式で求められます。

$$W = \frac{0.86 \times Q}{\triangle t \times 60} = \frac{Q}{\triangle t} 0.0143$$

ここに、W：給湯循環ポンプの循環水量〔L ／ min〕、Q：配管および機器からの熱損失（膨張管(ぼうちょうかん)、空気抜き管は除く）〔kW〕、△ t：給湯管と返湯管の温度差〔5 ℃〕とします。

使用規模に合ったボイラの加熱能力の算出

給湯用ボイラの加熱能力を求める

例題1

> 延べ面積5000m²の事務所ビルの1日総給湯量および時間最大給湯量を求めよ。ただし、有効面積65%、有効面積当たりの人員0.2人/m²とする。

57ページの方法で、 $Q_D = Nq_d$ の式より1日の総給湯量を求める。
給湯対象人員 N＝0.2〔人／m²〕×5000〔m²〕×0.65＝650〔人〕。
57ページの「建物の種類別給湯量」の表より、
1人1日当たり給湯量 q_d を10〔L／d・人〕とする。以上より、
Q_D＝650〔人〕×10〔L／d・人〕＝6500〔L／d〕

例題2

> 上記例題において、加熱能力と定格出力を求めよ。ただし、お湯の温度60℃、水の温度5℃とする。

加熱能力は $H_c = Q_D r(t_h - t_c)$ の式より求められる。
1日に使用する総給湯量に対する加熱能力の割合rは57ページの「建物の種類別給湯量」の表より1/6である。
よって、H_c＝6500〔L／d〕×1/6×(60〔℃〕−5〔℃〕)≒60000〔W〕。
ボイラの定格出力は60000〔W〕×1.4＝84000〔W〕

例題3

> 上記例題において、貯湯容量を求めよ。

貯湯容量は $V = Q_D v$ の式より求められる。
1日に使用する総給湯量に対する貯湯の割合vは1/5である。
よって、V＝6500〔L/d〕×1/5＝1300〔L〕

例題4

> 5階建て事務所ビルに合計10個の洗面器がある。このビルの給湯循環水量を求めよ。また、循環ポンプの揚程を求めよ。ただし、銅管で給湯主管の管径40mmの管は長さ50m、32mmは100m、25mmは50m、返湯主管の管径20mmの管は長さ150mとする。また、給湯温度60℃、室内温度25℃とする。

給湯循環水量は $W = \frac{Q}{\triangle t} 0.0143$ の式より求められる。
配管からの熱損失は、管径ごとに下の表から求め、合計する。

●配管からの熱損失〔W/(m・℃)〕

呼び径(A) ＼ 種別	15	20	25	30	32	40	50	60	65	75	80	100	125	150
保温を施した銅管	0.20	0.24	0.28	-	0.32	0.36	0.43	-	0.44	-	0.51	0.62	0.75	0.77
保温を施さない銅管	0.50	0.70	0.90	-	1.10	1.30	1.70	-	2.09	-	2.49	3.29	4.09	4.89

注　外表面熱伝達率は10W/(m²・℃)、保温材の熱伝導率は0.045W/(m・℃)、配管の保温材の厚さは15～50Aは20mm、60～125Aは25mm、150Aは30mmとした（SHASE-S-S010-2000 給湯管一般の場合）。

『第14版　空気調和・衛生工学便覧』4　給排水衛生設備編　空気調和・衛生工学会編・発行　より抜粋

まず、直管の熱損失を求め、機器からの熱損失を直管の30%見込むと、
熱損失Q＝100〔W/℃〕×(60〔℃〕−25〔℃〕)×1.3
＝4550〔W〕
循環水量 $W = \frac{4550〔W〕}{5〔℃〕} 0.0143 \fallingdotseq 13$〔L/min〕

管径〔mm〕	直管長〔m〕	単位長さ当たりの熱損失〔W/(m・℃)〕	直管の熱損失〔W/℃〕
40	50	0.36	18
32	100	0.32	32
25	50	0.28	14
20	150	0.24	36
		合計	100

本来なら各配管管径ごとに摩擦損失（全揚程）を計算しなければならないが、概算式として次式を用いる。
H＝0.01×（(L_1/2)＋L_2）
ただし、H：全揚程〔m〕、L_1：給湯主管の全長、L_2：返湯主管の全長とする。
H＝0.01×（(200〔m〕/2)＋150〔m〕)＝2.5〔m〕
よって、給湯配管の揚程は非常に小さくてすむ。一般的に安全をみて3m程度あれば問題ない。

11 給湯設備のよくあるトラブルと対策

中途半端なお湯を使うと危険である！　レジオネラ症

24 時間風呂、温泉、循環式風呂、公衆浴場などで、**レジオネラ属菌**という酸や熱に強く、50 ℃のお湯の中でも死滅しない細菌が増殖し、人の肺の中に入り込んで**レジオネラ症**という病気を引き起こすことがあります。また、空調設備の冷却塔（冷凍機の冷水を作るのに必要な機器で屋上によく設置されている）内に入り、細かい水滴とともに飛散し、人の呼吸器系に侵入してレジオネラ症を起こすこともあります。健康な人は感染しにくいのですが、幼児や老人など体力の弱い人に感染しやすいので注意が必要です。なお、レジオネラ属菌は、自然界では土中、池、河川、湖沼などに存在し、アメーバに寄生しています。

平成 11 年 11 月に「建築物等におけるレジオネラ症防止対策について」という通知が生活衛生局長より各都道府県および政令市市長に発せられ、さらにレジオネラ症防止対策が強化されました。その内、給湯設備については、「給湯温度の適正な管理および給湯設備内における給湯水の滞留の防止に努め、定期に給湯設備の消毒および清掃を行うこと。」「循環式浴槽（特に生物浄化方式のもの）については、定期に換水（排出）、消毒および清掃を行うとともに、浴槽水のシャワーへの使用や気泡ジェット等のエアロゾル発生器具の使用を避けること。」となっています。なお、中央式給湯設備の給湯温度は、レジオネラ症の発生を防ぐために、55℃以下にしないほうがよいといわれています。

火傷しないように注意しよう！　冷水サンドイッチ現象

よく、シャワーを浴びていて一度お湯を止めたあと、再びお湯を出すと、シャワーが熱くなったり、冷たくなったりする現象を経験しますが、この現象のことを**冷水サンドイッチ現象**といいます。この現象は、それに対応する機能を持つ**Q機能付ガス瞬間湯沸器**（水量や温度を監視して、ガスの燃焼や湯・水混合割合をコントロールし、出湯温度を一定にする湯沸器）を使用することで防ぐことができます。

シャワーと台所で同時に使用すると勢いが弱くなる　同時使用

現在使っている給湯器で、あるいは新しく給湯器を取り付けても必要なお湯の量が出ない場合があります。シャワーだけなら勢いもあって快適に使えるのですが、台所で同時にお湯を使われると、極端にお湯の量が減り、シャワーの勢いが弱くなります。これは給湯器の能力不足が原因です。ガス瞬間湯沸器の場合、一般的には 16 号程度のものでよいのですが、64 ページにも述べたように、同時に 2 箇所以上で使用する場合は、24 号程度の湯沸器でなければ、こうした不便は解消されません。ただし、ガス代が多少アップします。

適切な衛生管理・設計でトラブルを防ぐ

レジオネラ症の発生

レジオネラ症とは？

50℃以下の給湯系に生息するレジオネラ属菌が人の肺の中に入り込むと、さまざまな症状が引き起こされる。

レジオネラ症の発生を防ぐには？

- 残留塩素の量を一定に保つように管理する。
- 配管内を循環するお湯の温度を55℃以上にする。
- 定期的に殺菌洗浄する。
- 配管内のお湯が滞留しないようにする。

シャワーに関するトラブル

●冷水サンドイッチ現象

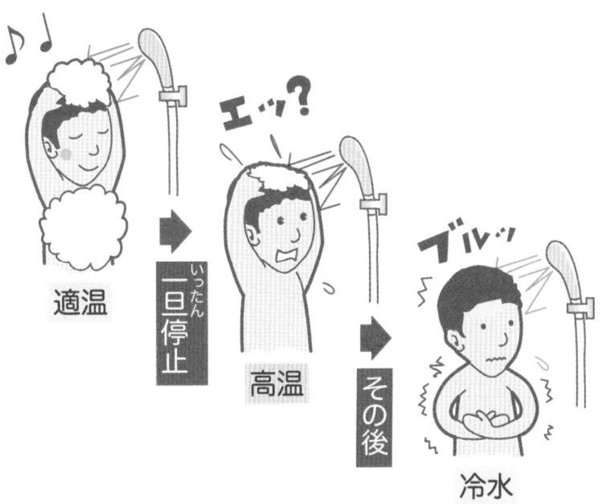

シャワーを一旦停止して、しばらくして再び使用すると、熱いお湯が出たり、冷たい水が出る現象。

Q機能付ガス瞬間湯沸器を使用することにより、お湯の温度変化を最小限に抑えることができる。

●同時使用による水量の低下

同時に2箇所以上でお湯を使うと、お湯の量が急激に減り、シャワーの勢いが弱くなる。

シャワーだけなら16号の湯沸器で十分だが、同時使用するなら、24号程度の給湯器を使用する。

Column　お湯の適切な設定温度は？

サーモスタット付き混合水栓はお湯と水を混合して吐水温度を調整する構造上、リモコンの設定温度は実際に必要とする温度より10°Cくらい高い温度設定にする。

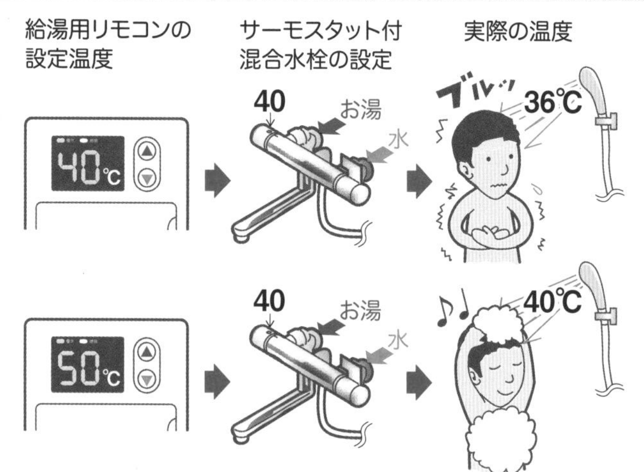

●光熱費の面からおすすめの設定温度

適温というのは人によって多少違いますが、給湯器を設置し、サーモスタット（自動温度調整性能）付き混合水栓(こんごうすいせん)を使用する場合、一般的な設定温度は50～60℃とするとよいでしょう。本文でも述べているように55℃以下にするとレジオネラ属菌が繁殖(はんしょく)するので、あまり温度を下げられませんが、お風呂以外のキッチンや洗面所では、多少下げることができると思います。下げれば下げるほど熱量の消費が少なくなり光熱費も節約できるので、できれば、お風呂と台所系統は、別の給湯器を使用するとよいでしょう。

●給湯浄水器

一般的な湯沸器(ゆわかしき)には、ガス瞬間式や電気式のものがありますが、お茶などに使用するお湯は、コンロにかけたり電気ポットなどで沸かしたりします。また、浄水を常温の水と約95℃程度のお湯で自由に使い分ける給湯浄水器というものがあり、出湯操作がついた水栓から出たお湯で直接お茶をいれることができます。浄水器の主目的は、水道水中の残留塩素(ざんりゅうえんそ)等の溶存物質や濁度(だくど)等を減少させることです。浄水器は、35℃以下の水でないと活性炭が膨張(ぼうちょう)し、ろ材（ろ過）から吸着した不純物が流出するため、給湯器を通す前に浄水器で処理します。

排水・通気設備

人が飲んだり食べたりしたら、必ずそのものが排泄(はいせつ)されます。この排泄物がそのまま放置されることなく、下水道等に適切に放流されなければ、私たちは衛生的な生活を送ることができません。この章では、排水をスムーズに流すことと、臭いのトラブルを防ぐことを一番の課題として、「排水方法」から「通気管の役目」「排水・通気配管の留意点」「臭いのトラブルと対策」について説明します。

1 排水方式と勾配

建築設備の排水とは？　排水設備

建築設備でいう排水とは、建物内と敷地内から排出される**汚水、雑排水**（洗面・台所・風呂などの排水）、**雨水**（うすい）および**特殊排水**（一般の排水系統へ直接放流できない化学系排水、工業廃液、放射性物質を含んだ排水など）をいいます。

排水はどのような方法で排出されるのか？　排水方式

排水方式には、**合流式**と**分流式**があります。下水道の排除方式（20 ページ参照）と考え方は似ていますが、少し違いがあります。建物内と敷地内とでも方式が違います。

建物内排水系統の合流式は、汚水と雑排水が１本の配管によって排出されます。分流式の場合は、汚水と雑排水は別々の管で排出されます。

敷地内排水系統の合流式は、汚水と雑排水が１本の配管によって排出されますが、雨水管は別系統で排出されます。分流式は、汚水、雑排水、雨水ともに別系統（３本の配管）によって排出されます。

スムーズに流すためには？　配管勾配と排水流速

配管の勾配（こうばい）（傾き）を有効にとらないと、汚物や異物などが詰まる原因となり、スムーズに流れなくなってしまいます。そこで、建物内の排水横枝管（はいすいよこえだかん）の勾配は、SHASE（空気調和・衛生工学会規格）で次のように決められています。口径（管のサイズ）65mm 以下の管の勾配は１／50、75 ～ 100mm は１／100、125mm は１／150、150mm 以上は１／200 です。

ただし、一般的に建物内の配管は口径が小さく、右ページの衛生器具（便器、洗面器、水栓（すいせん）など）の接続最小口径を見ると、大便器、汚物流し以外の衛生器具に接続する管の口径は 65mm 以下です。よって、建物内の配管は、一般住宅、マンションなどの場合は、建物内は１／50、建物外（敷地内）は１／100 といわれています。

事務所ビルや劇場･映画館などでは、休憩（きゅうけい）時間などにトイレから大量に排出されるので、衛生器具の接続口以外の管径を大きくするため、上記の SHASE で決められた排水横枝管の勾配で施工します。原則として、勾配は管径（mm）の逆数（65mm の逆数は１／65）より緩（ゆる）やかであってはなりません。

スムーズに流すためには、勾配の他に流速（流れの速さ）と通気（空気の流通）の工夫が必要です。自然流下による排水管の横に流れる管（屋内排水管）における流速は、0.6 ～ 1.5m ／ s とされています。通気については後に述べることにします。

正しい排水方式でスムーズに排出する

排水方式

●合流式

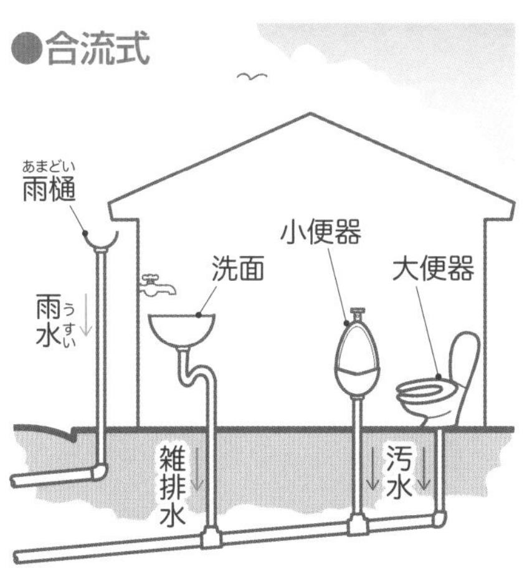

汚水と雑排水が1本の管に合流し、排出される。

●分流式

汚水、雑排水、雨水がそれぞれ別系統の管で排出される。

管径と配管の勾配

●排水横枝管（はいすいよこえだかん）の勾配（こうばい）

管径〔mm〕	勾配（最小）
65 以下	1／50
75～100	1／100
125	1／150
150 以上	1／200

SHASEでは左の表のように規定されているけど、一般に汚水管以外は建物内で1/50、建物外では1/100の勾配で施工されているよ。

●衛生器具の接続最小口径（トラップ口径）

器具	接続口径〔mm〕	器具	接続口径〔mm〕
大便器	75	ディスポーザ	30
小便器（小形）	40	汚物流し	75
小便器（大形）	50	洗濯流し	40
洗面器	30	掃除流し	65
手洗い器	25	浴槽（和風）	30
調理流し	40	浴槽（洋風）	40

SHASE-S 206-2019 より抜粋

勾配とは？

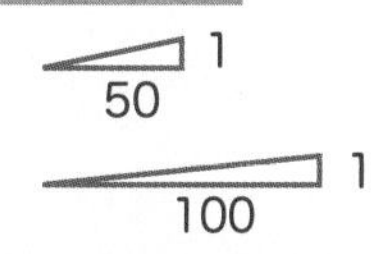

1/50の勾配は1/100に比べて急勾配になる。

配管は勾配をとらないと異物が詰まりやすくなる。小口径の管や詰まりやすい管は、より勾配をとる必要がある。

2 排水配管方式

排水の配管はこのような構成になっている　配管の方式①

排水の配管は、図を見るとわかるように**排水横枝管**と**排水立て管**とで成り立っており、最下階で排水立て管を**排水横主管**につなげ、屋外敷地にある**排水桝**に流れていくようにします。また、排水と通気は切っても切れない関係にあるので、**通気管**も描いています。

排水立て管を上から下に向かって施工するとき、梁やその他配管などによりどうしても排水立て管をよけざるを得ない場合には、次のような点に注意します。**オフセット**を設ける場合は、図のように**オフセットの上下 600mm 以内に排水横枝管を接続してはいけません。排水立て管に 45° を超えるオフセットを設ける場合、オフセットの管径は、排水横主管として決定します。45° 以内のときは立て管とみなし、管径は立て管と同径**とします。なお、オフセットとは、配管経路を図のように平行移動する目的で、エルボやベンド継手で構成されている移行部分をいいます。

異物などが引っかからずに流れる方法　配管の方式②

ごみや食品の切れ端などが配管の継手部分で引っかかり、流れを悪くしたり詰まってしまうことを防ぐには、**ねじ込み式排水管継手（ドレネージ継手）**を使用します。排水管用の継手は、**内面がほぼ平滑になるような構造**となっているものを使用します。

その他の留意点　配管の方式③

その他に、留意しておかなければならない下記の決まりごとがあります。

❶ **雨水の排水立て管と汚水および雑排水の立て管を兼用しない**こと。雨水排水立て管がもし詰まってしまったら、汚水管、雑排水管に流れこむおそれがあるからです。

❷ **1階部分の排水と2階以上の排水は別系統とし、単独に屋外の排水桝に接続**すること。同系統とすると、2階以上の排水が多量に流れてきた場合、1階部分の器具（洗面器や大便器など）に逆流し、排水が跳ね上がって外へ飛び出す可能性があるからです。

❸ **飲料用水、消毒物（蒸留水装置、滅菌器、消毒器等の機器）などの貯蔵庫、または取り扱う機器などからの排水は直接一般系統の排水管に接続せずに、間接排水**とします。その他、洗濯機も間接排水とします。図のように機器類と直結すると、排水が逆流するおそれがあるからです。

❹ **寒冷地に埋設する排水管は、凍結深度（管が凍結しない深さ）以下に埋設**します。浅いところに管を埋めると、管が凍って破裂するおそれがあるからです。

スムーズに排水するための配管

排水の配管方式

●排水・通気系統図

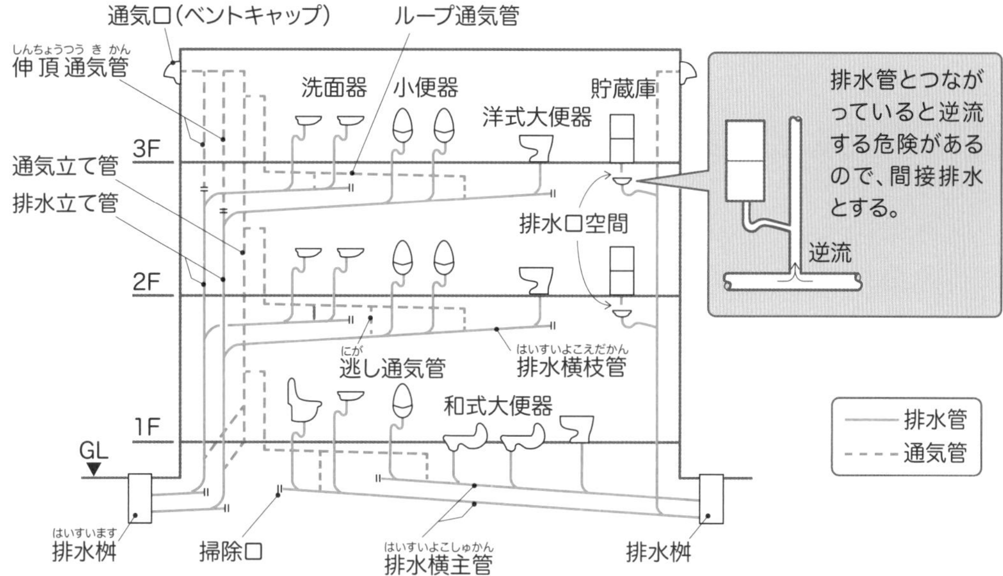

●オフセットを設ける際の決まり

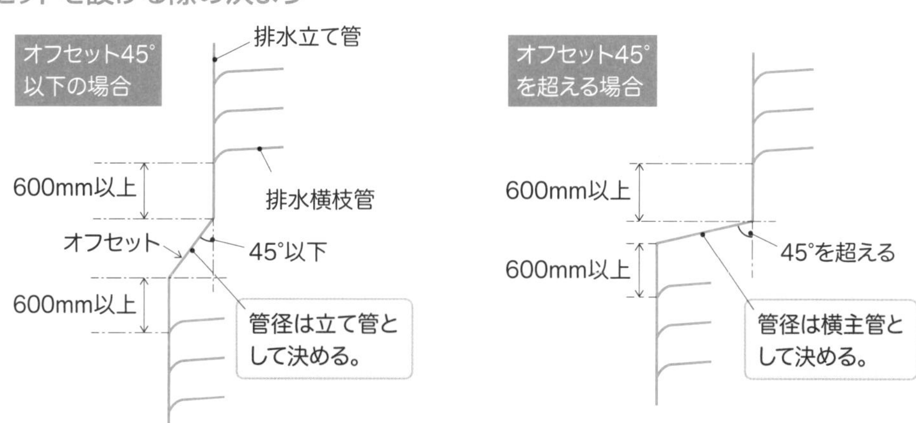

●排水管の継手

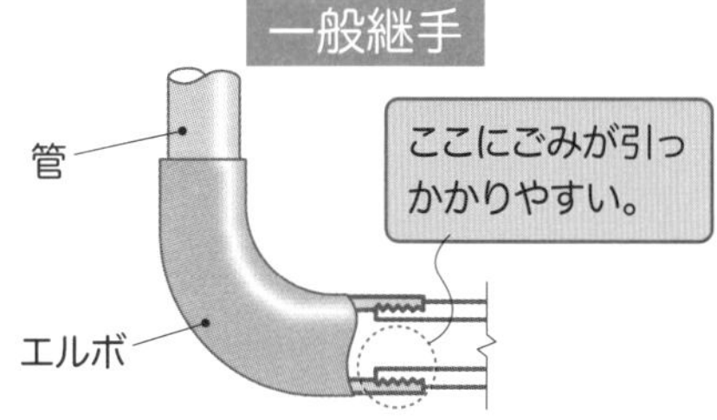

3 排水トラップ

トラップはどのような役目をするか？　臭気や害虫の侵入を防ぐ

トラップとは、排水管の途中に設けて、中に溜まった水（**封水**）によって下水道管内の臭気が衛生器具のほうへ逆流するのを防ぐ装置です。また、ネズミや害虫が外から侵入するのを防ぎます。

トラップの構造は？　封水深の規定

封水は排水管内の圧力変動、蒸発等で減少するため、阻集器以外のトラップの**封水深**（ウェアからディップまでの垂直距離）は、**50mm 以上 100mm 以下**となっています。**容易に排水トラップの掃除ができる構造**としなければなりません。なお、**トラップのディップとは、トラップにおいて封水がこれ以上低下すると有効封水深がなくなる部分**をいいます。

どのようなトラップがあるか？　トラップの種類

トラップの種類には、**S トラップ**、**P トラップ**、**U トラップ**、**椀トラップ**（ベルトラップ）、**ドラムトラップ**などがあります。S トラップ、P トラップ、U トラップは、アルファベットの形をしています。椀トラップはお椀をひっくり返した形で、ベルの形にも似ています。ドラムトラップは、円筒形の容器に水を溜める構造で、混入物をトラップに堆積させ、清掃できる構造となっています。病院や学校の理科の実験台の流しの下にあり、ピペット、ビーカーなどのガラス製品を使用する場所（割れたら清掃しやすい）に使われています。一般的に、**S トラップや P トラップのようにトラップに溜まっている水が破られやすいトラップ**を**サイホン型**といい、**椀トラップやドラムトラップのように封水が破られにくいトラップ**を**非サイホン型**といいます。

阻集器とは？　物質の阻集・分離・回収

阻集器は、**排水管に有害な物質を阻集・分離するだけでなく、排水中に含まれている貴金属等の分離・回収**にも利用されています。阻集器には、**グリース阻集器**（グリーストラップ）、**オイル阻集器**（オイルトラップ）、**砂阻集器**などがあります。グリース阻集器は、**厨房その他の調理場から排出される排水中に含まれる油脂分を分離・収集**するために設けるものです。オイル阻集器は、**ガソリン等が排水管内に流入して引火・爆発することを防止するもので、一般的に地下駐車場に設置**されています。オイル阻集器に通気管を設ける場合は、単独系統として屋外に開放します。砂阻集器は、**土砂等が排水管内に流入し、沈積して閉塞することを防止**するものです。砂阻集器には土砂等が堆積するので、**トラップ封水深は 150mm 以上**とすることが望ましいでしょう。

排水には有害・悪臭の汚物が含まれている

トラップのしくみ

トラップとは ?

排水管の途中に水を溜めて、排水管などから臭気が上がってくるのを防ぐ装置。

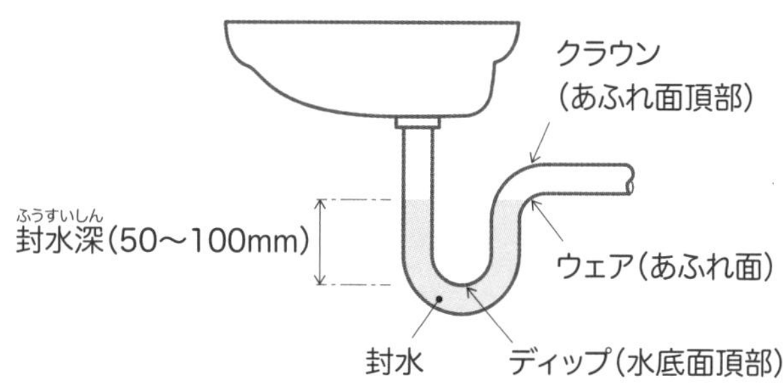

いろいろなトラップ

●サイホン型トラップ

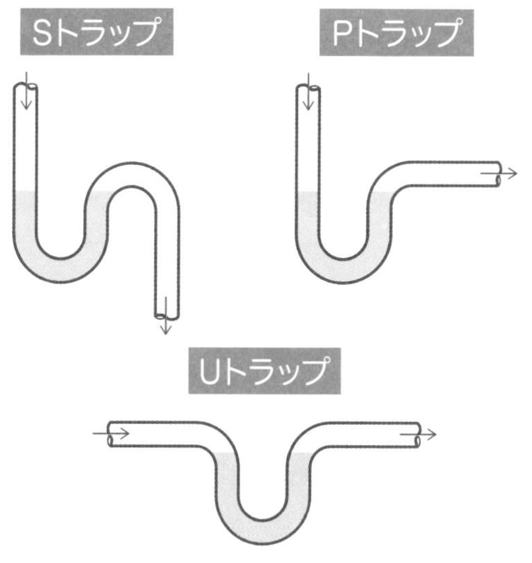

●非サイホン型トラップ

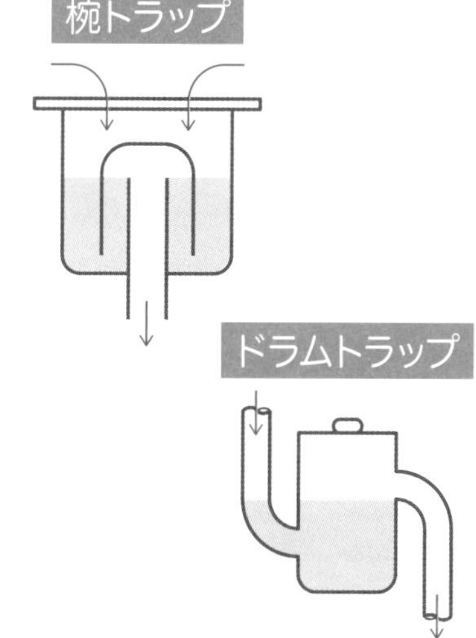

阻集器のしくみ

阻集器とは ?

水と一緒に流すと有害となったり管を詰まらせる原因となるものを分離、回収する装置。

グリース阻集器

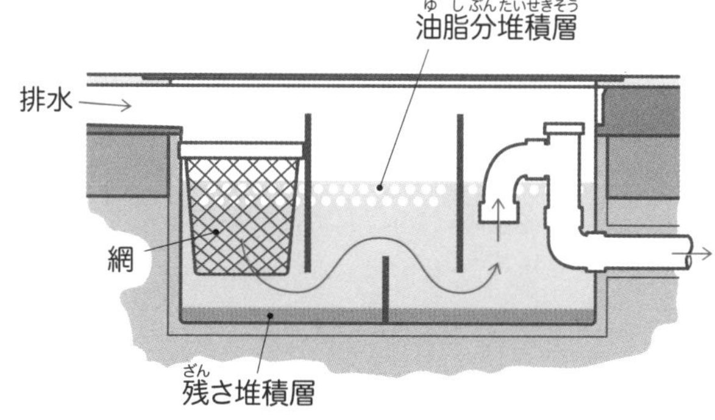

4 トラップの封水破壊（損失）

どうして部屋の中に臭いが出るのか？　トラップの封水破壊の原因

Ⓐ自己サイホン作用

自己サイホン作用とは、器具排水による自己のサイホン作用（水が引っ張られて流れていく作用）により、**残留するトラップ封水が正常の封水深より少なくなる**現象をいいます。特にＳトラップに接続した洗面器に多く見られ（ＳトラップはＰトラップより封水が破られやすい）、洗面器を満水にしたあとに一気に排水したときなどに起こります。

Ⓑ跳ね出し作用（飛び出し作用）

排水立て管が満水状態（多量）で流れたとき、管内の空気圧力が高くなり、逆に**室内側に排水が跳ね出す**ことがあります（最下階によく見られる）。

Ⓒ吸込み作用（吹出し作用・誘導サイホン作用）

排水立て管が満水状態で流れたとき、トラップの器具側が負圧となり、**封水が立て管側へ引っ張られて**サイホン作用を起こすことがあります（中間階によく見られる）。

Ⓓ蒸発作用

器具を長い期間使用していないと、溜まっている排水が蒸発して封水が破られることがあります（椀トラップに多く見られる）。

Ⓔ毛管現象作用

トラップ部に毛髪や繊維などが引っかかっていると、**毛管作用（毛細管作用：毛などによって水が吸い込まれる作用）で封水が破られる**ことがあります。

臭いを防ぐにはどうしたらよいか？　トラップの封水破壊の防止

臭いを防ぐには、**各個通気管**（92 ページ参照）を設け、底面の勾配の緩い衛生器具を使用します。長い期間使用しない床排水口には、プラグ（栓）をします。また、トラップに毛髪等が引っかかっている場合は、掃除をして除去します。さらに、**（流出脚断面積）／（流入脚断面積）比の大きいトラップ**を使用します。（流出脚断面積）／（流入脚断面積）比とは、排水がトラップから流出する側と、流入する側の配管断面積の比で、比が小さいものはトラップの流出側の口径が小さいため、自己サイホン作用を起こしやすくなります。

水が流れなくなる原因　二重トラップの禁止

トラップは、器具１個に対して１個が原則です。２個以上のトラップが同一排水管系統上にあると、トラップ間の空気が密閉状態となり、水が流れにくくなってしまうことがありますので、**二重トラップ**は禁止されています。

封水破壊の原因と防止対策

封水が破られる原因

●自己サイホン作用

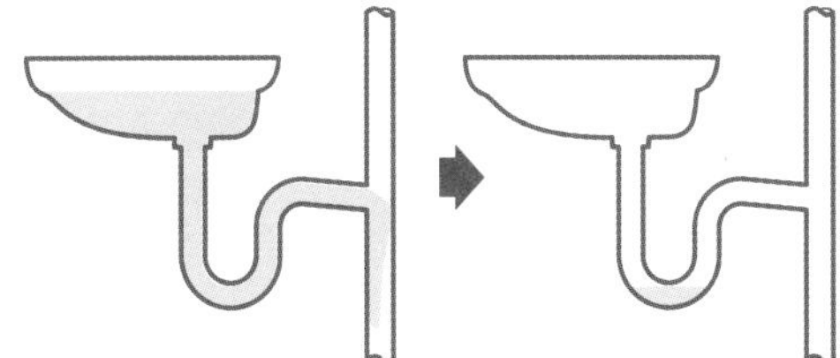

洗面器の水を一気に流すと、トラップ内の水が引っ張られて封水（ふうすい）が破られる。

●跳（は）ね出し作用

大量の排水

高い正圧

上階から大量の水が排出されたときなど、図の部分の空気圧が高くなり、洗面器側へ跳ね出る。

●吸込み作用

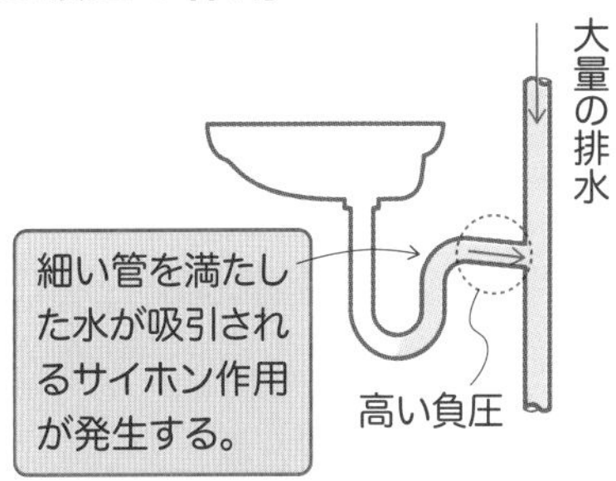
大量の排水
細い管を満たした水が吸引されるサイホン作用が発生する。
高い負圧

上階から大量の水が排出されたあとなど、図の部分の空気圧が低くなり、封水が引っ張られる。

●蒸発作用

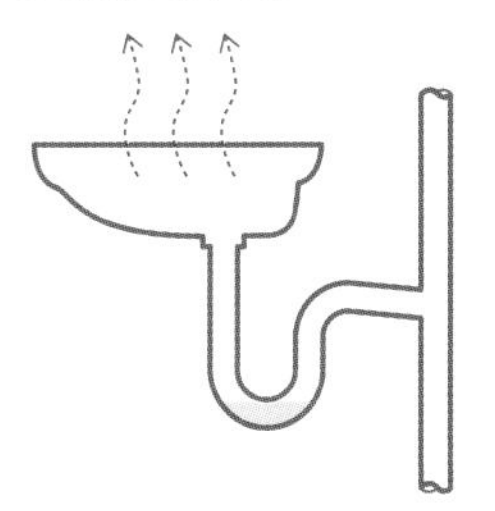

長い間器具を使用していないと、封水が蒸発する。

●毛管現象作用

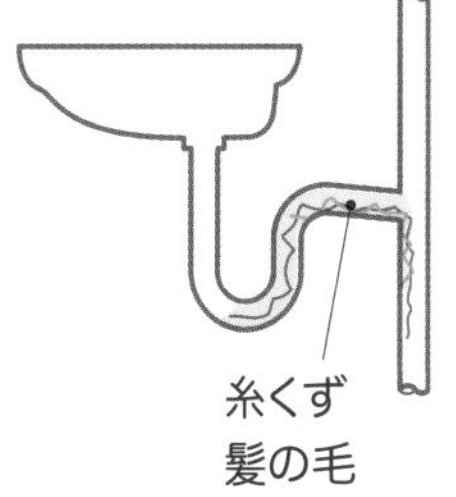
糸くず
髪の毛

トラップに毛髪などが引っかかっていると、毛を伝って封水が破られる。

封水破壊を防ぐための注意点

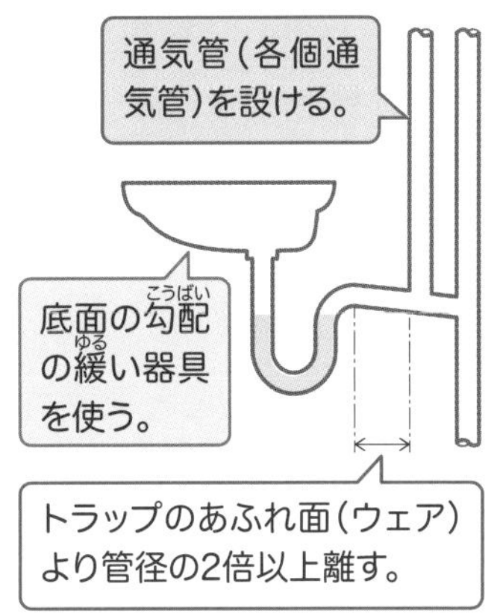
通気管（各個通気管）を設ける。
底面の勾配（こうばい）の緩（ゆる）い器具を使う。
トラップのあふれ面（ウェア）より管径の2倍以上離す。

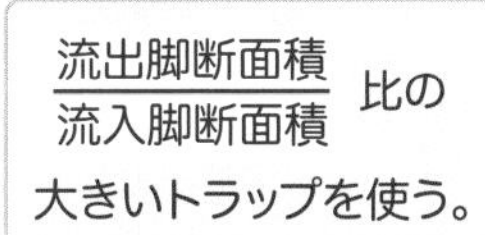
流出脚断面積／流入脚断面積 比の大きいトラップを使う。

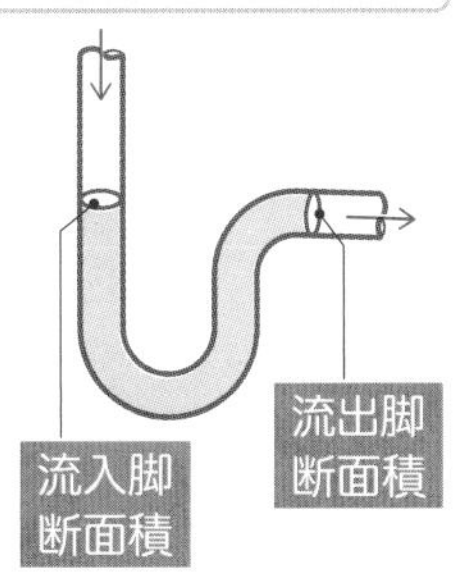
流入脚断面積
流出脚断面積

1つの器具に2つ以上トラップを設けてはならない。

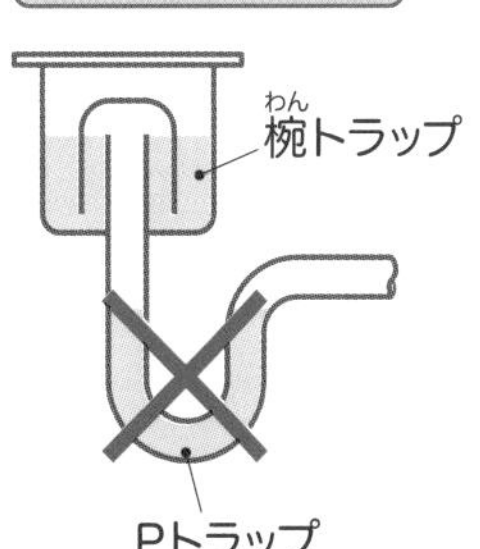
椀（わん）トラップ
Pトラップ

5 排水管の掃除口と排水桝

排水管が詰まったら？　掃除口の設置

排水管には異物や汚物などが詰まるので、取り除いたり、定期的に管内の清掃をしなければなりません。そこで**掃除口**が必要になります。排水管の管径が100mm以下の場合は、掃除口の大きさは配管と同一管径とし、管径がそれ以上の場合は一般的に100mmとしています。ただし、管径が100mmを超える場合には掃除口は100mmより小さくしてはなりません。

どこに掃除口を取り付けるか？　排水管の掃除口の設置位置

掃除口は以下の場所に設けることが決められています。

①排水横主管および排水横枝管の起点、②延長が長い排水横管の途中、③排水管が45°を超える角度で方向を変える箇所、④排水横主管と敷地排水管の接続箇所に近いところ、⑤排水立て管の最下部またはその付近、⑥管径100mm以下の排水横管には、その管長15m以内ごと

屋内の排水管は屋外の桝へ　排水桝の設置

屋内の排水管は屋外の敷地にある**第一桝**（汚水は**汚水桝**、雑排水は**雑排水桝**へ）に放流されます。汚水桝は、汚物がスムーズに流れるように、桝の底部にはモルタルを埋めて溝を造り、汚物等をガイドするようになっています。この桝を**インバート桝**ともいいます。インバート桝は、右図のように排水管と桝の中心線はずらして、合流するインバートの曲率半径を大きくし流れをよくします。

また、雑排水桝および雨水桝の底部には、野菜などの切れ端や泥などが溜まっても掃除できるように、15cm以上の泥だめを設けるようにします。

特殊な桝としては、**ドロップ桝**や**トラップ桝**があります。ドロップ桝は、排水管路に30cm以上の落差を設ける必要のある箇所に設置します。トラップ桝は、既設の衛生器具などへのトラップの取付けが技術的に困難な場合や、雨水系統の管と汚水系統の管を接続するときに設置します。

どこに排水桝を取り付けるか？　排水桝の設置位置

排水桝は、以下の規則に従って設けなくてはなりません。

①敷地排水管の直管（直線の管）では、管内径の120倍を超えない間隔ごとに設置、②敷地排水管の起点、③排水管の合流箇所および敷地排水管の方向変換箇所、④勾配が著しく変化する箇所、⑤その他、清掃・点検上必要な箇所

定期的に清掃・点検をしなければならない

掃除口の設置

汚水、雑排水が流れる排水管は詰まりやすいため、定期的な掃除が必要で、そのための掃除口（そうじこう）を設けなければならない。

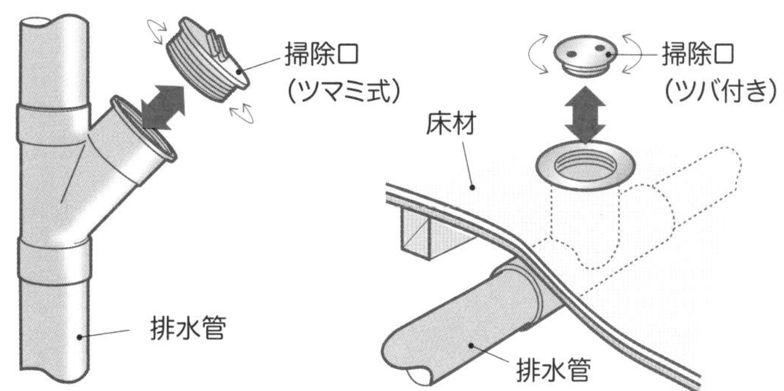

●掃除口を設けなくてはならない場所

排水横主管（はいすいよこしゅかん）および排水横枝管（はいすいよこえだかん）の起点

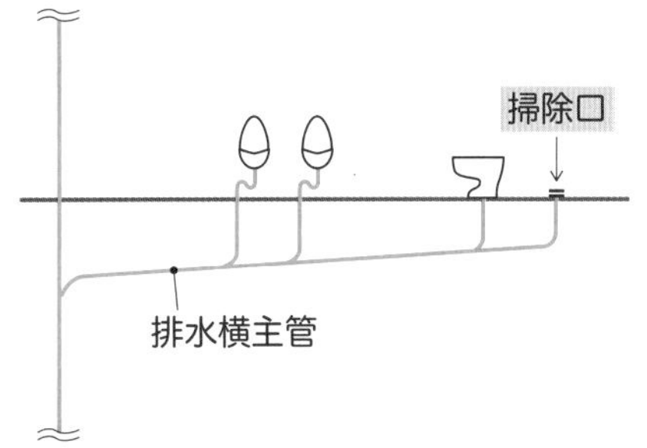

排水立て管の最下部またはその付近

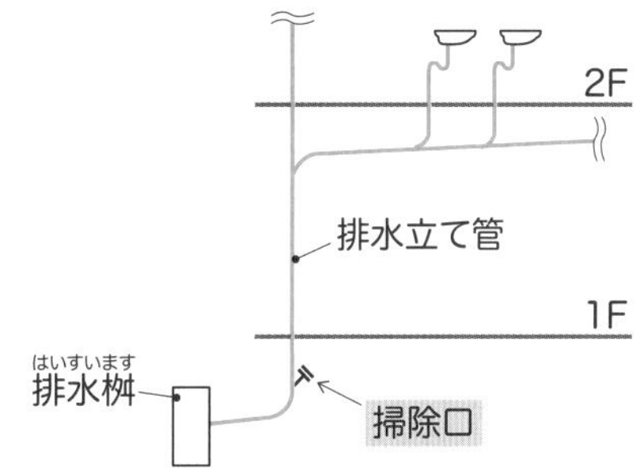

排水桝の設置

排水管の掃除・点検のため、屋外の敷地内に排水桝を設ける。

●汚水桝（インバート桝）

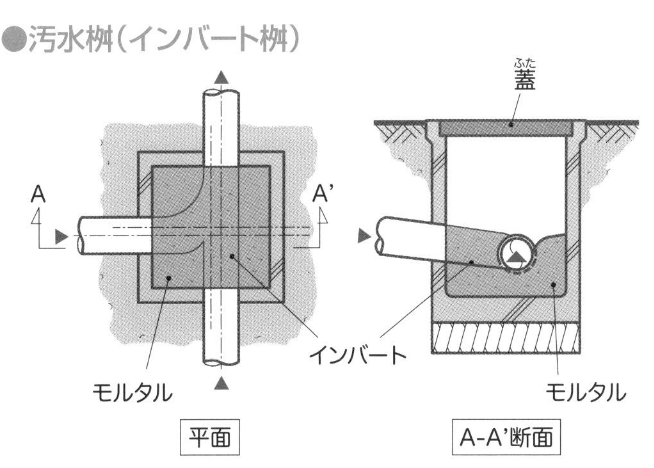

●雨水桝（うすいます）、雑排水桝

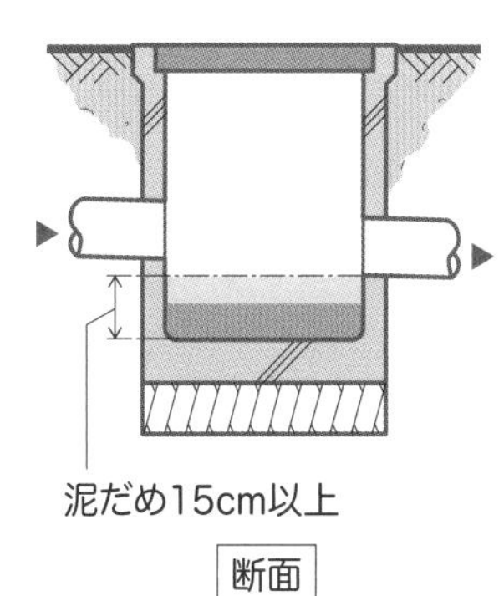

6 排水槽および排水ポンプ

地下階の排水はどこに流すのか？　排水槽

地下階での排水は、地階のさらに下にある排水などを溜める**排水槽**にいったん貯留し、排水ポンプにて屋外の桝に送ります。

排水槽の底部には**吸込みピット**（釜場）を設け、できるだけ排水が停滞したり汚泥（汚い泥など）が溜まることがないように、**床面はピットに向かって1／15〜1／10の勾配**とします。吸込みピットは、**フート弁**（44ページ参照）**や水中ポンプの吸込み部の周囲および下部に200mm以上のスペース**を持った大きさとします。

排水槽には点検・清掃のため、**内径600mm以上**の**マンホール**（防臭蓋）を設け、**水中ポンプの直上に設置**します。また、通気管（**単独通気配管とし、口径50mm以上**とする）以外の部分から臭気が漏れない構造でなければなりません。

溜まった排水を上に送るポンプ　排水ポンプ

排水水中ポンプには、雑排水用、汚水･汚物用、湧水用があります。また、槽外で操作して、ポンプ本体を着脱できるものもあります。

ポンプは、**排水槽の流入部を避けた位置に設置**し、**周囲の壁（吸込みピット）などから200mm以上離して設置**します。なお、ポンプには床置き型とつり下げ型とがありますが、床置き型のポンプの場合は、コンクリート基礎の上に設置し、十分に支持固定させます。

維持管理の規定は？　排水槽および排水ポンプの維持管理

ビル衛生管理法施行規則に、**排水槽の清掃は、「6ケ月以内ごとに1回行うこと」**と定められています。なお、東京都の指導では、年3回以上実施する（浮遊物、沈殿物がない場合、うち1回を希釈洗浄に代替しても可）と定められています。

排水槽の清掃後は、**漏水の有無**（水位の低下）を確認したあとに、**排水ポンプの絶縁抵抗**の測定、**アース線の接続**を確認してから運転を開始し、**ポンプの逆回転・過電流の有無**を確認することが必要です。なお、排水ポンプに予備ポンプを設ける場合は、**平常時は2台交互運転、非常時には2台同時運転ができるように設定**しておくことが必要です。

排水槽によく起こる障害とは？　障害の原因と対策

水槽の臭いが室内に充満していると思われるときは、通気管の管径が適切か、通気管が外部に単独に開放されているかをチェックすることです。

また、**電極棒によるポンプ作動方式**で、電極棒に付着物が付いて誤作動を起こしている場合は、**フロートスイッチ**に切り替えるほうが誤作動が少なくなります。

ポンプでくみ上げて排水する設備の施工、維持管理

地下階からの排水の処理

地下階からの排水は、いったん排水槽（はいすいそう）に貯留し、そこからポンプでくみ上げて排水桝（はいすいます）へ送る。

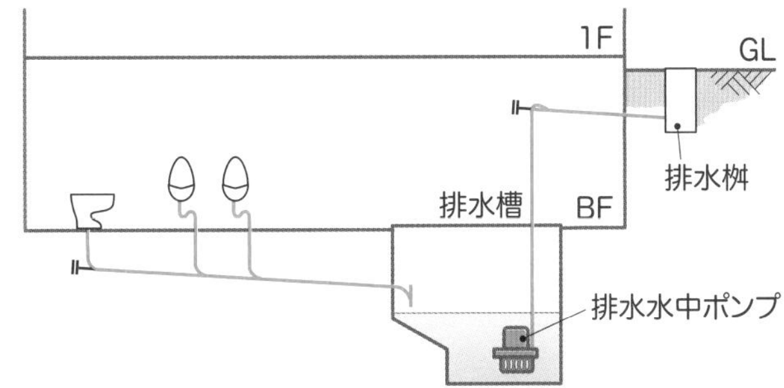

●排水槽の構造例

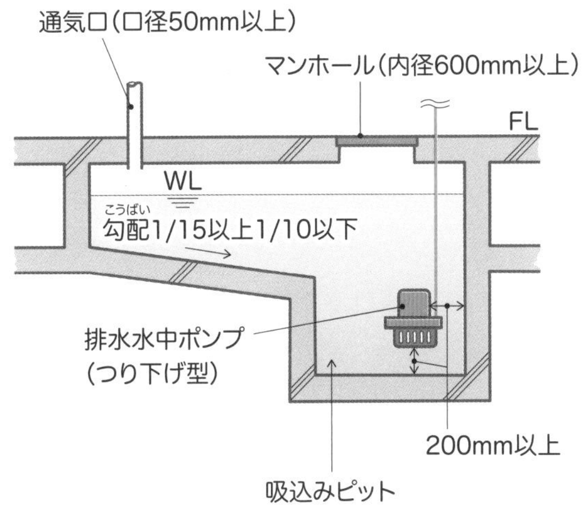

床置き型排水水中ポンプ（自動型）

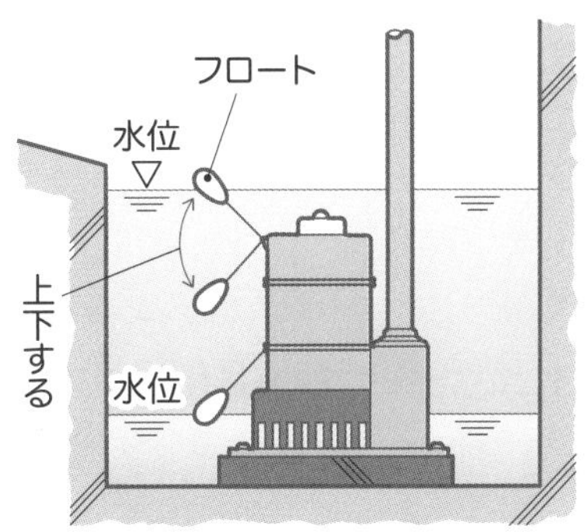

排水水中ポンプには、自動型（フロートスイッチが 2 個）と自動交互型（フロートスイッチが 3 個）がある。自動型は、水位が上がると上のフロートが作動し起動する。水位が下がると下のフロートが作動し停止する。

排水槽と排水ポンプのメンテナンス

●排水槽の主な障害の原因とその防止対策

障害の原因	防止対策
通気設備の不良	適切な通気管径を選定し、外部に単独に開放する。
水槽上部室の換気の不良	送風機などの不良箇所を修理または交換する。
電極棒の付着物による誤作動	フロートスイッチに切り替える。
槽内汚物の腐敗の進行	マンホール蓋はパッキン付密閉型とする。

7 排水管

排水管にはどのような種類があるか　排水管の材料

建物内の排水管として使用するパイプには、**硬質ポリ塩化ビニル管**、**排水・通気用耐火二層管**、**排水用タールエポキシ塗装鋼管**（とそうこうかん）、**排水用硬質塩化ビニルライニング鋼管**、**メカニカル形排水用鋳鉄管**（ちゅうてつかん）などがあります。

民間工事と公共工事で分けるとすると、一般的に**民間工事では、雑排水管・汚水管ともに低価格の硬質ポリ塩化ビニル管がよく使用され、公共工事では、雑排水管が配管用炭素鋼鋼管の白ガス管、汚水管は排水用鋳鉄管**が使われ、**衛生器具との接続には鉛管**（えんかん）が使われていました。最近では、汚水用配管材料の軽量化がさらに進み、薄肉鋼管に塩化ビニルライニングを施した、日本水道鋼管協会規格（WSP）の**排水用硬質塩化ビニルライニング鋼管**が多く使用されるようになっています。

よく使用されている排水管　排水管の種類

Ⓐ硬質ポリ塩化ビニル管（JIS K 6741）

一般的に**VP**、**VU**といわれています。**VPはVUより肉厚で、多少の圧力にも耐えられる**ものです。VPの最高使用圧力は1.0MPa（メガパスカル）、VUは0.6MPaとなっています。屋外配管としては、**耐衝撃性硬質塩化ビニル管（HIVP）**がよく使われます。

Ⓑ配管用炭素鋼鋼管（JIS G 3452）

通称**ガス管（SGP）**と呼ばれ、白ガス管と黒ガス管があります。**亜鉛**（あえん）**めっきが施されているのが白ガス管で、施されていないものが黒ガス管**です。製造方法によって、鍛接鋼管（たんせつこうかん）（高温に加熱した鋼帯（帯状の鋼鉄）を円形に成形させて接合した管）と電縫鋼管（でんぽうこうかん）（電気抵抗溶接鋼管：電流を流して溶接した管）があり、電縫鋼管は溝状腐食（みぞじょうふしょく）（鋼管の溶接部に発生するおそれのある、溝が彫られるような腐食）が発生しやすいといえます。

Ⓒ排水用硬質塩化ビニルライニング鋼管（WSP 042）

配管用炭素鋼鋼管に準ずる薄肉鋼管（うすにくこうかん）の内面に硬質ポリ塩化ビニル管をライニングした管です。薄肉のため、ねじ加工ができないので**排水鋼管用可とう継手**（つぎて）**（MDジョイント）を用います。**

Ⓓ排水・通気用鉛管（JIS H 4311・SHASE-S203）

日本工業規格では1種、2種、3種に区分され、1種の鉛純度（なまりじゅんど）が99.9%、2種・3種の純度が99.5%です。空気調和・衛生工学会規格（SHASE）の鉛純度は99.6%です。

鉛管は一般的に**LP**といわれ、**柔軟性があり施工性がよく、他の管（鋳鉄管）との接続が簡単にできます。耐食性や可とう性（曲げに強い）にも優れ、寿命も長い**といえます。

圧力や腐食に強い管を選定する

排水管の材料

- 金属
  - 鋳鉄管（ちゅうてつかん）
  - 鋼管（こうかん）
  - 鉛管（えんかん）
  - ステンレス鋼管
  - 銅管
- 非金属
  - プラスチック管　塩化ビニル管など
  - コンクリート管（遠心力鉄筋コンクリート管）
  - 陶管

コンクリート管の中で遠心力鉄筋コンクリート管は、ヒューム管とも呼ばれ、上下水道などに使われている。陶管は下水道に使われている。

いろいろな排水管

●硬質ポリ塩化ビニル管

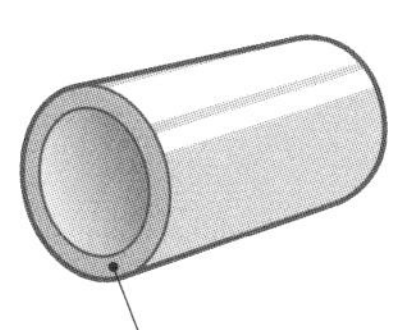

プラスチック管の中でもっともよく使われる管。軽量で耐食性に優れている。熱や衝撃には弱い。

●配管用炭素鋼鋼管

耐熱性には優れているが、酸性の排水に弱く、腐食が起こりやすい。

●排水用硬質塩化ビニルライニング鋼管

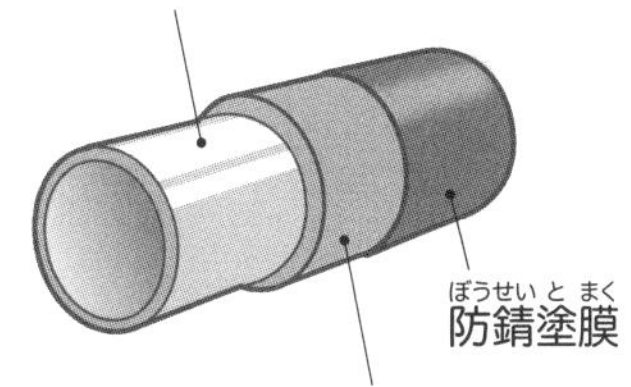

硬質ポリ塩化ビニル管の耐食性、鋼管の耐熱性を兼ね備えたもの。85℃までの温度に使用できる。

●耐火二層管

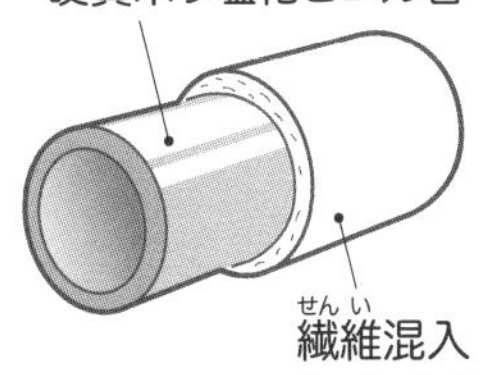

硬質ポリ塩化ビニル管の外に繊維混入セメントモルタルを被覆（ひふく）した管。耐火性、遮音性（しゃおんせい）に優れ、防火区画の貫通（かんつう）にも使われる。

排水鋼管用可とう継手（つぎて）（MDジョイント）とは？

MDジョイントとは、ねじ加工できない肉薄の配管や、温排水による管の熱膨張（ねつぼうちょう）などを緩和（かんわ）するために使われる、継手受け口に可とう性を持たせた継手のこと。

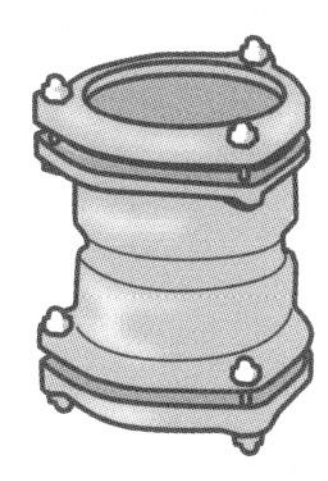

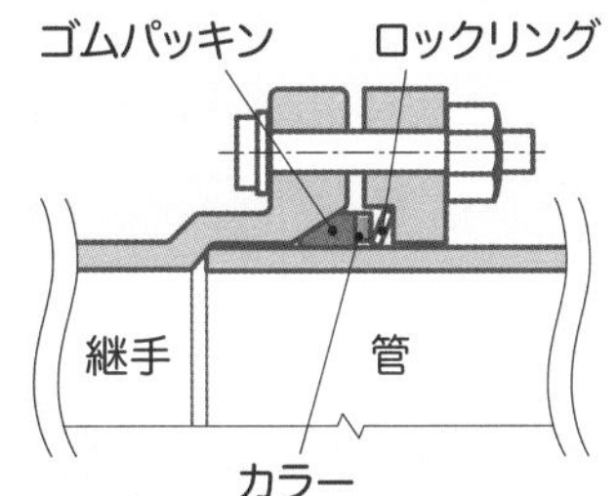

8　通気管の役目と通気方法

建築設備の通気とは？　通気設備

アイスコーヒーやアイスティーをストローを使って飲んでいるときに、手でストローの口先を塞ぐとストローの中にある飲み物が下に落ちてこない現象を見たことがあると思います。これは、飲み物が大気に接していないからです。通気管もこれと同じしくみで、**大気に開放すれば排水はスムーズに流れます**。通気の役目は、排水管内の流れをスムーズにするだけでなく、**トラップの封水を保護する**（排水管内の圧力変動を緩和する）ことと、**空気を流すことにより排水管内を清潔にする**ことがあげられます。

排水がスムーズに流れる方法　通気方式

通気方式には、伸頂通気方式、各個通気方式、ループ通気方式などがあります。

Ⓐ伸頂通気方式

排水立て管の頂部の管径をそのまま延長して大気に開放する方式です。伸頂通気方式は、マンションなどのように排水横枝管が短い（衛生器具が２～３個程度）場合によくとられる方式で、通気立て管を設けず、伸頂通気管のみによる通気方式をとっています。

Ⓑ各個通気方式

各器具のトラップごとに通気管を設け、それらを通気横枝管に接続して、その横枝管の末端を通気立て管または伸頂通気管に接続する方式で、**自己サイホンの防止**に有効です。各個通気管は、器具トラップのあふれ面から管径の２倍以上離れた位置から取り出します。

Ⓒループ通気方式（回路通気方式）

排水横枝管の末端の器具の立て管寄りに通気管を立ち上げて、通気立て管に接続します。通気管はその階における最高位の器具のあふれ縁より 150mm 以上立ち上げます。

通気管にはどんなものがあるか？　各通気管の役割

排水立て管のブランチ間隔（98 ページ参照）**が３以上**の場合、通気方式をループ通気方式または各個通気方式とするときには、**通気立て管**を設けます。その他、通気管として、結合通気管、湿り通気管、返し通気管などがあります。**結合通気管**は高層建築物に取り入れられ、**排水立て管より分岐して通気立て管に接続する**ものをいい、最上階から数えてブランチ間隔 10 以内ごとに設けます。**湿り通気管**は、**３個以上のトラップを保護するため、器具排水管と通気管を兼ねる**部分をいいます。**返し通気管**は、**器具の通気管を一度立ち上げてから、また立ち下げて排水横枝管などに接続**する通気管をいいます。**逃し通気管**は、排水管と通気管の相互の通気をスムーズにするための管。平屋建ておよび屋上階を除き 1 本のループ通気管に 8 個以上、器具がある場合に設けます。

スムーズに排水するための通気管

排水と通気の関係

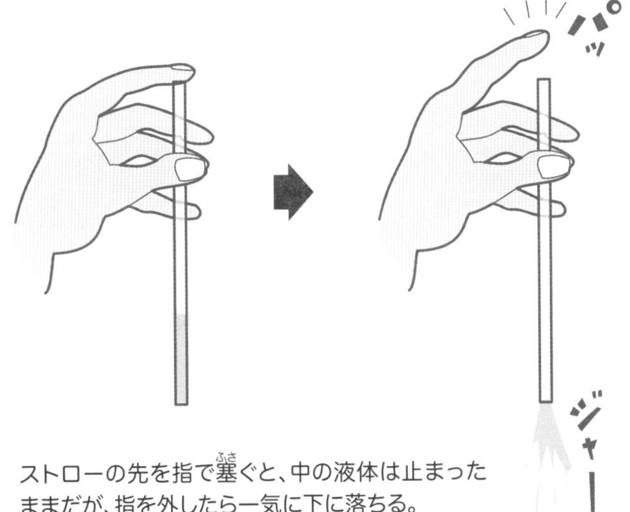

ストローの先を指で塞(ふさ)ぐと、中の液体は止まったままだが、指を外したら一気に下に落ちる。

大気開放
通気管
排水管

ストローの例と同じしくみで、排水をスムーズに流すには、大気開放の通気管が必要になる。

いろいろな通気管

ループ通気方式
複数の器具の通気をまとめて行うため、排水横枝管の最終器具の1個手前から立ち上げて立て管につなぐ方式。

ループ通気管

洋式大便器
掃除口

逃し通気管
排水横枝管の器具最下部から立ち上げ、ループ通気管へ接続する。

各個通気管

各個通気方式
各器具のトラップごと、個別に通気管を設ける方式。

伸頂通気管
通気口

伸頂通気方式
排水立て管をそのまま延長して、大気に開放する方式。

小便器
洗面器

湿り通気管
器具排水管と通気管を兼ねる部分。

浴槽

通気立て管

返し通気管
通気管を立ち上げてからまた立ち下げて、取出し位置より下流側に接続する。

排水立て管

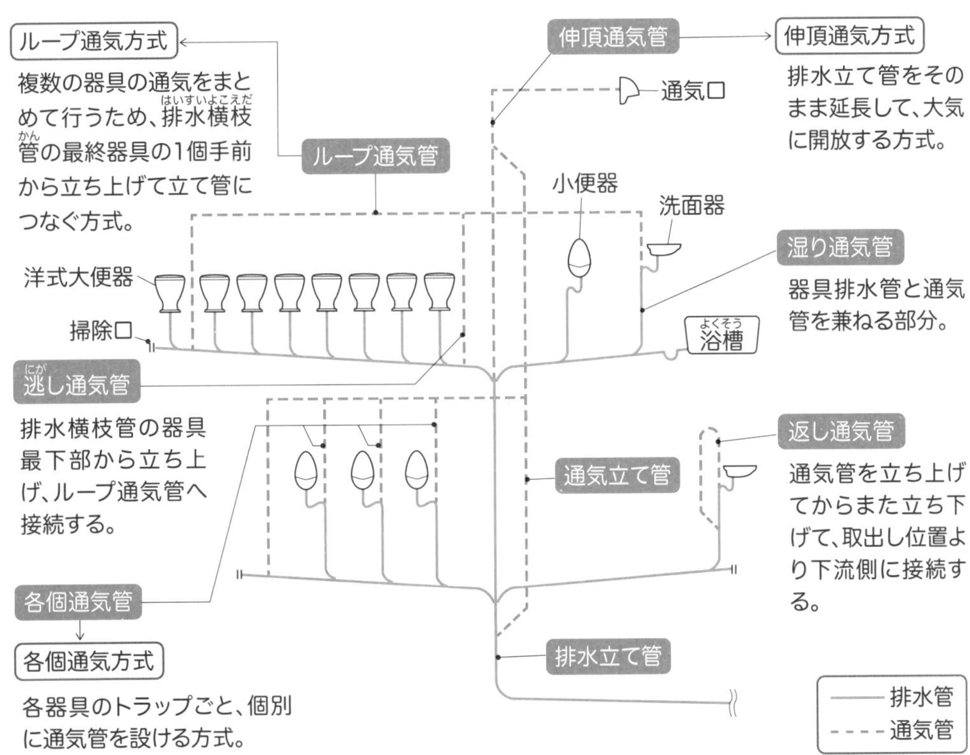

9 通気配管の留意点

通気管はどのようにして取り出すか? 排水管・通気管からの取り出し

排水横管から通気管を取り出すときは、**排水管中心部より上部から、垂直ないしは 45°以内の角度**で行います。

通気立て管から通気管を取り出すとき、通気立て管の下部からは、**通気立て管と同一の管径で、最低位の排水横枝管より低い位置**で排水立て管に接続するか、または**排水横主管から取り出し、排水立て管に接続**します。

通気立て管の上部では、**排水立て管をそのままの管径で延長し、大気に開放させる**か（**伸頂通気管**）、**最高位の衛生器具のあふれ縁から 150mm 以上立ち上げたところで伸頂通気管に接続**します。

通気配管において禁止されているもの 逆流の防止

床下での通気配管は禁止されていますが、やむを得ない場合は、**通気立て管側が高くなるように勾配をつけて**、排水管が詰まった場合には、排水が通気立て管に流れ込まないように措置をしてください（管内の水滴も自然流下で排水管へ流れるように勾配を設ける）。また、**雨水立て管に通気立て管はけっして接続してはいけません**。大雨の場合、もしも雨水管が詰まってしまったら、通気管のほうに雨水が流れ込むおそれがあるからです。当然のことながら、換気ダクトとの接続も禁止されています。

浄化槽、汚水ピット、雑排水ピットなどの通気管は、単独通気配管とし、臭いが逆流し、部屋の中に入らないようにします。

大気開口部と窓・出入口などとの関係は 通気管末端の位置

通気管の末端を窓・換気口などの付近に設ける場合は、**窓や換気口の上端から 60cm 以上立ち上げて開口**（通気管を大気中に開放すること）するか、それができない場合は、**窓や換気口から水平に 3ｍ以上離して開口**させます。通気管の末端の有効開口面積は、管内断面積以上とし、開口部には防虫網を取り付けます。なお、通気管の末端は、建物の張出し（軒下などの外側へ出っ張った部分）の下部に開口してはいけません。

屋上に開口する場合は、通気管は屋上面より 200mm 以上立ち上げて開口させます。ただし、屋上を庭園、物干し場などに使用する場合は、通気管は 2ｍ以上立ち上げた位置で開口させるようにします。

排水における通気配管の決まりごと

通気管と排水管の接続

●排水横管から通気管を取り出すとき

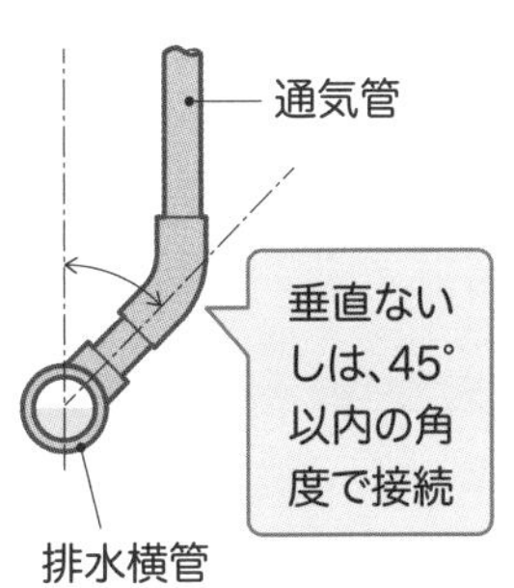

●通気立て管から通気管を取り出すとき

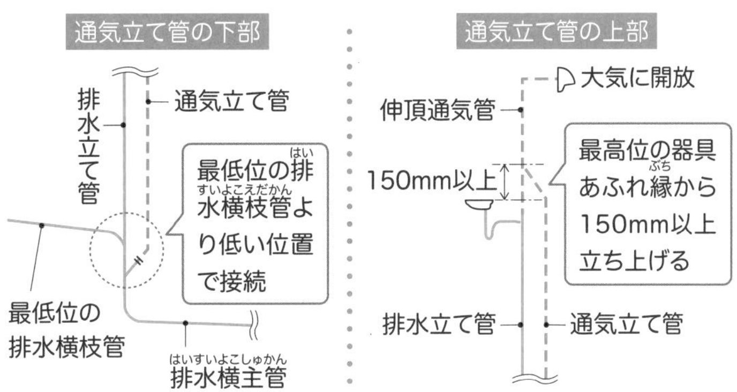

禁止されている配管に注意

正しい通気管

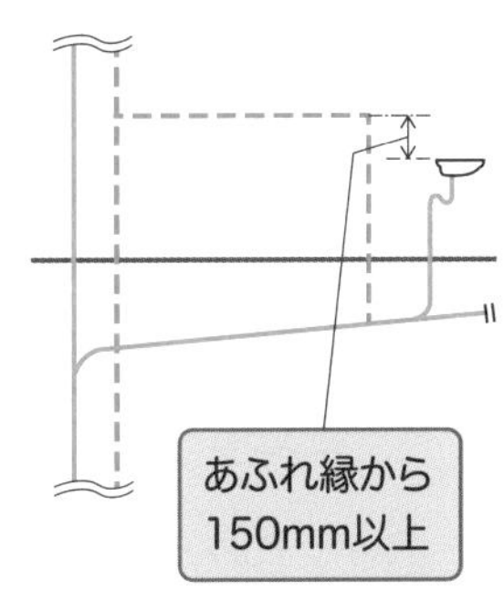

禁止されている通気管

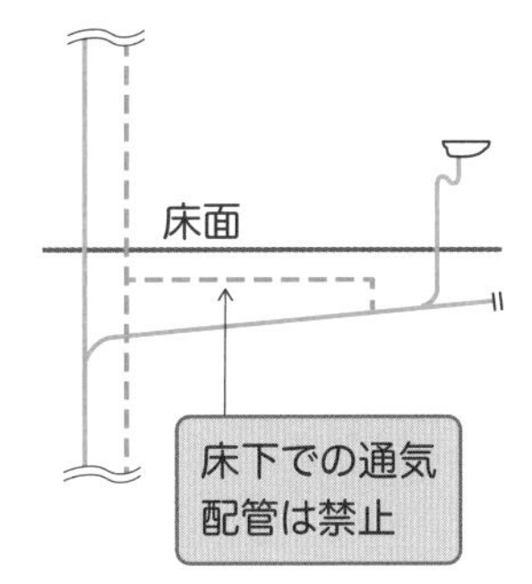

条件付で認められる通気管

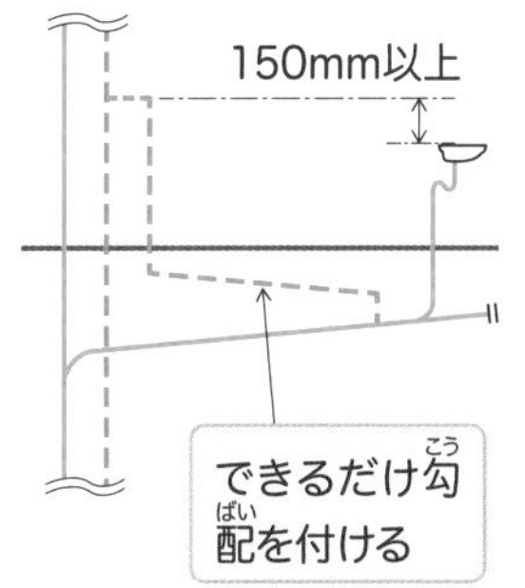

通気管末端の設置位置

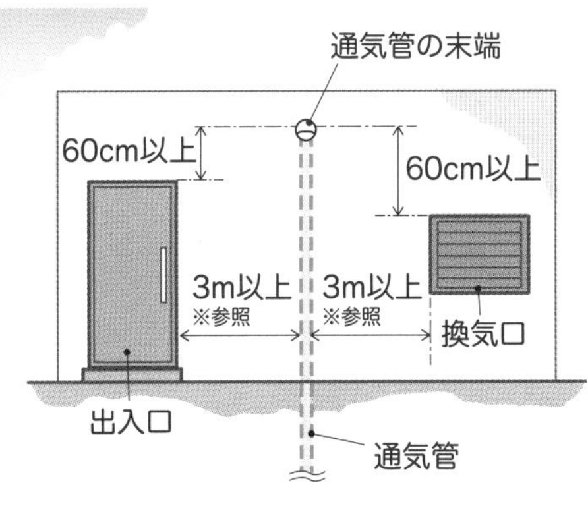

通気管の開口部は、排水管の臭いが人にさらされないよう、左図の範囲において設置する。

※ 出入口や換気口の上端より60cm以上立ち上げたところに開口部を置けない場合は、水平に3m以上離す必要がある。

10 排水・通気設備用語①

試験によく出る言葉❶

この章では、排水･通気設備のしくみや技術などについて説明してきましたが、ここで、建築・建築設備系の試験またはインテリアコーディネーター試験によく出題されている排水・通気設備に関する用語の解説をします。

Ⓐ自己サイホン作用（self siphonage）

84 ページでも述べていますが、洗面器などに栓をして水を溜め、そのあとに排水すると、勢いよく流れ、**サイホンの作用によってトラップ内の封水が排水管側にひかれ、残留封水が少なくなる**ことをいいます。また、洗面器などに勢いよく大量に水を入れると、洗面器の中の溜まっている水が振動し、波を打って、サイホン作用が起こることがあります。

Ⓑ間接排水（indirect waste）

間接排水の構造は、**給水系統と排水系統が交わらないようにする**目的で設けられるもので、**排水管の一部に開放部分を設けることによって、下水などが開放部分より先に逆流しない**ようになっています。排水系統は衛生器具から下水管までずっとつながっているのではなく、いったん大気中で切り、そこから一般の排水系統へ直結している水受け容器または排水器具の中へ排水します。

一般的によく見られる間接排水としては、洗濯機のドレーンパン（洗濯機パン：排水を受ける皿）の下のトラップがあります。また、飲料用給水タンクの**オーバーフロー管**（間接排水管）や排水管は間接排水とし、末端には虫などが入らないようにステンレス製の防虫網を取り付けています（34 ページ参照）。その他、80 ページを参照してください。

Ⓒ排水口空間（ air gap for indirect waste)

逆流を防止するために設けられている空間です。**排水系統に直結している器具もしくは水受け容器のあふれ縁、または排水を受ける床面と、間接排水管端との間の垂直距離**をいいます。間接排水管管径と排水口空間の距離（間隔）は、間接排水管 25mm 以下の場合、最小 50mm、30 ～ 50mm の場合、最小 100mm、65mm 以上の場合、最小 150mm の間隔をとるように定められています（SHASE-S 206-2019）。

Ⓓ排水器具（drain fitting ）

衛生器具の中で、排水に不可欠な器具、たとえば水受け容器の排水口と排水管とを接続する金具類やトラップ、床排水口などをいいます。

覚えておきたい用語①

重要な排水・通気設備用語1

●自己サイホン作用

洗面器などで、水を一気に流すと、水が吸い込まれ、トラップ封水が通常の封水量より少なくなってしまう現象のこと。

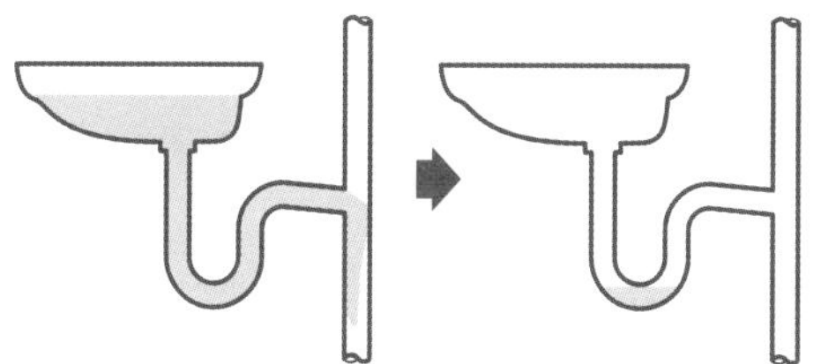

正常な封水深は、ウェアからディップまでが垂直距離で50〜100mmは必要である。自己サイホン作用により正常な封水深を保てなくなると、封水破壊の原因となる。

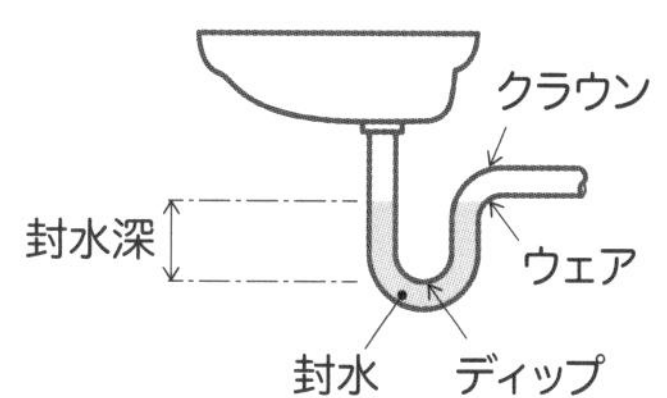

●間接排水と排水口空間

下水や汚水の逆流による汚染を防ぐために、排水系統の途中で大気中に開放し、排水口空間を設ける。

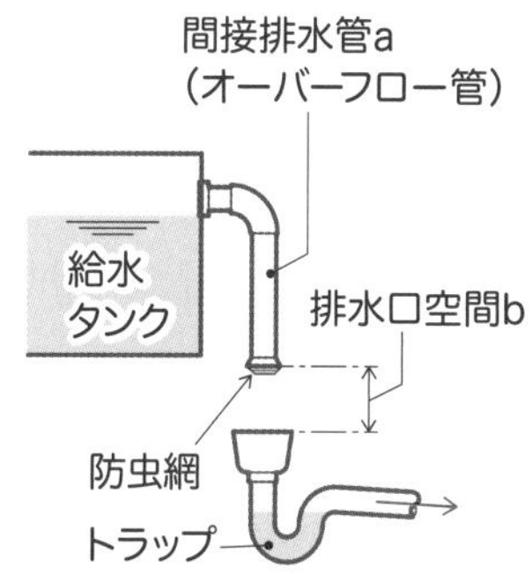

間接排水管の管径 a	排水口空間 b
25mm 以下	最小　50mm
30 〜 50mm	最小 100mm
65mm 以上	最小 150mm

排水口空間は、排水管の径により表のように定められているが、飲料用給水タンクのオーバーフロー管は、150mm 以上の排水口空間を空け間接排水とする。なお、間接排水とする水受け容器には、トラップを設ける。

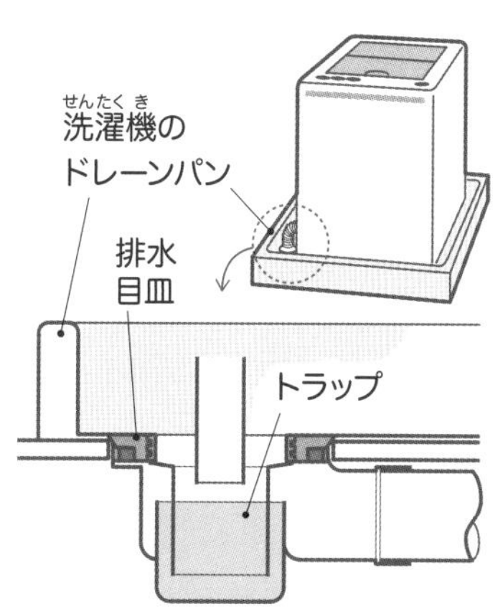

洗濯機の排水は、ドレーンパンの下の排水トラップにより、間接排水となっている。

●排水器具

衛生器具と排水管などを接合する金具や継手、トラップなど、排水に必要な器具類全般のこと。

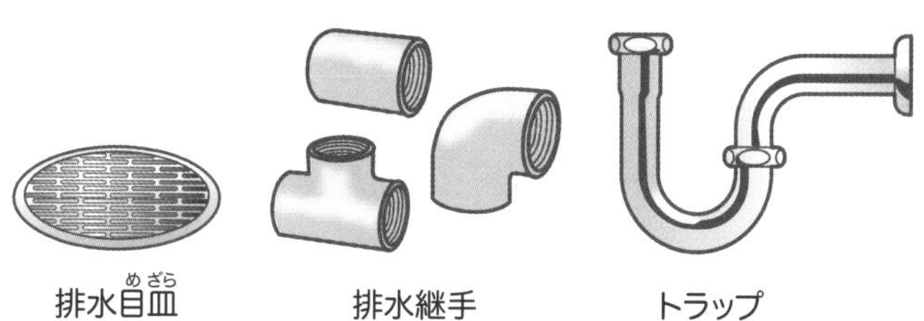

11 排水・通気設備用語②

試験によく出る言葉❷

Ⓔ封水強度（seal strength）

排水管内に正圧または負圧が生じたときに、トラップが封水を保持する能力をいいます。**トラップに溜まっている水がなくなりづらいトラップは、一般的に、ドラムトラップのような非サイホン型**のトラップです。**SトラップやPトラップのようなサイホン型は、水がなくなりやすい**トラップで、さらに、PトラップよりSトラップのほうが封水が破られやすいといえます。**椀トラップは非サイホン型ですが、封水部分が浅いため蒸発作用によって封水が破られるおそれがあります。**

Ⓕブランチ間隔（branch interval）

ブランチ間隔とは、排水立て管に接続する排水横枝管または排水横主管の間隔をいい、**2.5m以上4m以内**と決められています。これは、器具排水負荷単位法（193ページ参照）による排水管の立て管管径を決定するにあたって必要な用語です。

Ⓖ洗浄弁（flush valve）

フラッシュバルブ（FV）ともいいます。**操作により一定時間に一定の水量を流して自動的に閉止する**バルブで、大便器（小便器）などの汚物や汚水を洗浄するために用いられます。

Ⓗメカニカル接合（mechanical joint）

ねじ接合・溶接接合・接着接合などと違って、**機械式継手によって接合**する方法です。この接合は、特殊技能を必要とせず簡単な工具で短時間にでき、排水用鋳鉄管によく使用されます。

Ⓘティーエス接合（taper sized joint）

排水用の硬質塩化ビニル管の接合方法として、**テーパ（傾斜）の付いた受け口を持った継手を用いて、接着剤を塗って接合**する方法です。

Ⓙフレア接合（flare joint）

銅管の接合の先端部をラッパ状にフレアにして接合する方法です。フレアとは、朝顔状に広がるという意味で、日本では「フレアスカート」でなじまれています。

Ⓚつくり付けトラップ（built-in trap）

水受け容器（流し台やストール形小便器など）と一体となっているトラップのことをいいます。

重要な排水・通気設備用語2

●封水強度

トラップ内で圧力が生じたとき、トラップが封水を保持する能力。トラップの形によって封水強度は異なる。

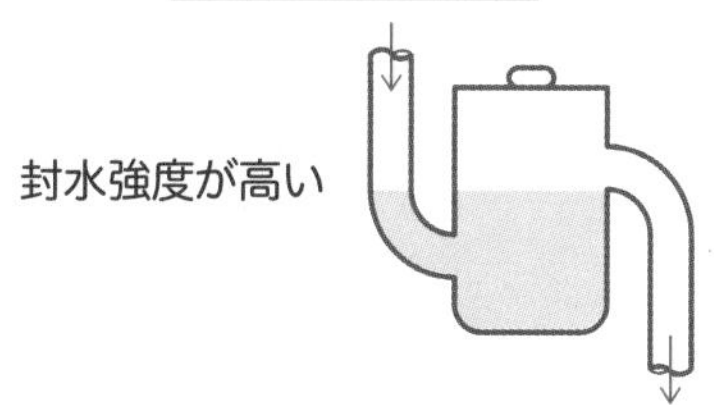

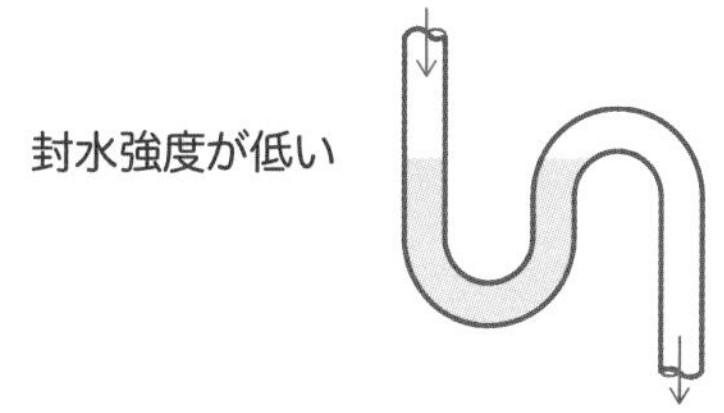

●ブランチ間隔

排水立て管に接続する排水横枝管や排水横主管の間隔。2.5m以上4m以内と決められている。

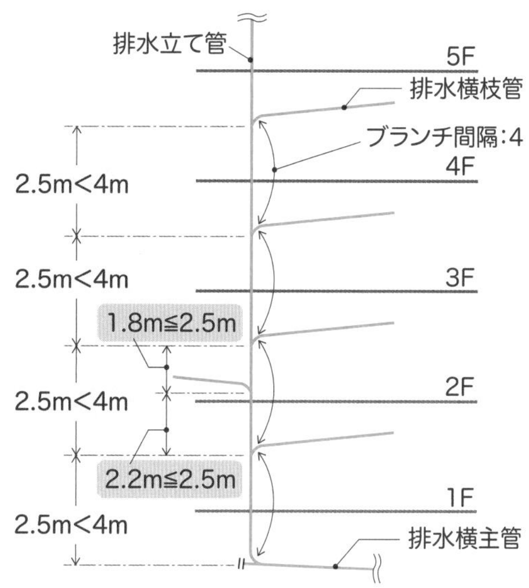

●メカニカル接合

ねじ接合や溶接接合などと異なり、機械的な方法で管と管を接合する方法。

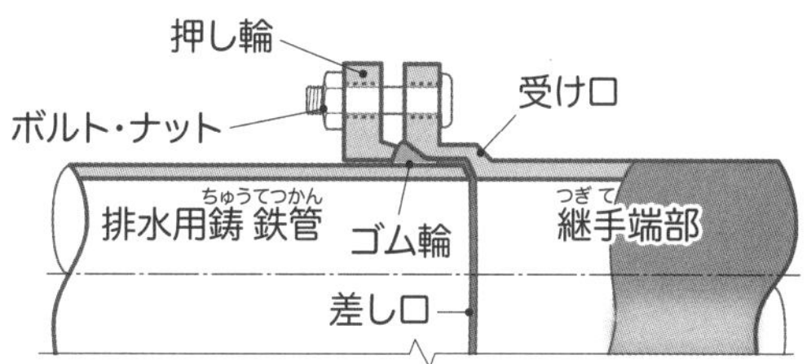

●ティーエス接合

継手の受け口を傾斜にして、受け口と差し口に接着剤を塗り、接合する方法。

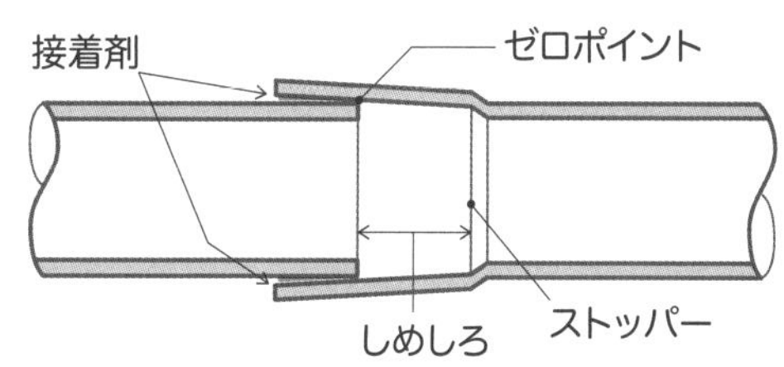

●フレア接合

先端部をラッパ状にフレアにして接合する方法。

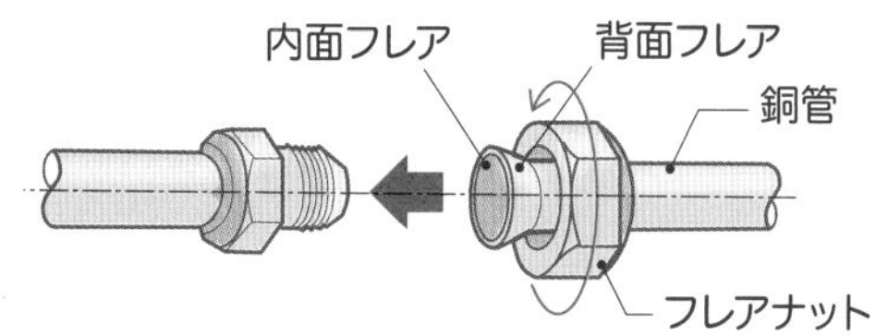

12 排水・通気設備のよくあるトラブルと対策

臭いが室内に充満する　トラップから臭気

排水設備において一番に問題となるのは、臭いによるトラブルです。84 ページのトラップの**封水破壊**の項目でも述べていますが、洗面器やお風呂を満水にしたあとに栓を抜き、そのまま外出して帰ってきたら部屋やお風呂場が臭かったなどの経験がありませんか？それは、**自己サイホン作用**によるトラブルです。S トラップによくこのような現象が起こります。**水を大量に排出した場合は、そのあとで少量の水を流してください**。そうすることによってトラップの底部に水が溜まり封水され、臭いが出ません。

次の臭いによるトラブルは、お風呂場の床排水に椀トラップを使用している場合によく起こります。髪の毛などが詰まることによって水の流れが悪くなり、**トラップの内部にある椀部分を取りはずしてしまうと、トラップの役目が失われ、臭いがお風呂場に充満してしまいます**。ユニットバスでは、あまりこのようなことは聞かれませんが、椀部分を取りはずすと同じ現象になるので、掃除をするとき以外は取りはずさないようにしてください。これは、**毛管現象（毛細管現象）**によって封水が破られるためです。

また、事務所ビルなどのトイレでも、床排水トラップ（椀トラップ）をよく見かけますが、長期休暇が終わったあとにトイレ内の悪臭を感じることがあるかもしれません。それは、封水深が浅いので**蒸発作用**によって封水が破られることが原因です。椀トラップに水を流すとすぐに解消します。

施工上での臭いの問題　トラップの施工上の注意

台所で臭いがしたら、まず椀部分を取り除いていないかをチェックしますが、流しのシンクによっては、トラップが付いていないものもあるので、トラップが付いているかをチェックすることです。トラップが付いていても臭いがしているのであれば、**シンクのトラップ部分と排水管の接続部をチェック**することです。臭いの原因の多くは、**排水管の管径が大きく、隙間ができ、その部分から臭いが漏れている**ことにあります。その場合は、シール（ビニールテープ）などで応急処置をすれば問題ないでしょう。検査（工事・引渡し前の検査）などのときには、その点をチェックすることが重要です。

その他、**二重トラップになっていないか？　間接排水の排水管側にトラップが付け忘れられていないか？**　といったことも要チェックです。さらに、マンションなどでは、**2 階以上の排水立て管と 1 階部分の排水管が建物内で接続されていないか**どうか。接続されていると、**跳ね出し作用**の原因（84 ページ参照）となるので注意しましょう。

下水の嫌な臭いを解決するには

排水口からの臭気の原因と対処法

排水口から下水の臭いがする場合、大きく2つの原因が考えられます。
くさっ

❶トラップの封水(ふうすい)に問題がある場合

①自己サイホン作用

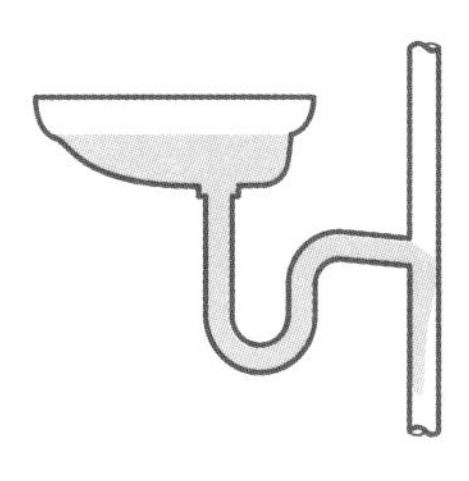

②椀(わん)トラップがはずれている

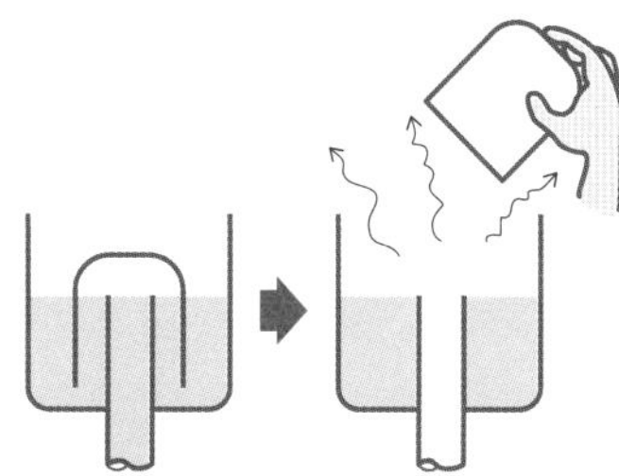

③椀トラップの封水が破られている

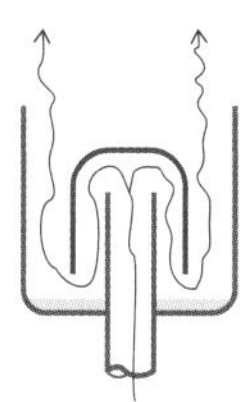

対処法

- 大量の水を流したら、流しきったあとで少量の水を流し、封水を確保する。
- 椀トラップの椀の部分は、トラップの構造上不可欠な部分なので取りはずさない。
- 毛髪などが溜まらないよう、まめに掃除をする。

❷トラップの施工上の問題がある場合

①洗面器やシンクにトラップが付いていない

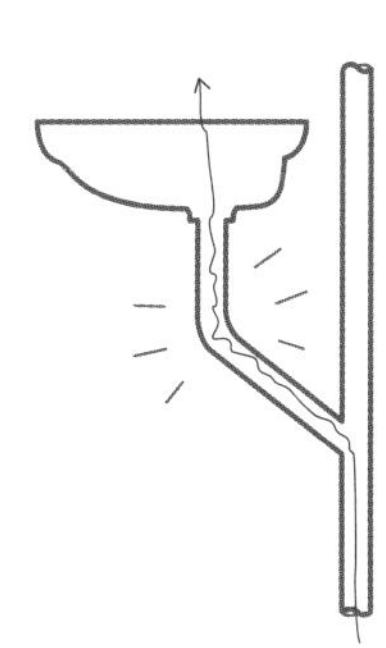

②トラップと排水管の接続部に隙間(すきま)がある

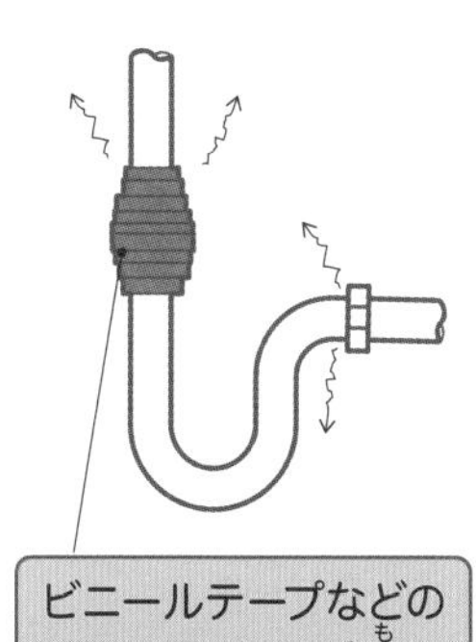

③2階以上の排水立て管と1階部分の排水管が建物内で接続されている

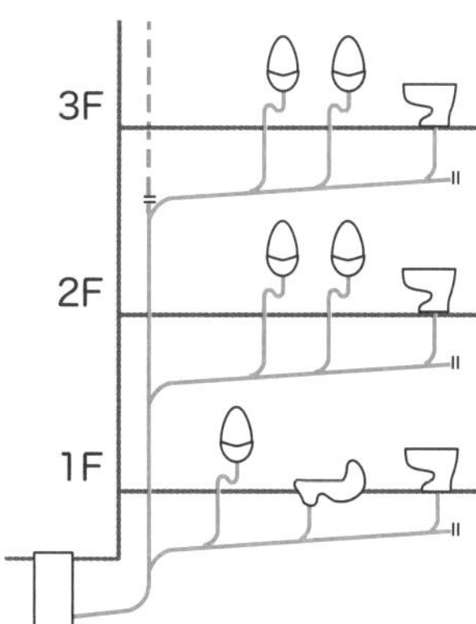

Column　便所の別名

●厠の語源

厠とは、便所の別名の中でもっとも古く、奈良時代から見られるようになりました。川の上に掛け渡した屋の意味から、「川屋」を語源とする説がもっとも有力とされています（712 年『古事記』に、水の流れる溝の上に厠が設けられていたことが示されている）が、「側屋」から来ているという説もあります。

昔から「用を足したあとのおつり（跳ね返り）」のことを考え、またいだ真ん中に竹竿や木の棒を通し、この棒に汚物を当ててワンクッションさせ、「おつり」が来ないようにしていたそうです。

厠とは、いわゆる「ぼっとん便所」（汲みとり便所）のことです。昔は、家の中に便所はなく母屋（主たる建物）の外側にあったものですが、現在も田舎の農家などに行けば見られます。

なお、汲みとり便所は、下水の処理を開始すべき日（公共下水道が整備された日）から 3 年以内に水洗便所へ改造することが義務付けられています（下水道法第 11 条の 3）。

その他、最近はほとんど使われていませんが、雪隠という言葉もありました。

衛生器具設備

衛生器具とは、大便器、小便器、手洗い器、洗面器、洗浄用タンク、流し、洗髪器、水飲み器など、およびその付属金具をいいます。この章では、「衛生器具の型式や特徴」から、インテリアコーディネーター試験にもよく出題されている「システムキッチン」や「浴室ユニット」についても解説します。

1　大便器①

衛生的で摩耗しにくい　衛生陶器の特徴

大便器は陶器で作られています。陶器製の衛生器具（衛生陶器）は、ケイ石や陶石といった岩石鉱物と粘土などの土壌鉱物を原料として作られ、その陶器の表面に釉薬（ガラスの一種）を溶着させたものです。衛生陶器の特徴としては、**吸水性がなく、汚水や汚物が付着しにくく衛生的で、悪臭も発生させません**。また、**耐食性にも優れ、耐摩耗性が大きく傷が付きにくい**という長所があります。しかし、**衝撃に弱く割れやすい**ので、搬入時やコンクリートに埋め込む場合などは、緩衝材などで衝撃に対する処置が必要です。

大便器にはどのようなものがあるのか　大便器の種類

Ⓐ洗い出し式（和風大便器）

便ばち（水を溜めて排泄物を受ける部分）**に一時汚物を溜めておいて、洗浄するときは水の勢いによってトラップ側に排出する**方式です。他の便器より水溜り部分が浅いので跳ね返りはありませんが、汚物が使用中に堆積するので臭気が発散しやすくなります。

Ⓑ洗い落し式（和風大便器・洋風大便器）

汚物をいったん留水中（水溜り中）に落下させて洗浄するもので、洗い出し式より臭気は少なくなりますが、留水面が狭いので汚物が付着しやすく、跳ね返りが多くなります。

Ⓒサイホン式（洋風大便器）

洗い落し式によく似ていますが、**排水路を屈曲させ、洗浄のときに排水路部を満水にし、サイホン作用を起こさせる**ようにしたものです。留水面が広く深いので汚物が付着しにくく、また跳ね返りがあまりありません。

Ⓓサイホンゼット式（洋風大便器）

噴水穴（ゼット穴）から勢いよく水を噴き出してサイホン作用を強制的に起こさせ、排出能力を強力にしたものです。サイホン式より留水面が広く深いので、付着はもちろん、臭気の発散もほとんどなく、優れた便器です。

Ⓔサイホンボルテックス式（洋風大便器）

便器内の水を吸引する**サイホン作用に、回転運動を与える渦巻作用を加えて排泄物を排出する**もので、吸引・排出能力が大きく、また洗浄音も静かな大便器です。

その他、噴水穴から洗浄水を強力に噴出させ、その圧力で汚物を吹き飛ばすように排出する**ブローアウト式**や、一箇所の噴水溝から水流を作る方式で、便器のフチやロータンクがなく清掃が容易で場所をとらない**トルネード式**というものがあります。

排泄物を押し流す方法にもいろいろある

大便器の種類

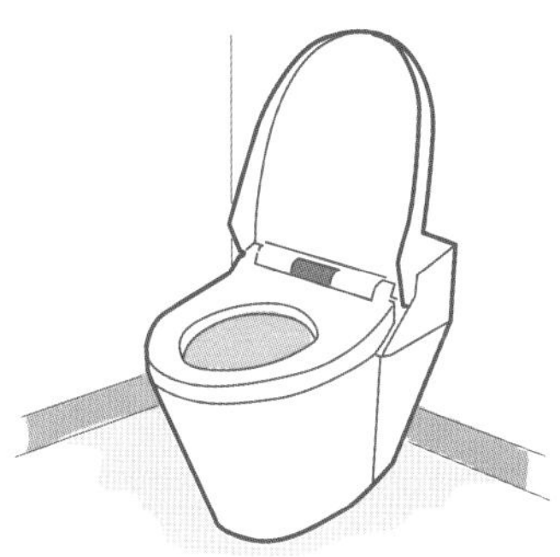

大便器をはじめ、小便器、洗面器、洗浄用タンクなどは主に陶器製であり、その品質と構造はJIS A 5207に規定されている。

●洗い出し式

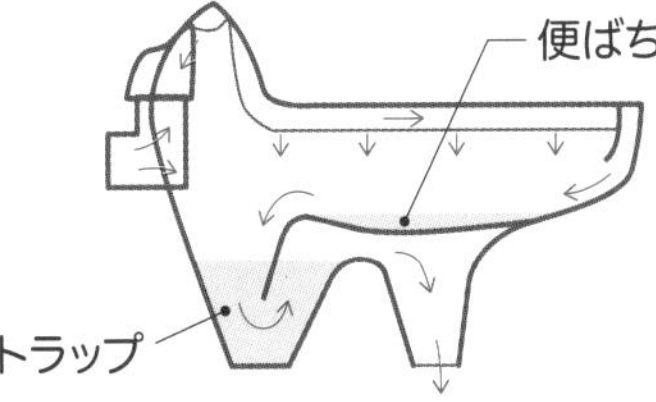

排泄物を便ばちに溜め、吐水口から勢いよく水を流すことによりトラップ側に排泄物を押し流す。

●洗い落し式

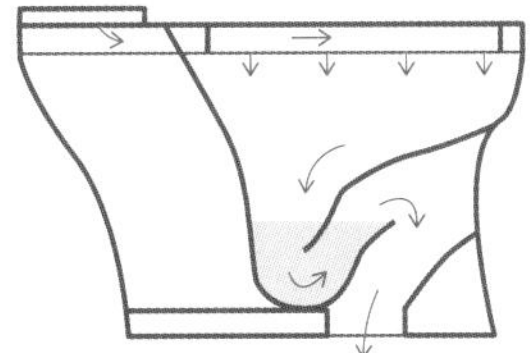

排泄物を直接留水中に落下させ、上部から水を流すという落差を利用して排泄物を流す。

●サイホン式

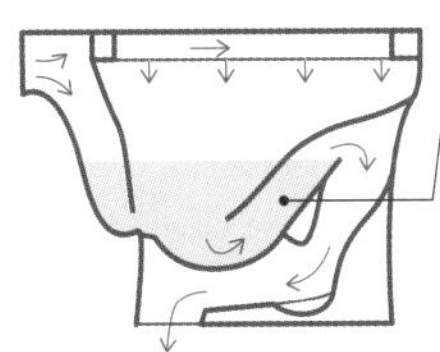

サイホン

いったん高所に上げて低所に落とす。そのために曲がっている

排泄物を留水中に溜め、排水路内を満水にし、サイホン作用を利用して排泄物を吸い込むように排出する。

●サイホンゼット式

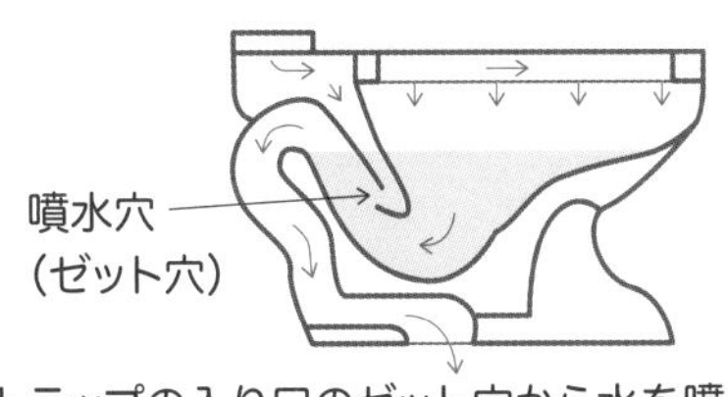

トラップの入り口のゼット穴から水を噴出させることによって、すばやく満水にし、サイホン作用を起こさせる。

●サイホンボルテックス式

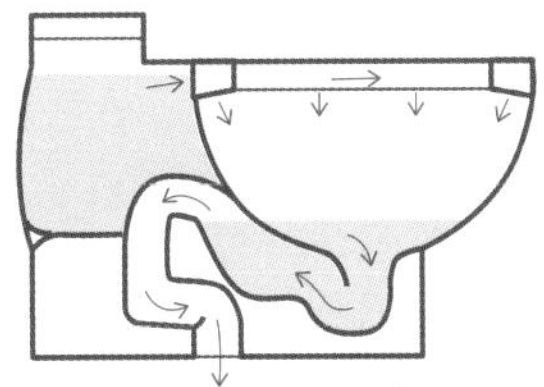

サイホン作用に加え、水に渦巻作用を起こさせることにより、より短時間に排泄物を排出する。

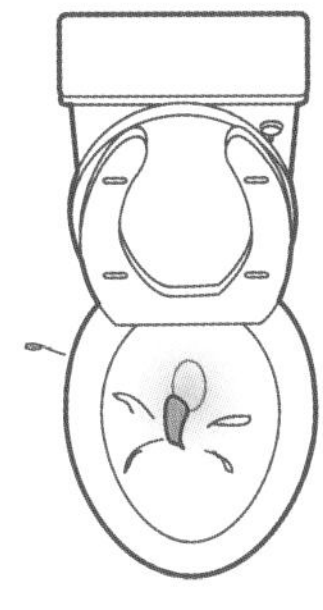

排泄物の落下によって水が飛び散る跳ね返りや臭気の発生などの衛生面の向上、洗浄音の消音化や洗浄水量の節水化などが、大便器の課題である。

2 大便器②

大便器洗浄方式にはどのようなものがあるのか　大便器の洗浄方式

洗浄方式には、ロータンク方式とフラッシュバルブ方式、タンクレス方式があります。

ロータンク方式は、**大便器の後ろにタンクを乗せ、一定量の水を溜め、排便後この水で洗い流す**方式です。この方式は、一般の住宅やマンション、ホテルの個室用として使用されています。タンクへの給水圧力が小さく、洗浄音も小さくなります。

フラッシュバルブ（洗浄弁）方式は、**大小便器の洗浄に用いる弁を給水管に取り付け、弁の操作によって一定の水を流し**（弁は自動的に閉止する）汚物を洗い流す方式です。種類としては、手動式、足踏み式、押しボタン式、自動感知式などがあります。この方式は、事務所、学校、工場、公共施設など使用頻度の高い場所に多く使用されています。連続使用が可能で、洗浄弁の設置に場所をとらないので、便所内を広く使用できますが、給水圧力（70ｋＰａ以上）が大きく、洗浄音も大きくなります。

タンクレス方式は、**タンクがなく水道直結方式（バキュームブレーカ内蔵）**のため、洗浄水が少なく（約 3.3L）、お手入れが楽になります。

洋風大便器には、ロータンク方式・タンクレス方式・フラッシュバルブ方式が採用されています。和風大便器は、壁掛けのロータンクはありますが、一般的にフラッシュバルブ方式が採用されています。和風大便器用としてハイタンク方式がありますが、タンクの位置が高いため洗浄音が大きく、最近はほとんど採用されていません。

快適に使用するための便座　便座の種類

便座の種類には、普通便座、暖房便座、温水洗浄便座などがあります。**普通便座**は、一般的な便座で前丸タイプと前割タイプがあります。**暖房便座**は、お尻を温めるだけではなく、便所内を暖房する機能や、脱臭装置が付いたものなどがあります。また、**温水洗浄便座**には、お尻を洗う機能だけでなくビデも付いています。他に、マッサージ洗浄、乾燥、暖房便座、脱臭装置、便座の自動開閉などが付いたものまであります。

紙巻器にもいろいろある　紙巻器の種類

紙巻器の種類には、一般的な紙巻器のほかに、スペア付紙巻器や二連紙巻器、ワンタッチ紙巻器などがあります。

ワンタッチ紙巻器は、ペーパーの支持棒を押し上げるように、下からペーパーを押し込むだけでセットされる紙巻器や、ペーパーを横からスライドさせるタイプが、最近はよく使用されています。

タンクに水を溜めるタイプとタンクのないタイプ

大便器の洗浄方式

●ロータンク方式

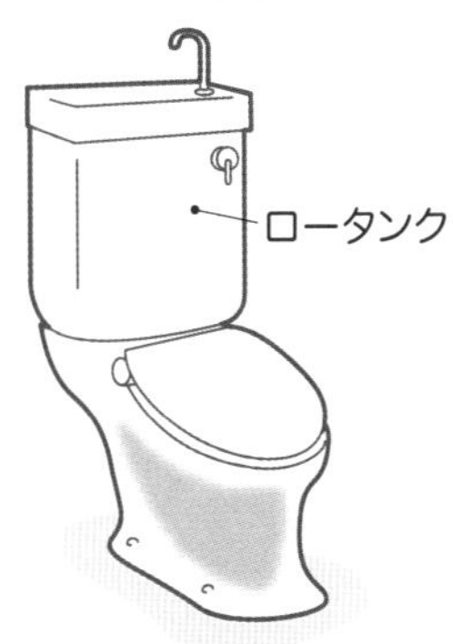

タンクに溜めた水を流して洗浄する。洗浄後は自動的に給水される。

●フラッシュバルブ方式

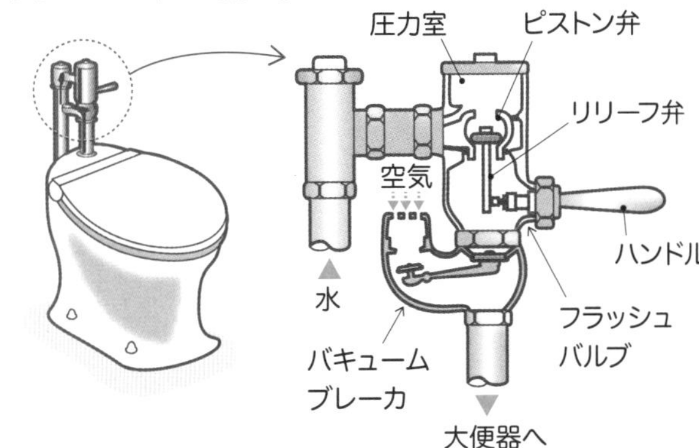

ハンドルを押すとリリーフ弁が開き、圧力室の水が流れ出し、ピストン弁が開き、洗浄される。その間、圧力室に再び水が入ることによりピストン弁が下がり、弁が閉止する。

便座の種類

普通便座(前割タイプ)

温水洗浄便座

紙巻器の種類

スペア付・ワンタッチ紙巻器

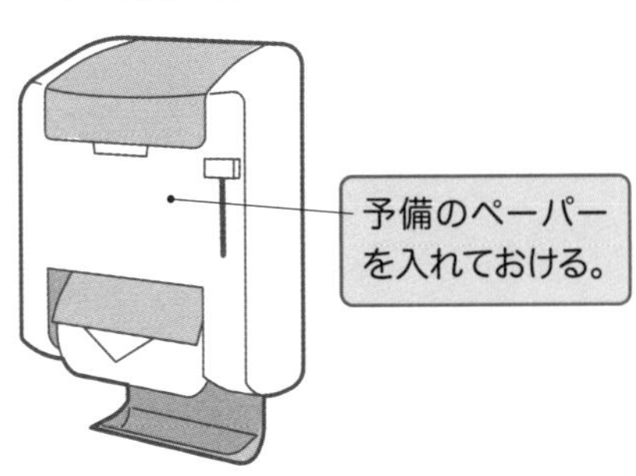

二連・ワンタッチ紙巻器

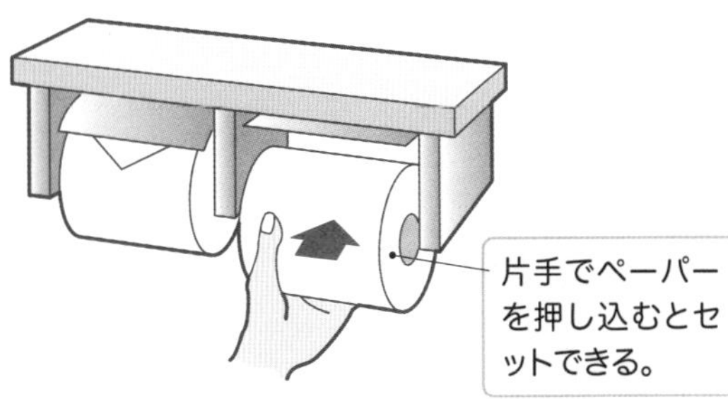

3 小便器

いろいろな小便器　小便器の種類

小便器の種類には、壁掛け小便器、床置小便器、省スペース型小便器、筒型小便器などがあります。

Ⓐ壁掛け小便器（壁掛けストール型）

事務所ビルなどに多く使用され、**便器および床の掃除がしやすく、衛生面で優れています**。壁掛けストール型の他に、一般的な楕円型（だえんけい）の少し小さいものがあります。

Ⓑ床置小便器（ストール型）

床から立ち上がっているので大人から子供まで使用でき、幅広く使用されています。

Ⓒ省スペース型小便器（住宅用小便器）

一般住宅用の小便器。**限られた空間でも取り付けが可能**であるため、スペース的に余裕があり小便器を設置する住宅では、この型を取り付けています。

Ⓓ筒型小便器

アンティーク調の、筒状の形をした小便器で、和風喫茶店や和風料理店によく使用されています。

水の流し方にはどのようなものがあるのか　小便器の洗浄方式

洗浄方式には、大便器のフラッシュバルブ方式と同じ小便器フラッシュバルブ方式と自動洗浄方式があります。

Ⓐフラッシュバルブ方式

フラッシュバルブ方式は、**小便器上部前面にあるボタンを押してバルブを開き、洗浄する**方式です。

Ⓑ自動洗浄方式

自動洗浄方式は、小便器ごとに**赤外線感知装置が内蔵されている感知フラッシュバルブによって前に立った人を感知し、立ち去ると最適な水量によって洗浄する**方式です。

また、よく駅の便所などでは、数台の小便器を定時的に洗浄させるタイプがあります。定時に流すためには、常に水道水をタンクに流し込み、タンクが満水になれば小便器に流れ、流れ終わるとタンクに水道水が流れ込み、小便器には流れないようになっています。さらに、水道管に電磁弁（でんじべん）を設け、タイマによって弁を作動させる方式や、照明スイッチなどとの連動で洗浄されるシステムもあります。

跳ね防止、掃除しやすさが課題

小便器の種類

●壁掛け小便器

壁掛けストール型

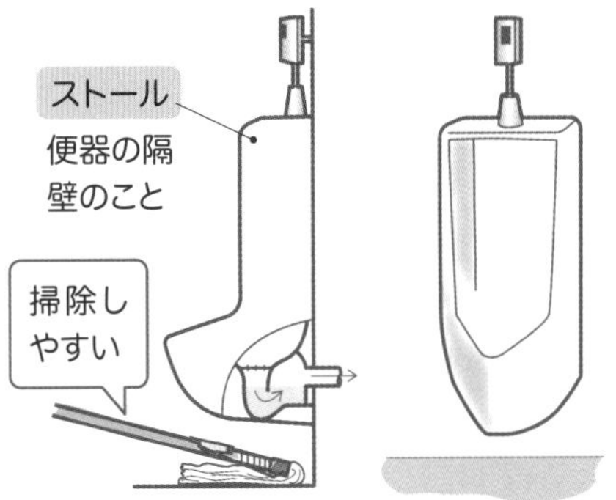

壁に取り付けるタイプ。小便が跳(は)ねにくく、衛生的。

●床置小便器

ストール型

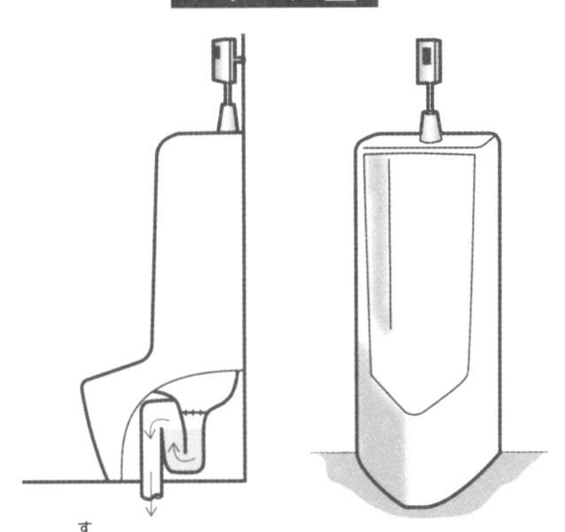

床に据(す)え置くタイプ。大人から子供まで使用できる。

●省スペース型小便器

一般住宅などで限られたスペースに設ける。

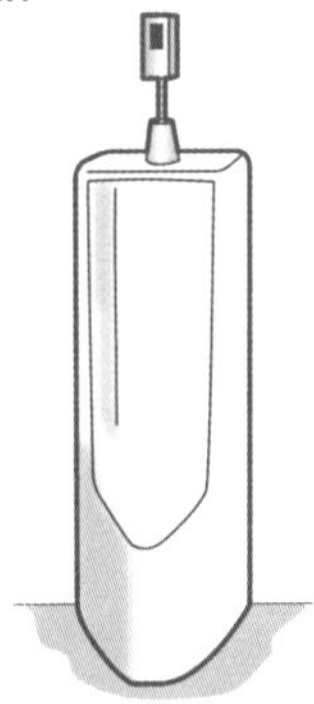

●筒型小便器

アンティーク調で和風の店舗(てんぽ)などに馴染む。

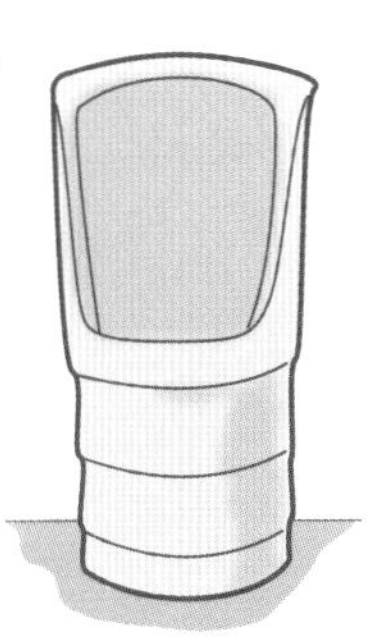

洗浄方式

●フラッシュバルブ方式

使用後、ボタンを押すと一定量の水が流れる。流し忘れる可能性があるが、水の浪費は少ない。

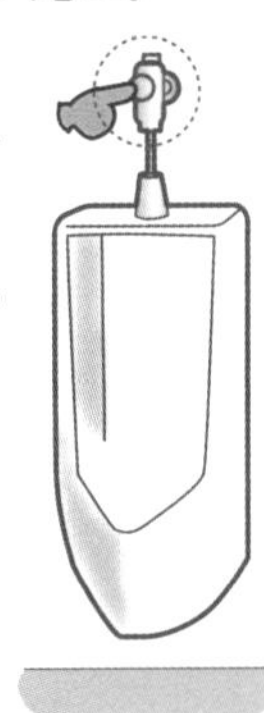

●自動洗浄方式

便器の前に人が立つと感知し、人が立ち去ると電動バルブが開き一定量の水が流れ、自動洗浄される。

4 その他の衛生器具

いろいろな洗面器　洗面器の種類

洗面器の種類には、カウンターはめ込み洗面器やペデスタル（台座）付洗面器、ベッセル（置き型）洗面器、トラップカバー付洗面器、一般洗面器（前丸、角形、バック付、袖(そで)付(つき)、隅付(すみつき)）などがあります。また、洗髪機能が付いた洗面器もあります。

カウンターはめ込み洗面器には、アンダーカウンター式、セルフリミング式、フレーム式があります。**アンダーカウンター式**は、右図のように洗面器がカウンターの下に取り付けてあり、水はけがよくカウンターの掃除もしやすい器具です。**セルフリミング式**（オーバーカウンター式）は、右図のようにカウンターの上に取り付けてあり、水はけが悪くカウンターの掃除もしにくい難点があります。**フレーム式**は、ステンレスで縁(ふち)どりがしてある洗面器をいいます。

ペデスタル付洗面器は、洗面器に台座が付いていて、**トラップや排水管を隠す**ことができ、デザイン的にも優れ、狭いスペースなどによく使用されます。**ベッセル型洗面器**は、ホテルなどの洗面室でインテリアとしてもよく使用されています。**トラップカバー付洗面器**は、**トラップのみを隠すためのカバーを付けた**洗面器です。

洗面器廻りの器具　洗面化粧台の種類

手洗い用、洗面用の洗面器に、化粧をするためのメディシンキャビネット（化粧キャビネットや、クスリおよび医療器具棚）や鏡、さらに、照明器具、コンセントが組み込まれているものを**洗面化粧台**といいます。洗髪や小物洗いのための、洗面ボウル（洗面器）が大きく、シャワー付きの多機能洗面化粧台もあります。また、洗面化粧台の上部、左右に収納のためのキャビネットを組み合わせたものを洗面ユニットと呼んでいます。

水とお湯を調節して使う混合水栓　混合水栓の種類

使用者が水とお湯を混ぜて適温にして使用する**混合水栓**(こんごうすいせん)には、ツーバルブ型、ミキシングバルブ型、シングルレバー型、サーモスタット型などがあります。**ツーバルブ型**は、**お湯と水の２つのハンドルで温度と量を調節**するものです。**ミキシングバルブ型**は、ツーバルブ式の温度調節の操作性をよくしたもので、**温度を調節するハンドルと量を調節するハンドルの２つのハンドルで操作**します。**シングルレバー型**は、**温度の調節はハンドルを左右に動かし、量の調節は上下に動かして操作**し、指１本で出したり止めたりすることができます。**サーモスタット型**は、**温度調節ハンドルの目盛りを希望する温度に合わせるだけで、量を調節するハンドルを回せば自動的に適温のお湯が出る**ようになっています。

施工のしやすさとデザイン性を追求した器具類

洗面器の種類

●カウンターはめ込み洗面器

アンダーカウンター式

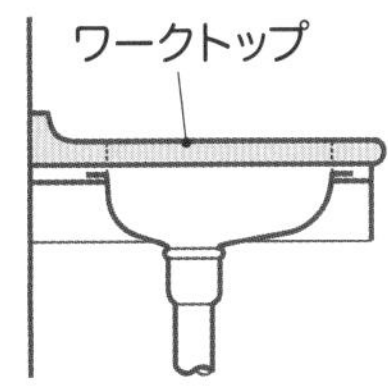

カウンターの下面に洗面器を取り付ける方法。

セルフリミング式
（オーバーカウンター式）

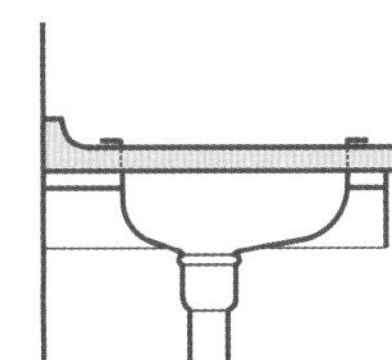

カウンターの上面に洗面器のつばを引っかけて設置する方法。

フレーム式

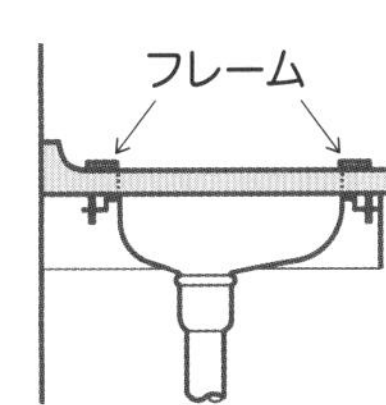

カウンターと洗面器の間をステンレスで縁（ふち）どりする方法。

●ペデスタル付洗面器

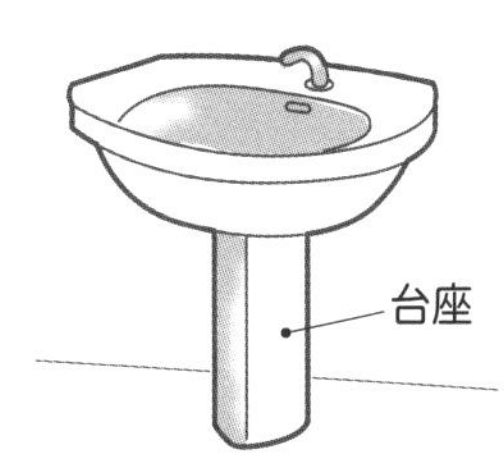

台座で洗面器を支える。トラップや管が見えず、すっきりとした外観になる。

洗面設備のユニット化

洗面器の他に、洗面のために必要な設備や収納を一体化したもの。

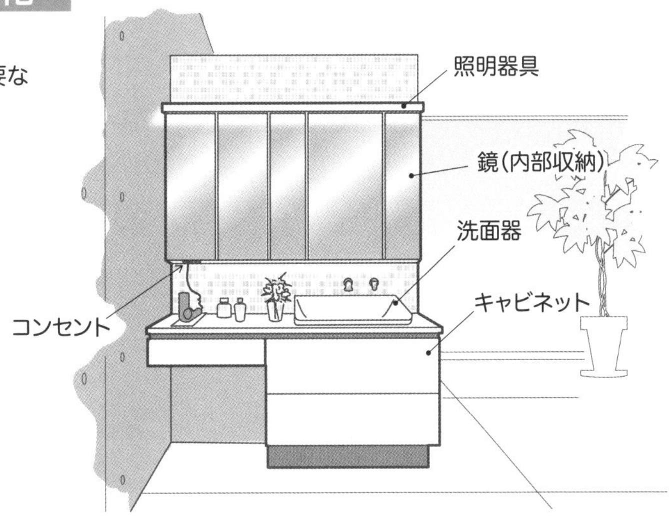

混合水栓の種類

ツーバルブ型

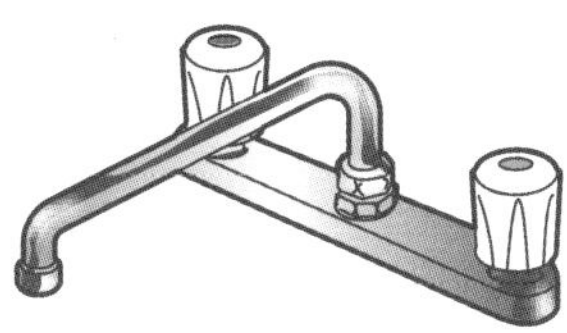

お湯と水の量をそれぞれのハンドルで調整し、適温にする。

シングルレバー型

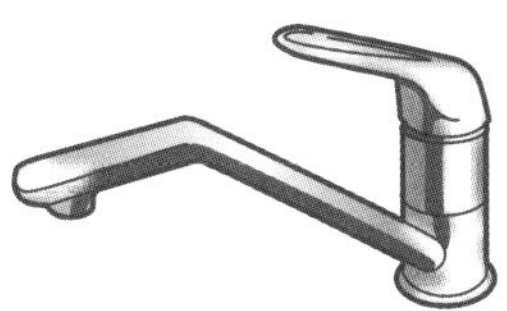

1つのハンドルで温度と量を調節する。

サーモスタット型

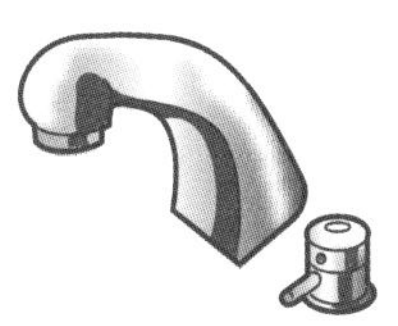

希望する温度の目盛りに合わせるだけで適温のお湯が出る。

5 システムキッチン

キッチンシステムの構成　台所設備の一体化

キッチンは、いろいろな設備を組み合わせて一体化した状態で販売されます。キッチンの構成材によって、キッチンセット、キッチンユニット、システムキッチンに分けられます。**キッチンセット**は、流し台、調理台、コンロ、ガスキャビネット、吊戸棚などから構成されています。**キッチンユニット**は、**キッチンセットの他に、排気・配管設備、照明器具などがユニット化**されたものです。**システムキッチン**は、**部屋の大きさや使い勝手に応じて必要な機能を組み合わせるシステム**になっています。

システムキッチンのレイアウト　キッチンの配置例

キッチンのレイアウトにはいろいろなタイプがありますが、冷蔵庫・シンク・コンロ・調理台の配置によって分けられる６タイプに絞って述べることにします。

Ⅰ型キッチンは、**冷蔵庫・シンク・コンロ・調理台を１列に並べたもっとも基本的な配置**です。**Ⅱ型キッチン**は２列に、**Ｌ型キッチン**はＬ字に、**Ｕ型キッチン**はＵ字に並べた配置をいいます。**アイランド型キッチン**は、**Ⅰ型やＬ型に並べて、一部シンクや調理台などを島のように壁から離した配置**で、**ペニンシュラ型キッチン**は、Ⅱ型・Ｌ型・Ｕ型に並べ、一部を半島のように壁から突き出した配置をいいます。

オーバーカウンター型とアンダーカウンター型　シンクの形式

オーバーカウンター型シンクはワークトップの上に乗せて支えてあり、**アンダーカウンター型シンク**はワークトップの下に取り付けられています。ステンレス製のワークトップはシンクと一体化されているものが多く、水はけをよくするために溝が切ってあります。

カウンターと壁面の納まり　カウンターの材料

ワークトップの材料としては、**メラミン、プラスチック製人工大理石、ニューセラミック素材、ステンレス、天然木材**などがあります。ワークトップの芯材には、**パーティクルボード**（木材削片を結合剤で熱圧成形した板）や、**合板**（ベニヤ板：薄い板を木目が直交するように重ねて張り合わせたもの）などがよく使われています。

一般的に、カウンター、壁面両方ともタイルの場合には、カウンターと壁面の間に白セメントを詰めますが、システムキッチンのワークトップはタイルとは別素材を使用しているので、白セメントを詰めるだけでは納まりが悪くなります。また、地震などによってワークトップが動くことがあるため、右図のようにシリコンコーキング材などの軟質材を詰めるほうが隙間ができにくいでしょう。

必要な設備を組み合わせた機能的キッチン

システムキッチンとは

流し台、調理台、コンロ台を1枚のカウンターで組み合わせ、そこにコンロやキャビネット、レンジフードなどの設備を組み込んだ、一体化したキッチンをシステムキッチンという。

●キッチンのレイアウト

冷蔵庫

シンク

コンロ
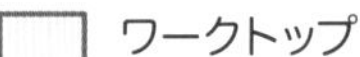
ワークトップ

I型

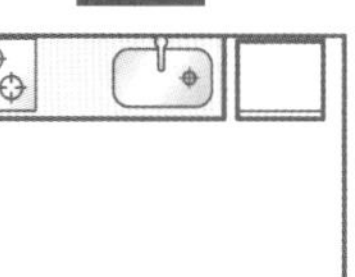

II型

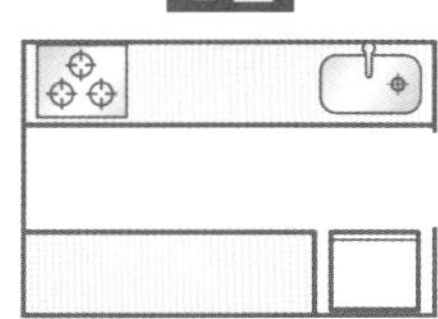

L型

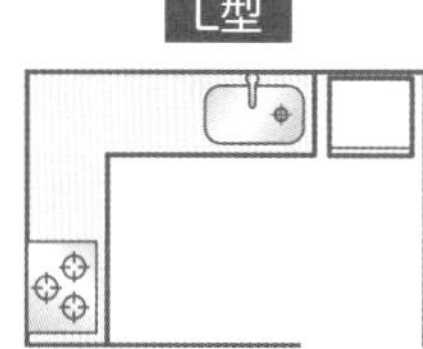

U型

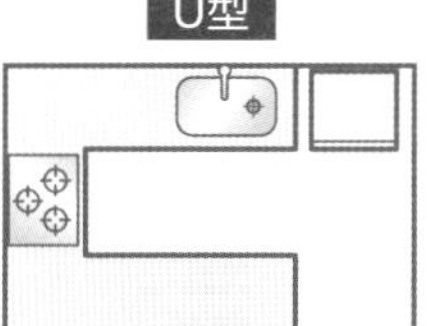

アイランド型

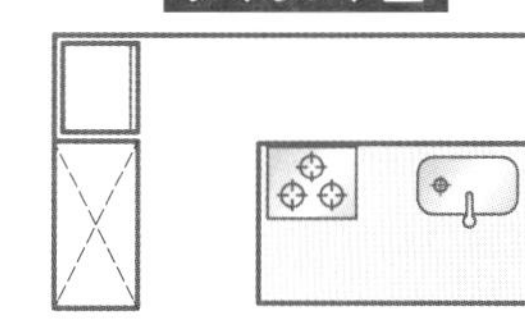

ペニンシュラ型

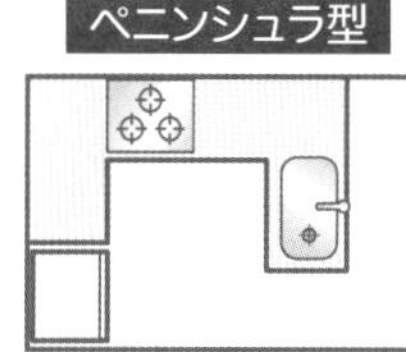

カウンターの材料

●ワークトップの主な材料

メラミン	フェノール樹脂を含んだ板とメラミン樹脂を含んだ紙を高温高圧で一体成型した化粧版。カラーが豊富で加工性に優れる。
人工大理石	プラスチックで人工的に作ったもので、高級感がある。天然の石と違って自由に加工でき、割れにくく、傷も付きにくい。
ステンレス	デザイン性や加工性では上の２つに劣るが、耐熱性と耐水性に優れ、手入れがしやすい。

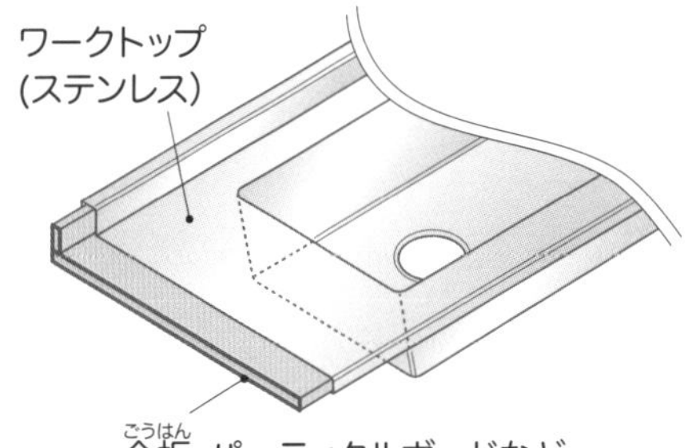

ワークトップの構造例

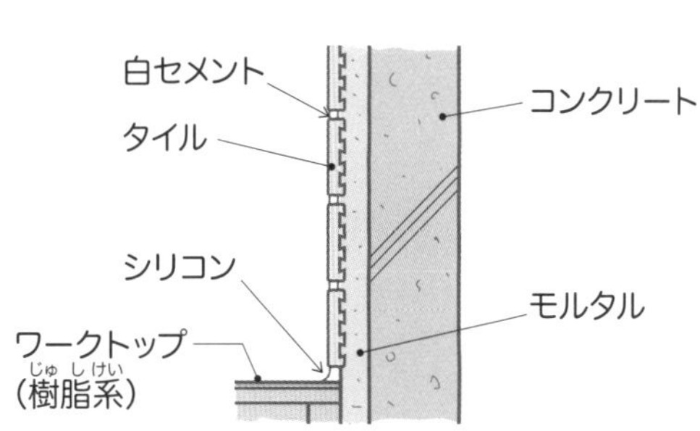

カウンターと壁面(タイル)の納まり

6 浴室ユニット

一般家庭では和洋折衷が人気　浴槽の形式

浴槽には、和風、洋風、和洋折衷があります。**和風**は、深さがたっぷりあるタイプで、膝を折って入り、肩までつかって温まることができます。設置面積が少なく、比較的小さめの浴室に向いています。**洋風**は、浅く長い浴槽で、寝た姿勢で入浴でき、ゆったりとした感じがします。肩までつからないので、日本人にはあまり好まれていないようです。**和洋折衷**は、和風、洋風の両方の中間型といったタイプで、肩までつかれ、身体を伸ばすこともできます。一般家庭ではこのタイプがよく使われるようになってきています。

浴槽の置き方　浴槽の設置方式

据え置き型は、浴槽を浴室の床に置くだけのもっとも簡単な方法です。また、この方法は、交換も簡単にできます。**埋め込み型**は、浴槽を床面の高さまで埋め込んで設置する方法で、浴室に広がりを感じさせます。**半埋め込み型**は、浴槽の３分の１くらいを埋め込む方法です。出入りが楽で、洗い場の湯水が比較的入りにくいという点でよく使用されています。

どんな素材が使われているか　浴槽の材質

浴槽の材質には以下のものが使われています。**FRP**（Fiberglass Reinforced Plastic：ガラス繊維強化プラスチック）は、耐薬品性、耐衝撃性もよく、また柔らかく温かみがある素材です。**ほうろう**は、鋼板ほうろうと鋳物ほうろうの２つがあります。仕上げはガラス質で、滑らかな肌ざわりと高級感で人気がありますが、傷付くと本体が錆びてしまう危険性があります。**人造大理石**は、一般的にポリエステル系とアクリル系に分けられ、ポリエステル系は強度や耐薬品性に優れ、アクリル系はポリエステル系に比べると透明感が高く、耐候性や耐衝撃性などに優れています。**ステンレス**は、傷やサビに強く、メンテナンスも比較的簡単です。**木製**は、材質として、ヒノキやヒバ、サワラなどが用いられています。魅力は、木質独特の温かみや香りでしょう。

浴室ユニットはどのように構成されているか　ユニットバス

一般的に、浴室ユニットというと、ユニットバスのことです。**フルユニット**は、浴槽、床、壁、天井、給排水設備、換気設備などで構成されています。また、便器、洗面器が組み込まれているものもあります（サニタリーユニット）。フルユニットに対して、**ハーフユニット**という、浴槽、床、腰壁が一つにまとめられ、それぞれの設計に合わせて、壁や天井を施工するものがあります。防水パン（床）にはFRP成形品、壁や天井のパネルにはFRP成形品、またはアルミ、ポリエチレン、塩化ビニル鋼板などが使われています。

使い勝手、価格、メンテナンスの容易さなどを検討する

浴槽の形式

●和風

（単位：mm）

580～600

750～1100

膝を折ってしゃがんで肩までお湯につかることができる。

●洋風

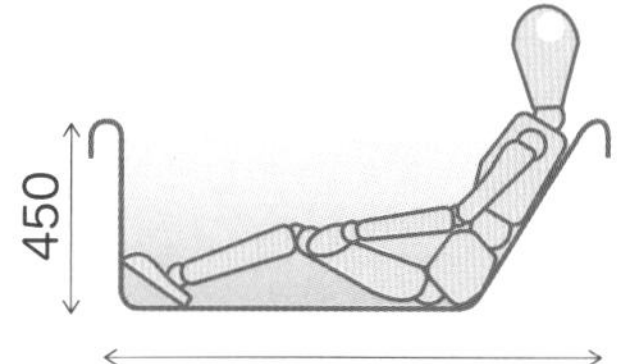

足を伸ばして寝た状態で入る。ホテルなどでよく使用される。

●和洋折衷

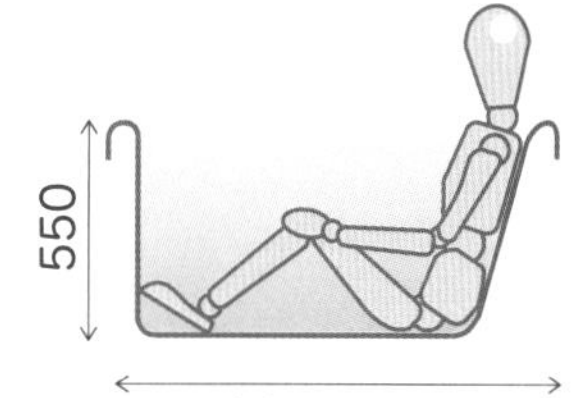

足をゆったりと曲げた状態で肩までつかれる。一般家庭で普及している。

浴槽の設置方法

●据え置き型

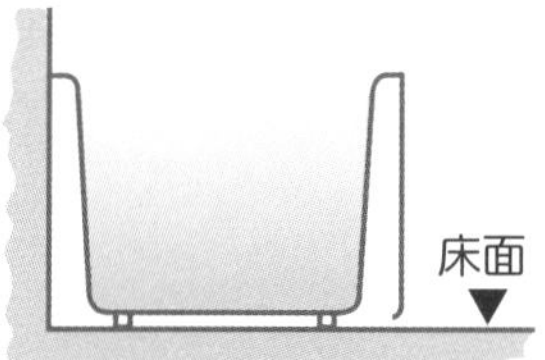

床に置く方法。設置・交換がしやすいというメリットがある。

●埋め込み型

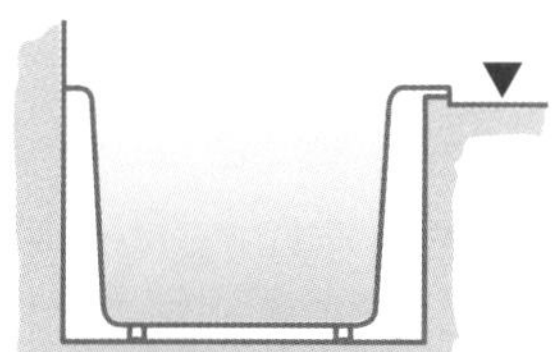

床の高さまで浴槽を埋め込む方法。視界的に浴室に広がりを感じさせる。

●半埋め込み型

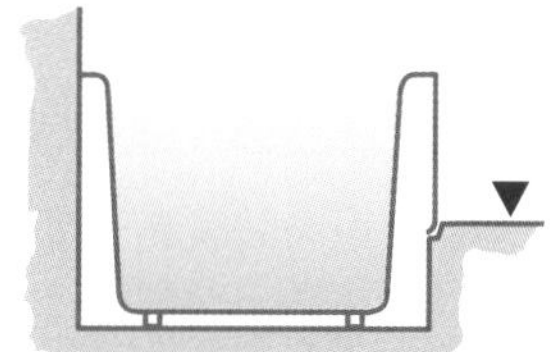

床面から浴槽を30～40cmくらい立ち上げる方法。浴槽への出入りが楽に行える。

主な浴槽の素材

FRP	ガラス繊維強化プラスチック。もっとも多く使われている。耐薬品性、耐衝撃性に優れ、価格も手頃。柔らかく傷が付きやすい面もある。
ほうろう	重量があり、硬くて耐久性がある。丈夫だが、傷付いてしまうと錆びる危険性があるので、取扱いに注意が必要。
人造大理石	大理石を模した、ポリエステル樹脂・アクリル樹脂を材料とした素材。透明感が高く、高級浴槽の雰囲気がある。
ステンレス	傷やサビに強く、変色もせず、耐久性に優れる。冷たい感じがするが、保温性に優れている。
木製	ヒノキ風呂は温かみや香りが魅力的であるが高価である。手入れがよければ長持ちする。

FRPは軽量で商品のラインナップが豊富なこともメリットです。

7 衛生器具設備のよくあるトラブルと対策

衛生器具のいろいろなトラブル　衛生器具の故障とその原因

◉**大便器の洗浄力が弱い場合**は、洗浄弁の水量や水の勢いの調節不良です。一般的に住宅やマンションの場合の大便器は、騒音の影響を考慮し**ロータンク付を選ぶ**とよいでしょう。なお、洗浄弁付の大便器は、**高置水槽（こうちすいそう）の高さが十分あるか**をチェックしましょう（50ページ参照）。

◉**ロータンクの水が便器に流れ出て止まらない**ことがあります。これは、ボールタップのシートパッキンが摩耗（まもう）しているからです。**パッキンを取り替えましょう。**

◉**小便器の排水の流れが悪くなる**ことがあります。それは、トラップ内に異物が詰まっているか、排水管内にスケール（水の中に溶けているカルシウムなど）が付着し、管径が縮小しているからです。**異物は取り除けばよいですが、スケールの付着の場合は、メンテナンス会社に依頼して配管内清掃を行ってもらう**ことです。

◉**ツーバルブの湯水混合栓（ゆみずこんごうせん）で適温がなかなか得られない**ことがあります。これは、水圧と湯圧の差が大きすぎるからです。その対処としては、**サーモスタット型混合水栓に取り替えるか、圧力調整弁を取り付けなければなりません。**

トラブルを防ぐためにも、衛生器具は定期的に手入れをする必要があります。以下にそのポイントをまとめます。

❶陶器の垢（あか）、脂等の汚れは、柔らかい布かスポンジに中性洗剤をつけて洗う。

❷金具は定期的に水分をふきとり、その後、ミシン油、自動車のワックス等を含ませた柔らかい布でふく。

❸陶器製大便器の底にこびりついた汚れは、塩酸系の洗剤で落とす。

❹人造大理石の汚れは、柔らかい布かスポンジに中性洗剤をつけて洗う。

❺ほうろう、プラスチックおよびステンレス鋼製の衛生器具は、弱アルカリ性洗剤で洗う。

寒冷地用の便器の割れを防ぐには　寒冷地用便器のトラブル

大便器の凍結を防ぐには、**便所内を暖房で温め**、**水抜きと併用**する方式にするか、**ヒーター付便器で水抜きを併用する**方式にするか、**水を流動させる**方式などにする必要があります。室内暖房器併用水抜き方式は、ロータンクまでの給水管内の水が凍結するおそれがあるので、タンク内の水を排水した後に、給水管内の水を水抜き栓で抜く方式です。ヒーター付・水抜き併用方式は、便器にヒーターが組み込まれています。流動方式は、常に給水管内と器具内へ一定の水を流すことによって凍結を防ぎます。

定期的なメンテナンスでトラブルを防ぐ

衛生器具でよく起こるトラブル

●大便器のロータンクの水が止まらない

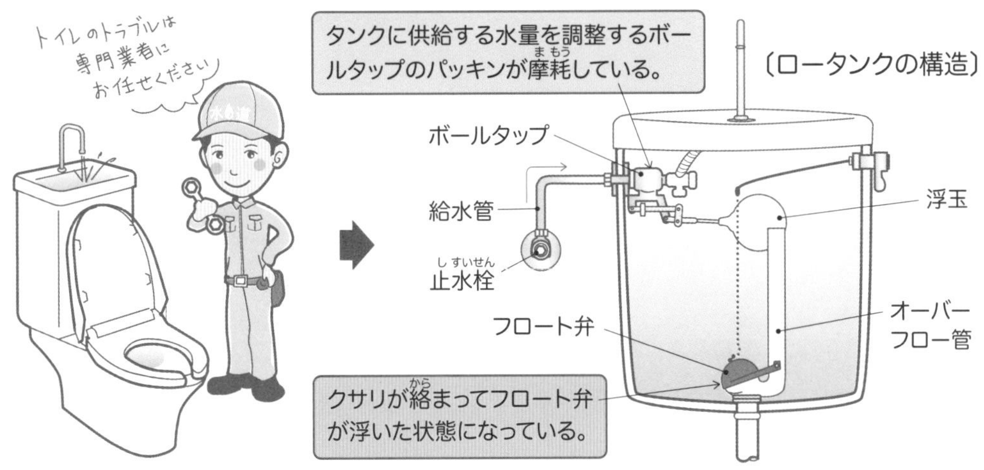

トイレのトラブルは専門業者にお任せください
タンクに供給する水量を調整するボールタップのパッキンが摩耗(まもう)している。
〔ロータンクの構造〕
ボールタップ
給水管
止水栓(しすいせん)
フロート弁
浮玉
オーバーフロー管
クサリが絡(から)まってフロート弁が浮いた状態になっている。

●小便器の排水がスムーズに流れない

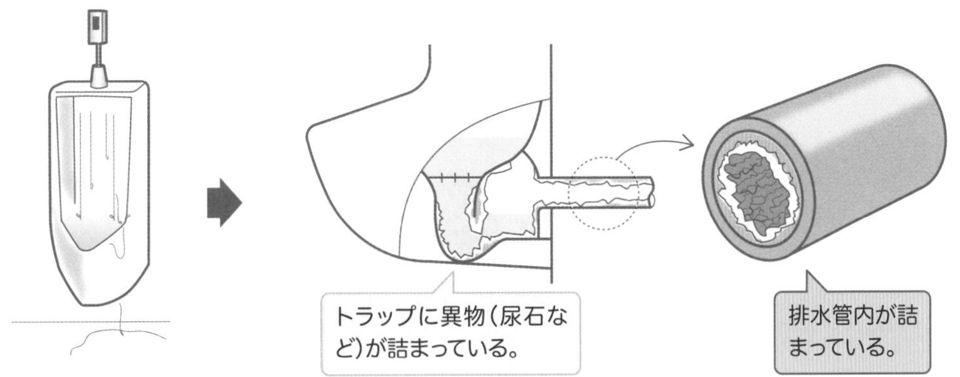

トラップに異物（尿石など）が詰まっている。
排水管内が詰まっている。

寒冷地でのトラブル

寒冷地では、器具や管の凍結を防ぐための処理が必要。管内の水を排水する水抜きと、便所内を暖房で温めるか、ヒーター付便器を使用するなどの方法を併用するとよい。

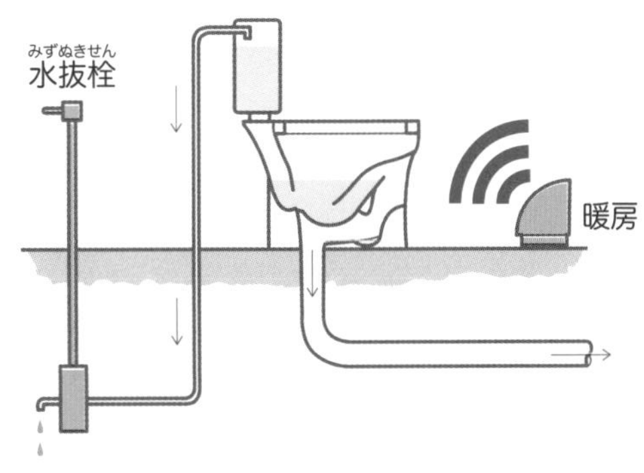

水抜栓(みずぬきせん)
暖房

第5章 衛生器具設備

Column 建築設備は、建築業界になくてはならない存在です

●建築の資格

「はじめに」でも述べましたが、建築設備は、生活するためになくてはならないものです。

そこで、これから建築設備を学ぶ諸君は、50種類以上の各種資格がありますので、ぜひ資格取得を目指してください。そのうち、給排水衛生設備に関する資格で取得しておきたいものは、次のとおりです。技術士（上下水道、衛生工学部門）〔文部科学大臣〕、1・2級建築士〔国土交通大臣〕、建築設備士〔国土交通大臣〕、空気調和・衛生工学会設備士（衛生部門）〔空気調和・衛生工学会〕、1・2級管工事施工管理技士〔国土交通大臣〕、給水装置工事主任技術者〔厚生労働大臣〕、排水設備工事責任技術者〔都道府県知事〕、消防設備士（甲・乙種1・2・3類）〔都道府県知事〕、浄化槽（じょうかそう）設備士〔国土交通大臣〕、ガス主任技術者〔経済産業大臣〕、液化石油ガス設備士〔都道府県知事〕など。

なお、建築士の各部門（設計・構造・設備）から、さらに建築士の仕事の領域が多様化し、「まじめに努力する建築士の証（あかし）」としてさらには「仕事のできるプロの証」である専攻建築士制度ができました。その制度は、全8領域にわたり細分化されています。

消火設備

火災が起きたらいち早く火を消し、人の生命および財産を守らなければなりません。火を消すために、いろいろな方法、設備があり、建物には火災の被害を最小限に抑えるための規制が敷かれています。この章では、よく使われている「屋内消火栓設備」と「スプリンクラー設備」などの、水による消火設備から「消火設備のよくあるトラブルと対策」までを説明します。

1 消防設備と消火設備

消防に関するすべての設備　消防設備

消防設備とは、消防に関するすべての設備のことです。たとえば、消火設備や警報設備、避難設備、消火活動上必要な施設、または消防用水のことをいいます。

消防法でいう消防用設備等とは　消防・消火のための設備・施設

消防法は、「火災を予防し、警戒し及び鎮圧し、国民の生命、身体及び財産を火災から保護するとともに、火災又は地震等の災害による被害を軽減するほか、災害等による傷病者の搬送を適切に行い、もって安寧秩序を保持し、社会公共の福祉の増進に資することを目的とする」（消防法第１条）もので、これを実現するための用具として、**消防用設備等**を設置することが定められています。消防用設備等とは、消防法施行令（第７条）によると、**消防の用に供する設備**（消火設備、警報設備、避難設備）と、**消防用水**および**消火活動上必要な施設**をいいます。

消防の用に供する設備の**消火設備**とは、消火器および簡易消火用具、屋内消火栓設備、スプリンクラー設備、水噴霧消火設備、泡消火設備、不活性ガス消火設備、ハロゲン化物消火設備、粉末消火設備、屋外消火栓設備、動力消防ポンプ設備をいいます。**警報設備**とは、自動火災報知設備、ガス漏れ火災警報設備、漏電火災警報器、消防機関へ通報する火災報知設備、非常警報器具（警鐘、携帯用拡声器、手動式サイレン）、非常警報設備（非常ベル、自動式サイレン、放送設備）、**避難設備**とは、避難器具、誘導灯および誘導標識をいいます。**消防用水**とは、防火水槽などをいいます。**消火活動上必要な施設**とは、排煙設備、連結散水設備、連結送水管、非常コンセント設備、無線通信補助設備をいいます。

また、「必要とされる防火安全性能を有する消防の用に供する設備等」に関する省令が、平成 16 年に発令され、パッケージ型消火設備、パッケージ型自動消火設備などが消防用設備等の分類に入れられました。なお、防火安全性能とは、①火災の拡大を初期に抑制する性能であること、②火災時に安全に避難することを支援する性能であること、③消防隊による活動を支援する性能であること、とされています。

消防用設備等の中の消火設備　消火設備

消火設備には、屋内消火栓設備、スプリンクラー設備といった水系（水を使って消火する）の設備と、泡やガス、粉末を使って消火する設備があります。一般に建築設備を大別すると、空気調和設備、給排水衛生設備、電気設備がありますが、消火設備はその中の給排水衛生設備に分類されています。また、上記のとおり、消防用設備等の消防の用に供する設備に属しています。

定期的なメンテナンスでトラブルを防ぐ

消防設備の種類

火事が起こったときに備えて設置しておく消防設備は、以下のように分類される。建築物の用途や規模等に応じて必要な設備を設置するよう規定されている。

●消防用設備等の分類

消防法施行令第７条より

消防用設備等	消防の用に供する設備	消火設備	・消火器および簡易消火用具（水バケツ、水槽、乾燥砂等） ・屋内消火栓設備　・スプリンクラー設備 ・水噴霧消火設備　・泡消火設備 ・不活性ガス消火設備　・ハロゲン化物消火設備 ・粉末消火設備　・屋外消火栓設備 ・動力消防ポンプ設備　・パッケージ型消火設備※ ・パッケージ型自動消火設備※　・共同住宅用スプリンクラー設備※
		警報設備	・自動火災報知設備　・ガス漏れ火災警報設備 ・漏電火災警報器　・消防機関へ通報する火災報知設備 ・非常警報器具および非常警報設備　・共同住宅用自動火災報知設備※ ・住戸用自動火災報知設備※　・特定小規模施設用自動火災報知設備※ ・複合型居住施設用自動火災報知設備※　・共同住宅用非常警報設備※
		避難設備	・すべり台、避難はしご、救助袋、緩降機、避難橋その他の避難器具 ・誘導灯および誘導標識
	消防用水	・防火水槽およびこれに代わる貯水池その他の用水	
	消火活動上必要な施設	・排煙設備　・加圧防排煙設備※　・連結散水設備 ・連結送水管　・非常コンセント設備　・無線通信補助設備 ・共同住宅用連結送水管※　・共同住宅用非常コンセント設備※	

※必要とされる防火安全性能を有する消防の用に供する設備等の種類

消火器

身近な消火設備の1つ。初期消火に有効。

屋内消火栓設備（おくないしょうかせん）

火災時、消火栓箱の中に格納してあるホースを取り出し、放水する。

誘導灯

避難口誘導灯

通路誘導灯

火事が起こったとき、避難しやすいように非常口の方向・位置を示す。

さまざまな消防設備のなかで、これらは普段の生活の中でよく目にする代表的な消防設備である。

2 消火設備の消火原理

消火の方法は　消火原理

ここで、消防用設備等のうち、消火設備の消火原理を説明します。

消火設備によって消火に至る原理には、冷却法、窒息法、負触媒（抑制）法があります。**冷却法**は、**燃焼している物体に水などをかけて冷却効果を与え、消火する**方法です。たとえば、燃焼中の物体に水をかけたら、温度が急速に低下し、火が消えます。**窒息法**は、**燃焼しているところへ酸素（空気）が行かないようにし、窒息効果により消火する**方法です。**負触媒法**とは、**冷却する、酸素を断つ、燃焼物を除去することにより、火の中で起こる化学的な連鎖反応を中断させ、消火する**方法です。

これらの方法を利用して消火する消火設備は、以下のように分類されます。

Ⓐ 屋内消火栓設備・屋外消火栓設備・スプリンクラー設備・ドレンチャー設備

これらは、水を一斉に放出し、熱を吸収して**冷却効果によって消火する**設備です。**ドレンチャー設備**とは、主に建物の開口部に設置され、ドレンチャーヘッド（放出口）からの放水により水膜を作り、火災の延焼（火が燃え広がること）を防止する設備をいいます。

Ⓑ 水噴霧消火設備

水を霧状に散布し、燃焼面を覆って酸素を断つ**窒息効果と**、熱を吸収する**冷却効果によって消火する**ものです。この消火法は、とくに油火災などに効果的で、駐車場などに使用されています。

Ⓒ泡消火設備

燃焼物を泡の層で覆って空気を遮断し、**窒息効果と冷却効果によって消火する**ものです。水噴霧消火設備と同じように油火災（自動車修理工場、駐車場）などに使用されています。火災後の放出した泡の後始末に時間を要します。

Ⓓ不活性ガス消火設備

二酸化炭素などの不活性ガスを空気中に放出し、酸素の容積比を低下させて**窒息効果により消火する**ものです。ガス体のため、動力が不要で、しかも室内のすみずみまで浸透し、消火します。受変電室など水の使用を避けたい場所での消火に使われています。

不活性ガスの種類には、二酸化炭素、窒素、IG-55（窒素とアルゴン）、IG-544（窒素とアルゴンと二酸化炭素）があり、特に、二酸化炭素の取扱いには注意が必要です。

燃焼の要素のいずれかを取り除き消火する

どうやって火を消すか

燃焼は 可燃物 酸素 熱 と、化学的連鎖反応（酸化反応）により、発生・継続する。これらのどれかを除去することで、燃焼を止めることができる。

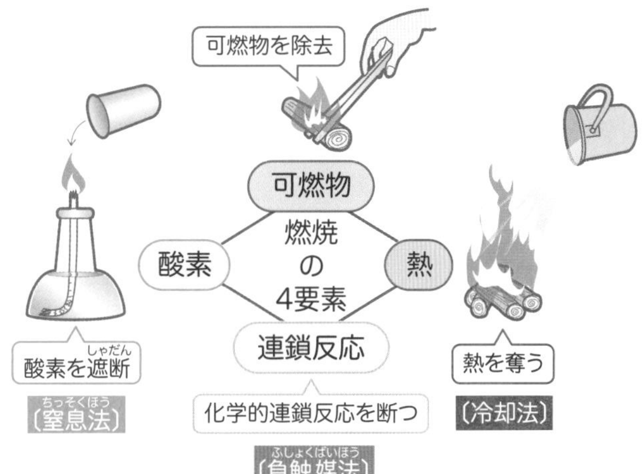

消火の方法による消火設備の分類

Ⓐ水を一斉に放出する設備〔冷却法〕

スプリンクラーヘッドは円形に散水するのに対して、ドレンチャーヘッドは開口部に向けて膜状に散水して火災の延焼を防止する。

スプリンクラーヘッド

ドレンチャーヘッド

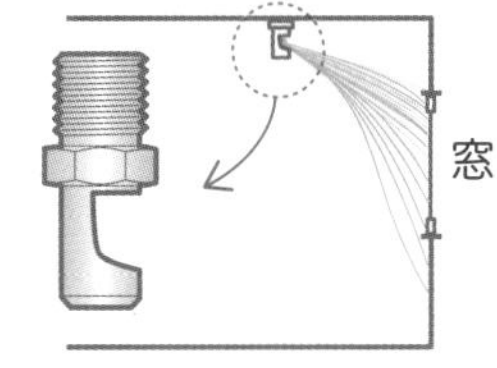

Ⓑ水を霧状にして放出する設備〔窒息法+冷却法〕

消火水をデフレクタにぶつけ、霧状に放射させる。

消火水

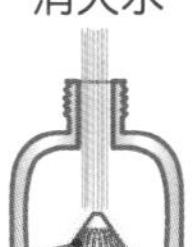

デフレクタ

Ⓒ泡消火薬剤を放出する設備〔窒息法+冷却法〕

薬剤と消火水を混合器で混ぜ合わせた泡消火薬剤をフォームヘッドから放出し、泡の窒息効果と冷却効果によって消火する。

フォームヘッド

Ⓓ不活性ガスを放出する設備〔窒息法〕

受変電室などは、水を使用する消火設備だと感電などの二次災害のおそれがあるので、不活性ガスを放出する消火設備が使用される。

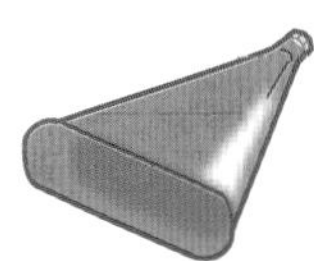

3 屋内消火栓設備の種類

屋内消火栓にはどんなものがあるか？　4種類の消火栓

屋内消火栓設備は、初期消火の有効な消火設備で、消防隊だけが使用するものではなく、大人であれば誰でも使える消火設備です。

消火栓にはその能力などにより**1号消火栓**、**易操作性1号消火栓**および、**2号消火栓**、**広範囲型2号消火栓**があります。**1号消火栓は多量の水を一定の範囲の圧力で放水するため、操作は2人以上で行いますが、易操作性1号消火栓を含みその他の消火栓は、1人で操作が可能**です。

平成25年10月1日に施行された広範囲型2号消火栓は、防火対象物は屋内消火栓設置対象物ですが、工場、倉庫、指定可燃物貯蔵・取扱施設を除きます。**1号消火栓の同等の設置間隔で、ポンプや消火栓箱の転用が可能**で、2号消火栓と同じように操作が簡単になりました。設置する階ごとに、1つのホースの接続口から階の各部分までの水平距離（設置間隔）が25m以下となるように設置します。放水圧力0.17MPaから0.7MPaの範囲です。詳細は127ページの「各消火栓の比較」の表を参照してください。

どうやって操作するのか　屋内消火栓操作の手順

1号消火栓は以下の手順で操作を行います。なお、1号消火栓は2人で操作します。

❶火元に近く、延焼の危険性がないと思われる消火栓を選定して、起動ボタンを押す。

❷消火栓の扉を開けて、赤色表示灯が点滅しているか、始動表示灯が点灯しているかを確認する。1人が筒の先を持ってホースとノズルを取り出し、脇に抱える。ホースが上から順次落下するように延長し、火元に近づいて筒先を火元に向ける。そのとき、腰を落としてしっかりと両手で抱えるようにする。

❸もう1人は、消火栓開閉弁（バルブ）の前で、ホースを腰部で確保して「よし」と合図する。

❹筒の先を持った人は、ホースを延長し終わったら「放水始め」と合図する。

❺バルブの前の人は、バルブを開き、送水を確認したあと、ホースの折れ等を直しながら筒の先を持った人のところへ行き補助をする。

❻筒の先を持った人は、火元に向かって放水する。

次に、2号消火栓の手順です。2号消火栓の場合、1人で操作をします。

❶火元に近い消火栓を選定し、消火栓の扉を開ける。

❷ノズルを外してホースを取り出し、バルブを開く。

❸速やかにホースを延長し、ノズル開閉弁を開き、火元に向かって放水する。

屋内消火栓設備は初期消火に有効

屋内消火栓設備の種類

●1号消火栓

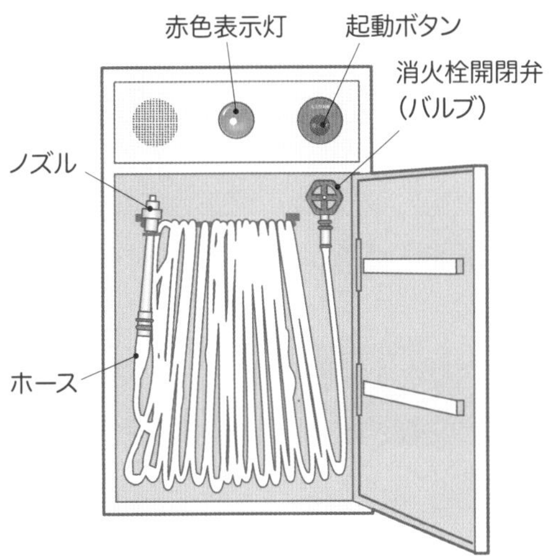

放水量が多く、工場、倉庫、指定可燃物（次ページ参照）の貯蔵庫などに設置が義務づけられている。

1号消火栓の操作方法

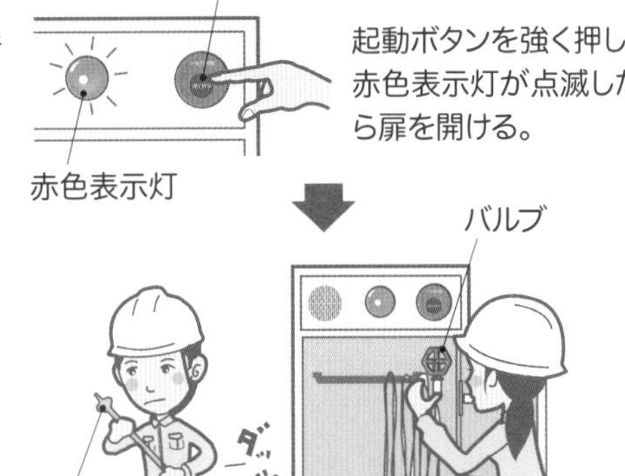

ホースの折れ曲がりがないように延ばしてから放水すること。

2名以上で操作。1人はホースを取り出し火元に向かう。もう1人はバルブを操作して放水する。

●2号消火栓・易操作性1号消火栓

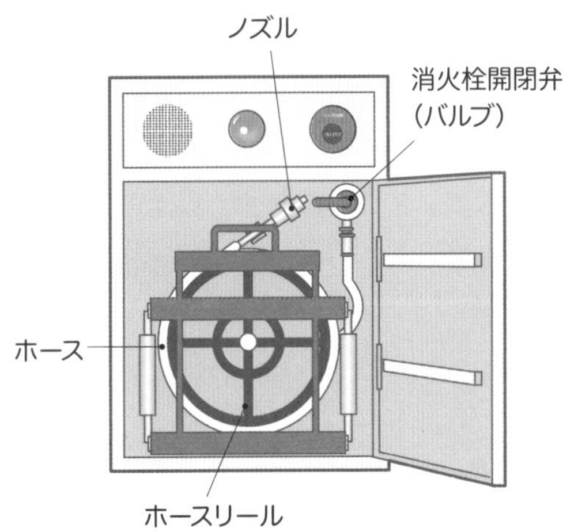

1号消火栓に比べ操作が容易。不特定多数が利用する旅館や病院など、就寝設備を有する建物に設置される。

2号消火栓・易操作性1号消火栓の操作方法

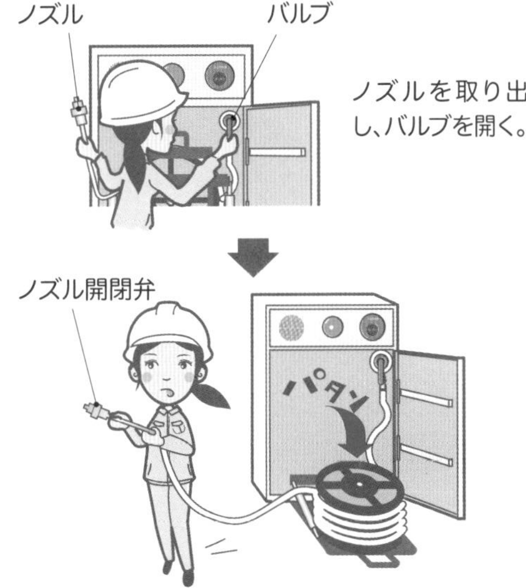

1名で操作可能。火元に近づきながらホースを延長し、ノズル開閉弁を開き、放水する。

4 屋内消火栓設備の設置基準

屋内消火栓設備を設置しなければならない建物　設置に関する規定

屋内消火栓設備の設置については、一般と地階・無窓階・4階以上の階とで分けて規定されています。劇場、映画館、公会堂などの建物は、一般で500m^{2}以上、地階・無窓階・4階以上の階では、100m^{2}以上の広さの場合に設置しなければなりません。神社・寺院・教会・事務所の場合、一般が1000m^{2}以上、地階・無窓階・4階以上が200m^{2}以上の建物には設置が課されます。地下街は150m^{2}以上、その他の建築物においては、一般が700m^{2}以上で、地階・無窓階・4階以上が150m^{2}以上の場合に設置しなければなりません。

ただし、建築の構造によって、設置基準が変わります。**耐火構造**および**準耐火構造**（内装制限）の場合は、前述の基準の2倍とし、耐火構造（内装制限）の場合は、3倍の広さとします。たとえば、事務所ビルが耐火構造で内装制限されている場合、延べ面積が3000m^{2}未満なら、屋内消火栓は設置しなくてもよいということです。なお、内装制限とは、火災発生時の延焼を防ぐために、建築物の用途、構造、規模に応じた、一定範囲に燃えにくい内装材を使用しなくてはならないという規定です。

また、**指定可燃物**（可燃性液体類に関わるものを除く）を保管・貯蔵する建物では、指定されている数量の750倍以上を保管・貯蔵する場合に、屋内消火栓設備が必要となります（表参照）。たとえば、糸類は1000kg以上の量になれば指定可燃物となり、その750倍の750000kg以上を保管や貯蔵する場合は、屋内消火栓設備が必要になります。

各消火栓の機能の違いは　水平距離、放水圧力、放水量、水源水量

屋内消火栓箱は、表面に「消火栓」と表示したものを使用し、屋内消火栓箱の上部には、赤色表示灯（ランプ）を取り付けます。ランプは取り付ける面と15°以上の角度となる方向に沿って、10m離れた場所から容易に識別できるように、また消火栓の開閉弁（バルブ）が床面から1.5mの高さになるように設置します。

1号消火栓においては、設置する階ごとに、1つのホース接続口から階の各部分までの水平距離が25m以下となるように、2号消火栓においては、15m以下に設置します。

放水圧力に関しては、1号消火栓は0.17MPaから0.7MPaの範囲で放水するようになっていますが、2号消火栓は0.25MPaから0.7MPaの範囲です。放水量は、1号が130L／min以上で、2号が60L／min以上です。

なお、水源の水量は、1号消火栓は消火栓設置個数（最大2）に2.6m^{3}を掛けた値とし、2号消火栓は消火栓設置個数（最大2）に1.2m^{3}を掛けた値とします。

設置すべき建物や設置位置が厳密に決められている

設置が義務付けられている建物

建築物の種類により、また一般、地階・無窓階・4 階以上で、屋内消火栓設備を設置しなければならない広さが決められている。また、指定可燃物を保管・貯蔵する建物にも規定がある。

●指定可燃物

危険物の規制に関する政令別表第4より

品名	数量	品名		数量
綿花類	200kg	再生資源燃料		1000kg
木毛およびかんなくず	400kg	石炭および木炭類		10000kg
ぼろおよび紙くず	1000kg	可燃性液体類		$2m^3$
糸類	1000kg	木材加工品および木くず		$10m^3$
わら類	1000kg	合成樹脂類	発泡させたもの	$20m^3$
可燃性固体類	3000kg		その他のもの	3000kg

消防法で指定された指定可燃物は左の表のとおり。この数量の750 倍以上を保管する場合は屋内消火栓設備の設置が必要。

各消火栓の機能の違い

●1号消火栓

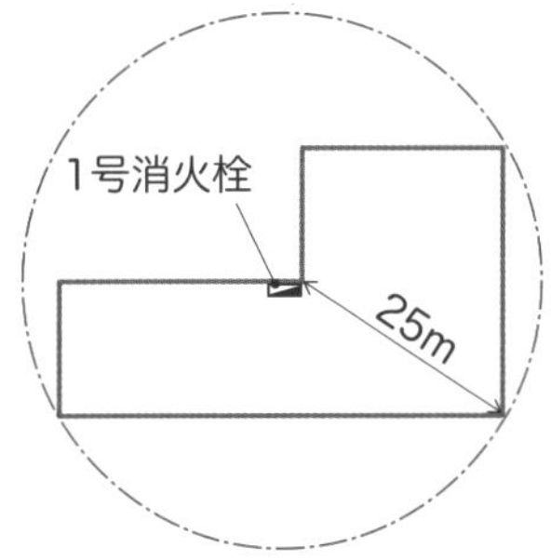

●2号消火栓

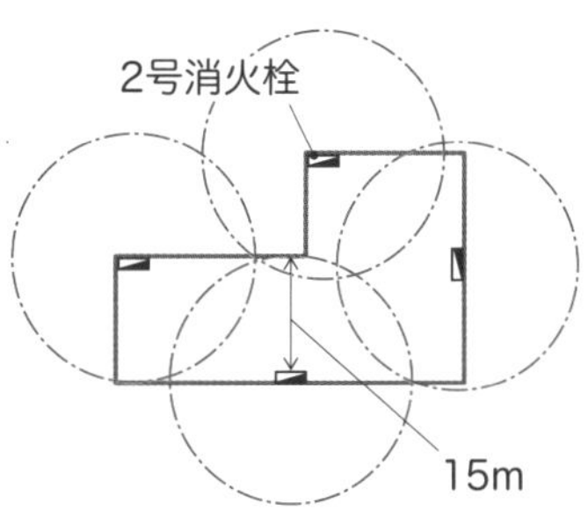

ランプが見えなければならない距離と角度

15°
屋内消火栓
15°
10m
10m
ランプが見える範囲

1号消火栓は、ホース接続口から階の各部分までの水平距離で25m以下、2号消火栓は15m以下ごとに設置する。

●各消火栓の比較

項目＼区分	1 号消火栓	易操作性 1 号消火栓	2 号消火栓	広範囲型 2 号消火栓
防火対象物の区分	①工場または作業場、②倉庫、③ ①②の地階、無窓階、4 階以上の階、④指定可燃物を貯蔵し、または取扱うもの、⑤ ①～④以外の防火対象物		左欄①～④以外の防火対象物	
設置間隔	25m 以下		15m 以下	25m 以下
放水圧力	0.17 ～ 0.7MPa		0.25 ～ 0.7MPa	0.17 ～ 0.7MPa
放水量	130L/ 分以上		60L/ 分以上	80L/ 分以上
水源水量	消火栓設置個数（最大 2）×$2.6m^3$		消火栓設置個数（最大 2）×$1.2m^3$	消火栓設置個数（最大 2）×$1.6m^3$

ノズルは、1 号消火栓・2 号消火栓は棒状または棒状と噴霧の切替え、易操作性 1 号消火栓は棒状と噴霧の切替え、広範囲型 2 号消火栓は、アスピレートノズル（棒状と噴霧状の中間的放水形状）。

5 消火ポンプ（加圧送水装置）

屋内消火栓へ水を供給する消火ポンプ　吐出能力・起動方法

屋内消火栓設備は右図のような設備で構成されています。**消火ポンプ**（**加圧送水装置**）は貯水槽（地下水槽）から水をくみ上げて消火栓へ給水する装置です。**1号消火栓のポンプ吐出能力は、消火栓設置個数（最大2）に150L／minを掛けたもの**とします。たとえば、フロアに3個屋内消火栓箱が設置されていても、火元から遠い場所に設置してある屋内消火栓は意味をなさないので、火元に近い2個の消火栓だけで消火する吐出能力でよいと消防法で定められています。したがって、2個×150L／min＝300L／minとなります。**2号消火栓のポンプ吐出能力は、消火栓設置個数（最大2）に70L／minを掛けたもの**です。

消火ポンプの起動・停止方式は、1号消火栓では、ポンプの直近の制御盤で起動および停止操作ができ、かつ、消火栓からの遠隔操作でも起動できるようになっていますが、**停止は直接制御盤での操作のみ**となっています。2号消火栓は、ポンプの直近の制御盤で起動および停止操作ができ、かつ、開放弁の開放または消防用ホースの延長操作などと連動して起動できるようになっています。

加圧送水装置の呼水槽はなぜ必要か？　呼水槽の役目

消火ポンプ周辺の装置は右図のようなしくみになっています。

呼水槽は、**水をポンプ内に補給**するための水槽です。ポンプ内には常に水が入った状態にしておき、必要なときに放水できるよう、この水槽を設置します。呼水槽よりポンプ内に水を入れるために、呼水槽下部とポンプ間には**開閉弁**と**逆止弁**を取り付けます。逆止弁を取り付けないと、ポンプを運転すると呼水槽内に貯水槽からの水が入ってしまい、屋内消火栓のノズルやスプリンクラーヘッドなどへ水が行かなくなってしまいます。

温度上昇防止逃し配管は、ポンプの締切り運転（バルブを止めて運転する）をしたとき、ポンプ内の水温が異常に上昇し、ポンプの機能障害を起こすことがあるので、**温度が上昇しないように水を逃すための配管**です。温度上昇防止逃し配管の途中にある**オリフィス**（配管の途中に設ける小さな流水穴のことで、この前後に生じる圧力差から流量が求められる）は、ポンプを運転するときに、**かなりの水量が呼水槽内へ入ってしまうのを防ぎ、ポンプ吐出量の2～3％程度の水を呼水槽へと逃す**ために取り付けられています。

減水警報は、**貯水量の1／2に減水する前に発信されるように設定**します。中央管理室などの常に人がいる場所に警報を発し、監視できるようになっています。

消火ポンプで水槽の水を吸い上げて送水する

屋内消火栓設備の構成

屋内消火栓設備は、右図のように構成されており、水源の水を消火ポンプでくみ上げ、各階の消火栓に送水する。

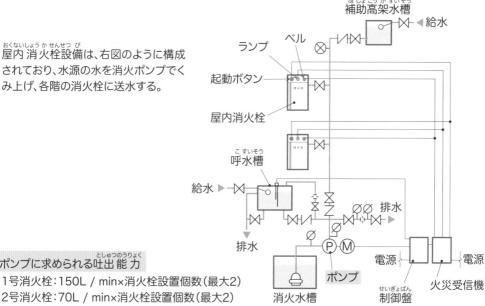

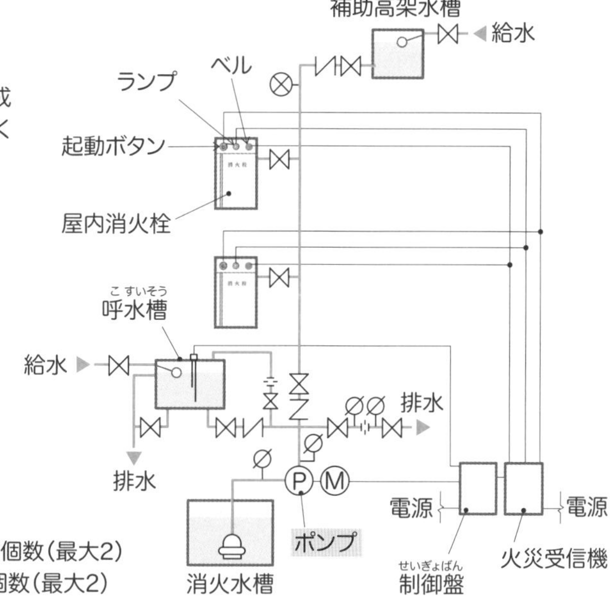

ポンプに求められる吐出能力

1号消火栓：150L / min×消火栓設置個数（最大2）

2号消火栓：70L / min×消火栓設置個数（最大2）

消火ポンプまわりを詳しく見てみる

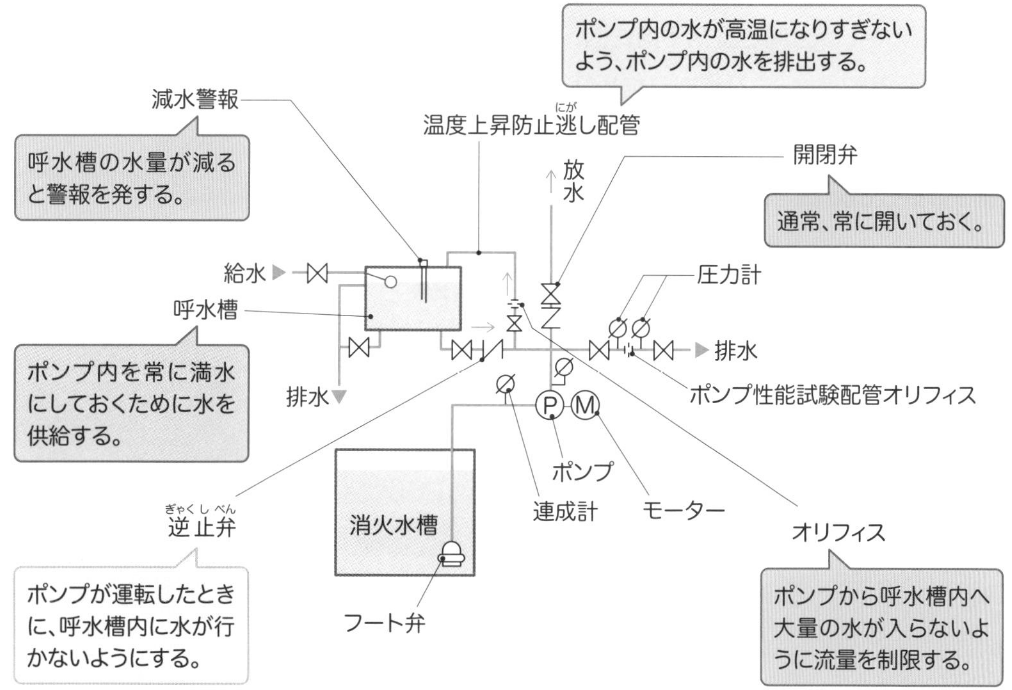

6 スプリンクラー設備

スプリンクラー設備とは　スプリンクラー設備の種類

スプリンクラー設備は、火災を小規模のうちに消火する散水式の自動消火設備で、特に初期消火に有効です。

使用されるヘッド（放出口）によって、**開放型**と**閉鎖型**に大別されます。**開放型は、劇場の舞台部など火のまわりが早い部屋**などに用いられています。舞台中に火事が起き、スプリンクラーヘッドが感知するまでに多少の時間がかかるので、すぐに舞台袖などで手動により操作（手動開放弁を操作）し、放水できるようになっています。

閉鎖型には**湿式**と**乾式**があり、湿式のスプリンクラー設備は、消火ポンプからスプリンクラーヘッドまでの配管を加圧充水している設備です。乾式のスプリンクラー設備は、配管の途中に弁を設けて、弁のポンプ側には加圧水を、弁のヘッド側には圧縮空気を充填（じゅうてん）している設備です。**一般的には湿式が使用され、乾式は寒冷地**に用いられています。水の入った配管が凍結により破裂するおそれがあるからです。

スプリンクラーヘッドとは　スプリンクラーヘッドの種類

スプリンクラーヘッドとは、配管の先端に取り付けて水を放出する部分をいい、**開放型スプリンクラーヘッド**と**閉鎖型スプリンクラーヘッド**があります。また、配管に取り付ける方向によって、**上向き型**、**下向き型**、**上下両方向型**があります。スプリンクラーヘッドは、日本消防検定協会の検定に合格し、検定合格表示ラベルを貼付（ちょうふ）したものを使用します。放水圧力は、0.1 ～ 1.0 MPa（メガパスカル）で、放水量は 80L ／ min となっています。

スプリンクラー設備の配管　管の材料と配管

消火設備にも使用する管としては、**水道用亜鉛（あえん）めっき鋼管（こうかん）**（SGPW）、**配管用炭素鋼鋼管**（SGP）、**圧力配管用炭素鋼鋼管**（STPG）があげられますが、**一般的には SGP を採用**しています。配管の耐圧力は、水圧試験で調べなければなりません。各消火ポンプに連結される配管は、加圧送水装置の締切り圧力（バルブを閉にしたときの圧力）の 1.5 倍の圧力に耐えられるものとします。

スプリンクラー設備の枝管は、**片側のヘッド数を５個以内**として、消火本管のルートを決定します。**ヘッドの数が２個以下のときの配管の口径は、25mm 以上**とします。**３個の場合は 32mm、５個までは 40mm、10 個までは 50mm、20 個までは 65mm、40 個までは 80mm、41 個以上は 100mm** とします。

天井から大量の水を散布して消火する

スプリンクラー設備の構成

スプリンクラー設備は、屋内消火栓設備と同じく水源の水をポンプでくみ上げ、天井などに設置されたスプリンクラーヘッドから散水する、初期消火に有効な設備である。

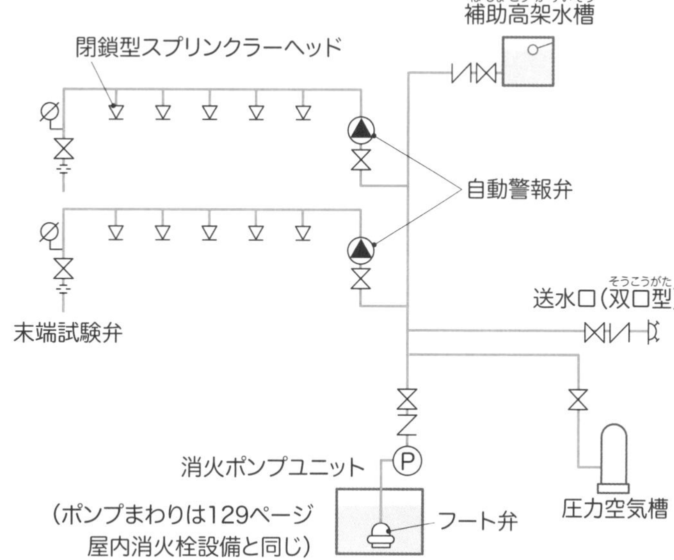

スプリンクラーヘッドの種類

●開放型(下向き型)

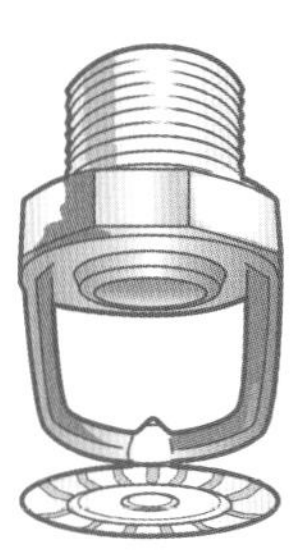

●閉鎖型(下向き型)

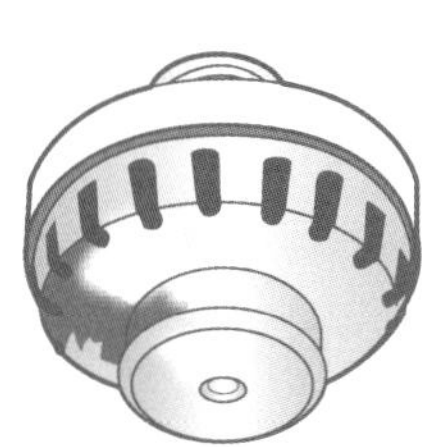

●閉鎖型(上向き型)

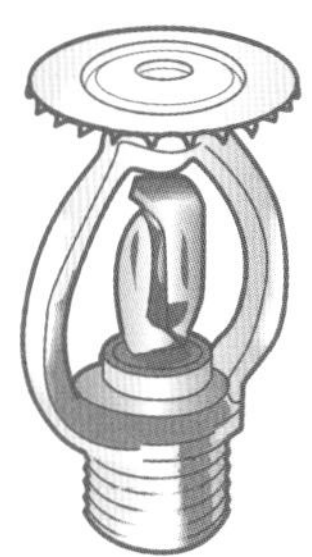

●スプリンクラーヘッドの接続配管例

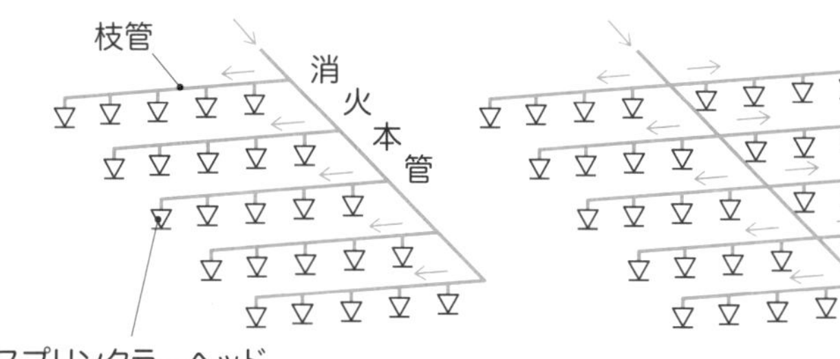

枝管に設置するヘッド数は片側5個以内とする。

7 スプリンクラー設備の設置および構造

スプリンクラーを設置しなければならない建物　設置の規定

スプリンクラー設備の設置は、建物を地階・無窓階(むそうかい)・4階以上の階とその他の階に分けて規定されています。

劇場の舞台部の場合、地階・無窓階・4階以上の階では、300m^{2}以上の広さに開放型スプリンクラーを設置しなければなりません。**その他の階では、500m^{2}以上**の広さに設置が課されます。**舞台部以外では、平屋建て以外の一般の建物には、6000m^{2}以上の広さに閉鎖型スプリンクラー**を設置しなければなりません。なお、**特定防火対象物**の建物で、地階を除く階数が11階以上ある場合は、**11階以上に閉鎖型スプリンクラー**を設置しなければなりません。その他においては、表を参照してください。

特定防火対象物とは、デパートや映画館、病院といった不特定多数の人が出入りする建築物です。ただし、例外がいくつかあるので注意しましょう。図書館、博物館、美術館、共同住宅、寄宿舎その他これらに類するもの、小学校、中学校、高等学校、大学、専門学校その他これらに類するもの、工場、作業場、スタジオ、公衆浴場（蒸気、熱気浴場その他これらに類するものは除く）、神社、寺院、教会、車庫、駐車場、飛行機格納庫は、特定防火対象物ではありません。

スプリンクラー設備の作動のしくみ　自動警報装置

スプリンクラー設備は、以下のしくみで作動します。まず、火事が発生し、**スプリンクラーヘッドのヒュージブルリンク部分が一定温度の熱を感知して溶けてなくなります**。ヒュージブルリンクとは、易融性(いゆうせい)金属により融着され、または易融性物質により組み立てられた感熱体（火熱により一定温度に達するとヘッドを作動させるために破壊または変形を生ずるもの）をいいます（閉鎖型スプリンクラーヘッドの技術上の規格を定める省令より）。そして**その部分が開放して水が噴出**します。それと同時に、**自動警報装置が作動し、消火ポンプが起動し、放水**します。

自動警報装置は、流水検知装置、表示装置、および音響警報装置によって成り立っており、スプリンクラーヘッドの開放により警報を発します。音響警報装置とは、流水検知装置の作動により、ベルやサイレン、またはウォーターモータゴングなどの警報を発する装置です。室内に設けられた自動火災報知設備により警報が発せられる場合は、自動警報装置には音響警報装置を設けなくてもよいとされています。

スプリンクラーヘッドが熱を感知して水が噴出する

スプリンクラー設備の設置規定

●スプリンクラー設備を設置しなければならない建物と広さ

劇場の舞台部

地階、無窓階、4階以上の階	300m² 以上
その他の階	500m² 以上

劇場の舞台部以外

老人短期入所施設、乳児院等	すべて
救護施設、障害者支援施設等	すべて※1
一般	6000m² 以上（平屋建て以外）
地階を除く階数が11階以上	特定防火対象物すべて（各階に設置）
地階、無窓階	特定防火対象物 1000m² 以上
11階以上	すべて11階以上の建物（11階以上に設置）
4階以上、10階以下	特定防火対象物 キャバレー、遊技場、百貨店 1000m² 以上
	上記以外の特定防火対象物（1500m² 以上）
地下街	延べ面積 1000m² 以上
病院	3000m² 以上※2
診療所または助産所	6000m² 以上※3
百貨店、物品販売店舗等	3000m² 以上（平屋建て以外）

舞台部では、開放型スプリンクラーを使用する。その他の建物では主に閉鎖型（湿式）スプリンクラーを使用するが、設置環境により、その他の方式を取り入れる。

※1　自力で避難できない者が8割以上入所しているもの以外は275m²。

※2　診療科名中に特定診療科名（内科、整形外科、リハビリテーション科等）を有し、療養病床または一般病床を有するものはすべて。

※3　診療科名中に特定診療科名（内科、整形外科、リハビリテーション科等）を有し、4人以上の患者を入院させる施設を有するものはすべて。

スプリンクラー設備の作動システム

スプリンクラーヘッドのヒュージブルリンクが熱を感知し溶ける

↓

レバーが外れ、散水する

↓

自動警報弁の二次側の減圧によりデスクが押し上げられる

↓

リターディングチャンバー内に水が流入する

↓

リターディングチャンバー内の圧力が上昇し、圧力スイッチが作動する

↓

圧力スイッチから信号が発信し、警報ベルが鳴る

↓

消火ポンプが作動し、放水される

●スプリンクラーヘッドの作動状況

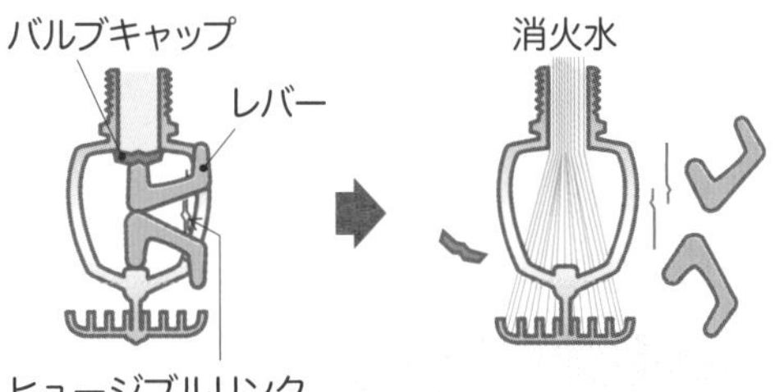

●自動警報装置の作動状況

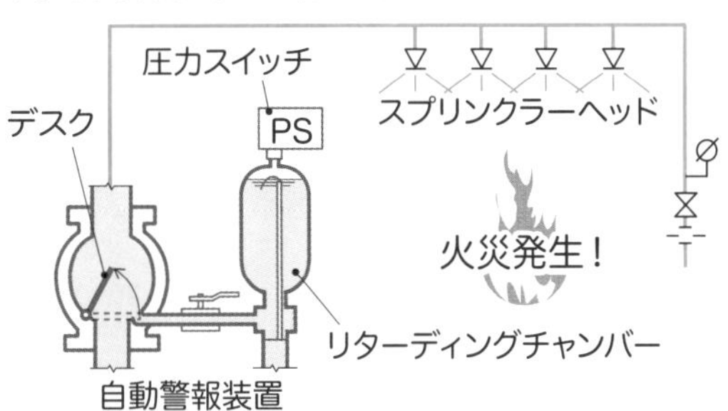

8 スプリンクラー設備の付属機器

一斉に散水するための弁　一斉開放弁

一斉開放弁は、開放型スプリンクラーヘッドを用いるスプリンクラー設備、ドレンチャー設備、水噴霧消火設備、および泡消火設備に取り付け、同時に放水させるもので、**減圧開放式**と**加圧開放式**があります。

一斉開放弁は**放水区域**ごとに設けます。放水区域とは、開放型スプリンクラーヘッドを用いるスプリンクラー設備で同時に放水できる区域のことで、放水区域の数はいずれの階においても4以下とし、2以上の放水区域を設けるときは、火災を有効に消火できるよう、隣接する放水区域が重なるようにします。

一斉開放弁の起動操作部（手動式開放弁）は、劇場の舞台部のある階では、舞台部の火災のとき容易に接近することができ、かつ、床面からの高さが0.8m以上1.5m以下の箇所に設けます。一斉開放弁または手動式開放弁の二次側配管（一斉開放弁より先の配管）の部分には、該当する放水区域に放水することなく、その弁の作動を試験するための装置を設けます。

火災が起きたときに必要な電源　非常電源

屋内消火栓設備、スプリンクラー設備、水噴霧消火設備には、**非常電源**（非常電源専用受電設備、自家発電設備、蓄電池設備のいずれか）を付置することになっています。ただし、特定防火対象物で延べ面積が1000m^{2}以上のものにあっては、自家発電設備、または蓄電池設備としなければなりません。

非常電源専用受電設備は、点検に便利で、かつ火災などの災害による被害を受けるおそれが少ない箇所に設けます。また、他の電気回路の開閉器または遮断器によって遮断されないようにします。

自家発電設備は、常用電源が停電したときに、自動的に常用電源から非常電源に切り替えられるものでなければなりません。容量は、屋内消火栓設備を有効に30分間以上作動できるものとします。

蓄電池設備も、常用電源が停電したときは、自動的に常用電源から非常電源に切り替えられ、常用電源が復旧したときは、自動的に非常電源から常用電源に切り替えられるものでなければなりません。蓄電池設備は、設置する室の壁から0.1m以上離して設置します。

有効な一斉消火に必要な付属装置

一斉開放弁の設置

一斉開放弁の系統図

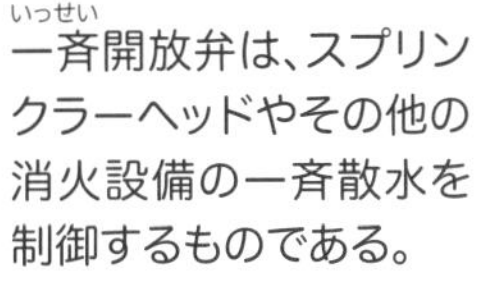

一斉開放弁（いっせい）は、スプリンクラーヘッドやその他の消火設備の一斉散水を制御するものである。

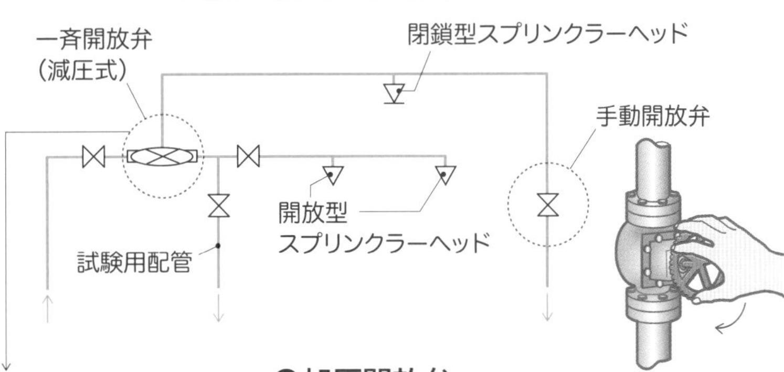

●減圧開放弁

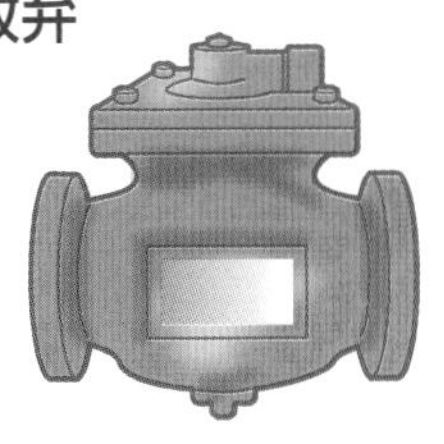

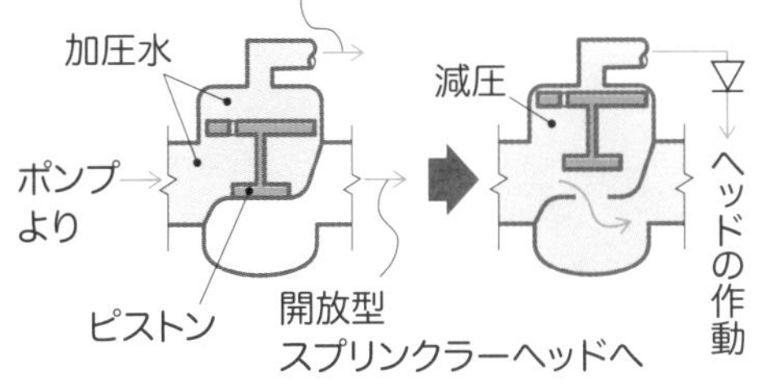

スプリンクラーヘッドの作動などにより、ピストン室が減圧して弁が開く構造になっている。

●加圧開放弁

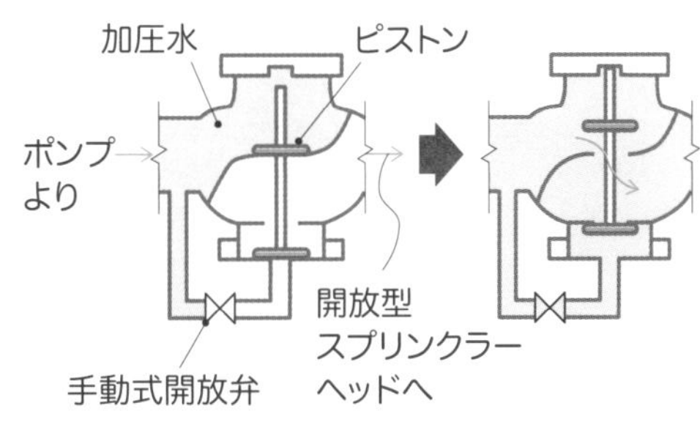

開放弁を開くことによって、弁が押し上げられて開く構造になっている。

非常電源の種類

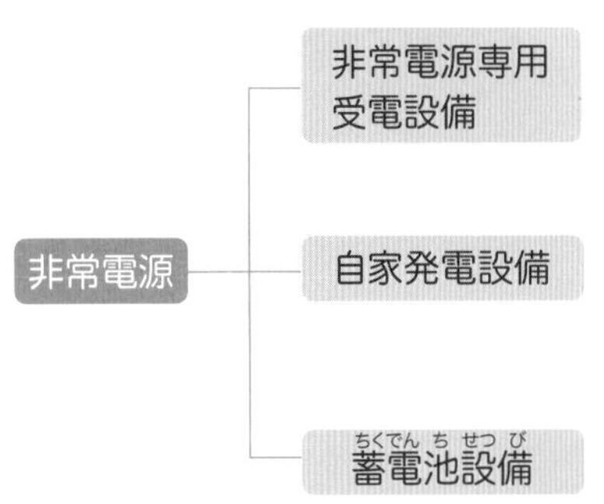

非常電源専用受電設備：常用電源が落ちた際に、他の配線により専用の受電設備から電源を得る、あるいは主変電器の二次側から受電するなどの方法を用いる。

自家発電設備：常用電源が落ちると自動的にディーゼルやガソリンなどの内燃機関が作動し、発電する。

蓄電池設備：常用電源が落ちると、充電されていた蓄電池に電源が切り替えられる。

9 その他の消火設備

屋外に設置する消火栓　屋外消火栓設備

屋外消火栓設備（おくがいしょうかせんせつび）は、火災が起きた建物から他の建物に火が燃え移らないように、あるいは他の建物から燃え移ってこないように、外部に設置するものです。これは、ホースを伸ばせば屋内も消火できるものとされています。

屋外消火栓設備は、**耐火構造の場合は 9000m^2 以上、準耐火構造の場合は 6000m^2 以上、その他の場合は 3000m^2 以上**の建築物に設置しなければなりません。ただし、建築物の地階を除く 1・2 階の床面積の合計によります。同一敷地内に複数の建築物がある場合、相互の 1 階の外壁間の中心線からの水平距離が、1 階で 3m 以下、2 階で 5m 以下の部分を有するものは、1 つの建築物とみなされます。

配置は、建築物の各部分から 1 つのホース接続口までの水平距離が 40m 以下とします。屋外消火栓箱には、「ホース格納箱」と表示し、消火栓から歩行距離 5 m 以内の位置に設けなければなりません。ただし、消火栓に面する見やすい箇所に設置してあればよいとされています。放水圧力は 0.25MPa（メガパスカル）以上で、かつ、放水量が 350L ／ min 以上の性能のものとします。

消防隊員が操作する消火栓　連結送水管設備

連結送水管設備は、公設の消防隊の動力消防ポンプ車を使って外部の水を建物内部に送水するもので、消防隊員によって消火活動が行われます。連結送水管の送水口（双口型（そうこうがた））は**サイアミューズコネクション**（消防隊専用栓）ともいい、配置は、動力消防ポンプ車の到達経路、消防隊の進入経路を考慮して決定します。

連結送水管設備を設置しなければならない建物は、**地階を除く階数が 7 階以上**のもの、**地階を除く階数が 5 階以上で延（の）べ面積が 6000m^2 以上**のもの、**地下街で延べ面積が 1000m^2 以上**のもの、**延長 50m 以上のアーケード**などです。なお、放水口は、一般の建築物では 3 階以上の階ごとに、地下街では地階ごとに設置します。送水口は地盤面から 0.5m 以上 1 m 以下に設け、放水口は床面から 0.5m 以上 1 m 以下に設けます。

地階に散水する消火設備　連結散水設備

連結散水設備とは、消防隊員が地下街や地下室の消火を行うための設備で、**地階の床面積の合計が 700m^2 以上**の建物に設置しなければなりません。連結散水設備が一つの送水区域に接続する散水ヘッドの数は、開放型のヘッドにあっては 10 個以下、閉鎖型のヘッドにあっては 20 個以下となるように設けます。

水を使って消火するその他の消火設備

屋外消火栓設備

屋外消火栓設備は、比較的大規模の建物の周囲に設置され、屋外からの消火や、周囲の建物からの延焼抑制のために使用される。

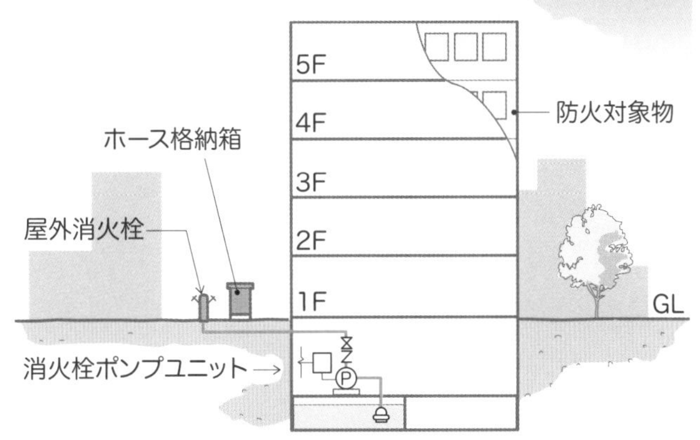

連結送水管設備

連結送水管設備の系統図

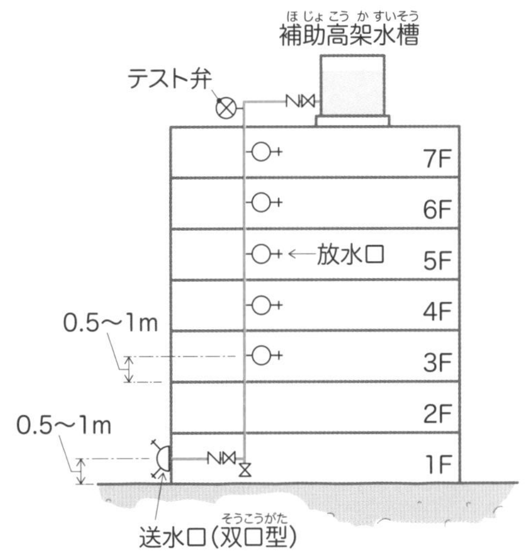

送水口(双口型)

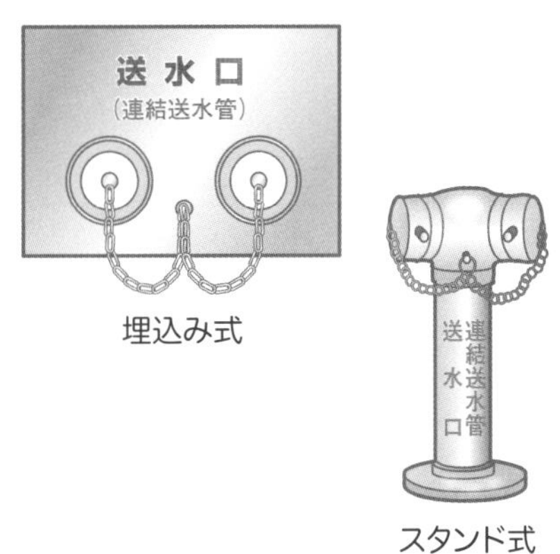

消防ポンプ車の加圧された水を送水口から送り、放水口に消防隊のホースをつないで消火活動を行う。

連結散水設備

消防ポンプ車の加圧された水を送水口から送り、地階に設置した散水ヘッドから放水する。

連結散水設備の系統図

送水口
(双口型)
1F
GL
連結散水ヘッド
BF

10 消防設備士

消防設備士とは　消防用設備等の設置や点検

多くの人々が出入りするホテルや旅館、映画館、劇場、デパートなどの建物では、火災が発生すると大きな被害に発展する危険性があります。万が一、火災が起きてしまったら、初期の消火としてその被害を最小限度にとどめなければなりません。建物の規模や用途によって使用する設備が違いますが、消火器や屋内消火栓設備、スプリンクラー設備などの消火設備を使用すること、そして自動火災報知器などの警報設備、救助袋などの避難設備を設置することが義務付けられています。

消防設備士は、これらの消防用設備等の設置工事や点検整備を行うことができる専門的な知識と技術を持った者の国家資格です。

消防設備士になるには　消防設備士制度

消防設備士になるには、都道府県知事の行う消防設備士試験を受け、合格しなければなりません。晴れて合格したら、受験した**都道府県知事に対して消防設備士免状の交付申請を行い**、免状の交付を受ける必要があります。

免状にはどのような種類があるか　甲種と乙種の試験

消防設備士には、**甲種消防設備士**と**乙種消防設備士**があります。**甲種は工事、整備および点検が行え**ますが、**乙種は整備および点検のみ**しかできません。したがって、消防設備士試験には、甲種消防設備士試験と乙種消防設備士試験があります。

免状の区分として、甲種には特類と第１類から第５類まであります。第１類は屋内消火栓設備、スプリンクラー設備、水噴霧消火設備、屋外消火栓設備など、第２類は泡消火設備など、第３類は不活性ガス消火設備、ハロゲン化物消火設備、粉末消火設備など、第４類は自動火災報知設備、ガス漏れ火災警報設備、消防機関へ通報する火災報知設備など、第５類は金属製避難はしご、救助袋、緩降機の工事、整備および点検を行うことができます。特類は、特殊消防用設備等の工事または整備を行うために必要な資格となります。

なお、特類の試験を受験できるのは、第１類から第３類までのいずれかの甲種消防設備士免状、第４類および第５類甲種消防設備士免状を持っている人に限られています。

乙種には第１類から第７類まであり、第１類から第５類までは甲種と同じ設備の、第６類は消火器、第７類は漏電火災警報器の整備および点検を行うために必要です。

消防用設備等の点検・整備には国家資格が必要

消防設備士の仕事

消防用設備等は消防法により定期的な点検整備が義務付けられている。この点検整備または設置は、専門知識を持った消防設備士でなければ行うことはできない。

消防設備士の試験

試験の区分		扱うことのできる消防用設備等
甲種特類		特殊消防用設備等 （従来の消防用設備等と同等以上の性能があると認定された設備等）
甲種・乙種	第１類	屋内消火栓設備、スプリンクラー設備、水噴霧消火設備、屋外消火栓設備、パッケージ型消火設備、パッケージ型自動消火設備、共同住宅用スプリンクラー設備
	第２類	泡消火設備、パッケージ型消火設備、パッケージ型自動消火設備、特定駐車場用泡消火設備
	第３類	不活性ガス消火設備、ハロゲン化物消火設備、粉末消火設備、パッケージ型消火設備、パッケージ型自動消火設備
	第４類	自動火災報知設備、ガス漏れ火災警報設備、消防機関へ通報する火災報知設備、共同住宅用自動火災報知設備、住戸用自動火災報知設備、特定小規模施設用自動火災報知設備、複合型居住施設用自動火災報知設備
	第５類	金属製避難はしご、救助袋、緩降機
乙種	第６類	消火器
	第７類	漏電火災警報器

甲種消防設備士は、消防用設備等の工事、整備、点検ができ、
乙種消防設備士は、消防用設備等の整備、点検ができる。

消防設備士の免状の交付を受けた日から2年以内に一度と、それから5年以内ごとに、都道府県が行う講習を受けなくてはならない。

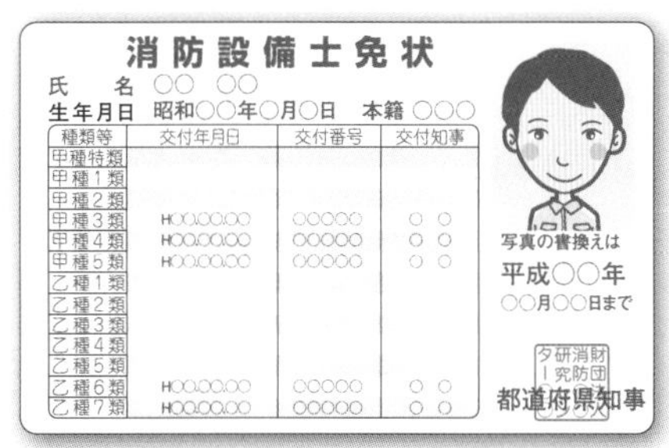

11 消火設備のよくあるトラブルと対策

いざというときに作動しない　定期点検を怠らない

●屋内消火栓設備の管理上の注意点

必要なときに放水されない場合、赤色表示灯が消えていることがあります。これは、ランプが切れているか、消火ポンプの電源が落ちているかです。**消火ポンプの電源は、常に入れておいてください。**その他、よく、故障により警報が発報される場合があります。これには、非常電源、またはポンプの故障が考えられます。消火活動は、人の命にも関係しますので、速やかに専門技術者に依頼してください。消防法では、6ヶ月以内に外観および機能点検を行い、年1回の総合点検（配線を含む）を行うように定められています。この法定点検時に、清掃も同時に行いましょう。また、ホースに亀裂（きれつ）がある場合は、速やかに交換してください。

●スプリンクラー設備の管理上の注意点

スプリンクラーヘッドを規定どおり取り付けても、いざというときに、ラックなどの棚や台でふさがれてしまっていると意味がありません。その場所には注意をして、物を置かないようにしましょう。また、**ラック式倉庫などでは、下向きスプリンクラーヘッドに集熱板をつけたものを設置**してください。

操作ミスなどによる被害　危険な操作

1号屋内消火栓（おくないしょうかせん）は、絶対に1人で操作をしてはなりません。必ず2人で操作をし、しっかりとホースを持たないと、放水圧力によりノズル（筒先）などでケガをするおそれがあります。

また、参考として述べますが、消火水槽（しょうかすいそう）（地下などにある消防専用の水槽）には、20分間放水できるだけの水量しか入っていない場合が多いのです。実は、水槽内には消防隊員が来るまでの水量しか入っていません。途中で水が出なくなったら速やかに逃げてください。あとは、消防隊員に任せることです。

この水源の水量は、各消火設備によって異なります。1号屋内消火栓の場合、130L／min（放水量）× 20min（放水時間）＝ 2600L → 2.6m^3 となります。1号屋内消火栓は、前記したように、もしフロアに3個あっても設置は2個と計算するので（128ページ参照）、消火栓の個数（最大2個）に2.6m^3 を掛け、5.2m^3 となります。2号屋内消火栓は、個数に1.2m^3 を掛けます（2個以上は2個とする）。

平常時は使わない設備でもいざというときに備える

屋内消火栓設備でのトラブル

屋内消火栓箱側のバルブを開いても放水されない。

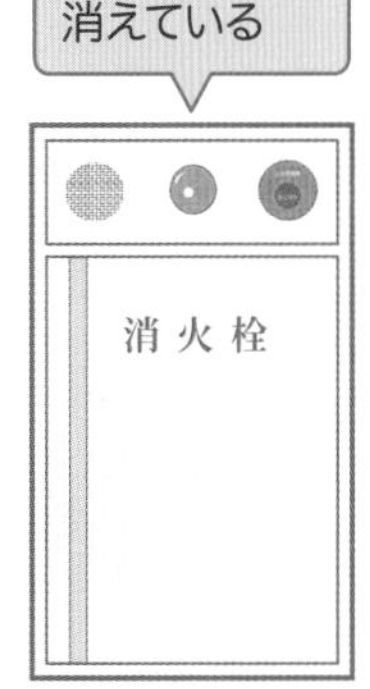

消火ポンプの電源が落ちていないか確認する。屋内消火栓設備は、いざというときのトラブルを避けるためにしっかり定期点検をする必要がある。

スプリンクラー設備でのトラブル

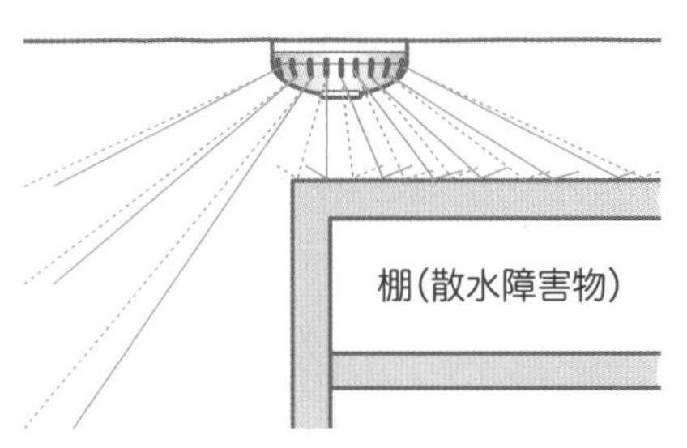

スプリンクラーヘッドの下方に棚などの散水障害物が置かれていると、水が部屋の隅々にまで届かない。

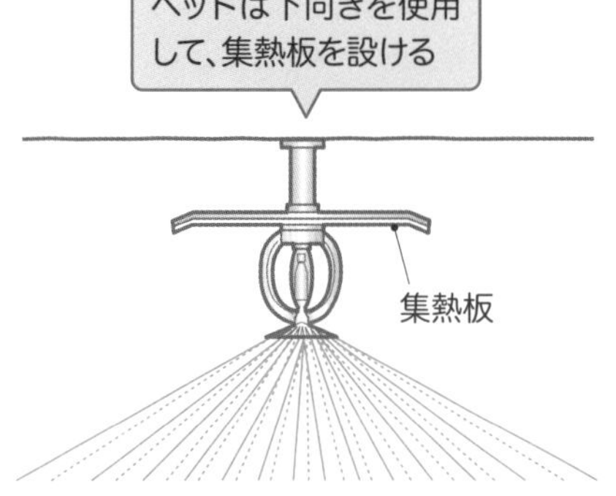

棚などの設置に注意し、火炎の熱がヘッドに伝わりにくい構造の部屋では、上記の点を考慮する。

操作ミスなどによるトラブル

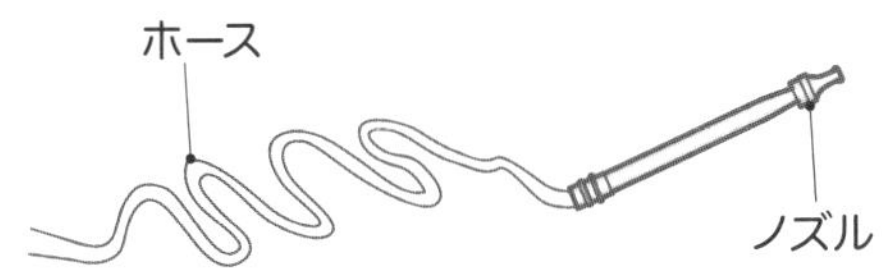

1号屋内消火栓は必ず2名以上で操作する。放水の前にホースの折れ曲がりがないかを確認してからバルブを開け、ノズルをしっかり持って放水する。

Column　火災の実態

溶接の火花の引火
による火災が多く
発生している。

●火災発生の状況

消防庁の火災統計によると、令和３年に全国で約３万５千件前後（東京都では約４千件弱）の火災が発生しています。そのうち、建物の火災は約55%の件数で発生しています。

出火原因としては、「たばこ」がもっとも多く、その次が「たき火」「コンロ」「放火」「電気機器」の順となっています。

建物用途別でいうと、一般住宅、共同住宅、特定複合用途、工場・作業場、事務所等の順で多く発生しています。

建築現場での火災の原因として多いのは、電気溶接などの作業によるものです。火災予防条例に、溶接時は、ごみ、廃材など燃えやすい物は、除去等の措置を講じなければならないことが定められていますが、徹底されていないようです。

ガス設備

ガスには、都市ガスとプロパンガスとがあり、地域によってこの２種類のガスが使い分けられています。これらのガスをお風呂や台所で使えるように供給するガス設備は、我々の生活に欠かせない設備です。この章では、「ガスの種類や特徴」「ガス燃焼機器などのガス器具」の説明から「ガスを安全に使用するための換気」についても解説します。

1 都市ガス

都市ガスとはどんなガス？　都市ガスの種別

都市ガスとは、都市において供給基点で製造、調整され、配管を通じて各建物に供給される燃料用ガスのことをいいます。都市ガスの原料である**液化天然ガス**（LNG：Liquefied Natural Gas（リクファイド ナチュラル ガス））は、メタンを主成分とした天然ガスを冷却（－162℃）して無色透明に液化したものです。天然ガスが液化天然ガスになると体積はおよそ1／600程度になり、輸送が容易になります。天然ガスは、**燃焼する際に発生する二酸化炭素や窒素（ちっそ）酸化物（さんかぶつ）の排出量が少なく、硫黄酸化物（いおうさんかぶつ）はまったく排出されない**エネルギー源です。

都市ガスの種別は、ガス事業法で**ウォッベ指数**（ガスの発熱量と比重によって決まるガスの燃焼性を表す指数で、**発熱量**／√**比重**で求められた値を1000で割って小数点以下を切り捨てたもの）と**燃焼速度**によって13種類に分けられています。たとえば、東京ガスでは、13Aとか12Aという種類があります。13Aの13とは、ウォッベ指数の範囲を表す数値で、13は52.7～57.8となっています。次のAは、燃焼速度を表しています。Aは「遅い」という意味で、速度平均で50cm／s程度です。Aの他にB、Cがあり、Bは「中間」（70cm／s）、Cは「速い」（90cm／s）ということです。

完全燃焼には14倍の空気が必要　都市ガスの発熱量

ガスの発熱量とは、標準状態（0℃、1気圧）のガス1 m^3 が完全燃焼したときに発生する熱量のことをいいます。理論上、都市ガス1 m^3 が燃えるために必要な空気量は10.9 m^3 ですが、実際、完全に燃焼させるには、さらに20～40%の十分な量の空気が必要となります。**都市ガス1に対しておよそ14倍の空気が必要**です。そのため、都市ガスを使うときには十分換気をする必要があります。

供給ガスの発熱量は、一般に高発熱量（燃焼過程で生じる水蒸気の発熱を含めた熱量）で表され、熱量の単位は、1 m^3 当たりの発熱量メガジュール（MJ）が用いられます。ちなみに、13Aの発熱量は約46MJ／m^3、12Aは約42MJ／m^3 です。

都市ガスの供給方式　供給圧力

ガス事業法で規定されているガス供給方式には、**低圧供給方式**、**中圧供給方式**、**高圧供給方式**などがあります。**低圧供給方式は、0.1MPa（メガパスカル）未満**の圧力で供給されています。**中圧供給方式は、0.1MPa以上～1.0MPa未満**、**高圧供給方式は、1.0MPa以上**の圧力で供給されています。導管の途中にガバナ（整圧器）を設け、通常使用される圧力に調整して供給します。

都市ガスはこうして届けられる

都市ガス供給のしくみ

敷地内配管例

入管 出管

道路◀ ▶宅地

ガス栓（せん）

低圧導管

石炭・コークス・ナフサ・原油・重油・天然ガス・液化石油ガスなどを精製・混合・調整したものを、供給設備を通して各建物に供給する。

圧力を整える設備

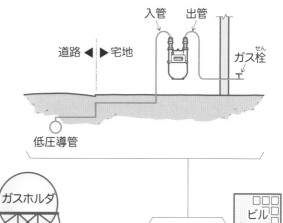

ガスホルダ

工場 ガバナ 高圧導管 中圧導管 ガバナ 低圧導管 家庭 ビル

製造設備 供給設備 内管 消費機器

都市ガスの種類

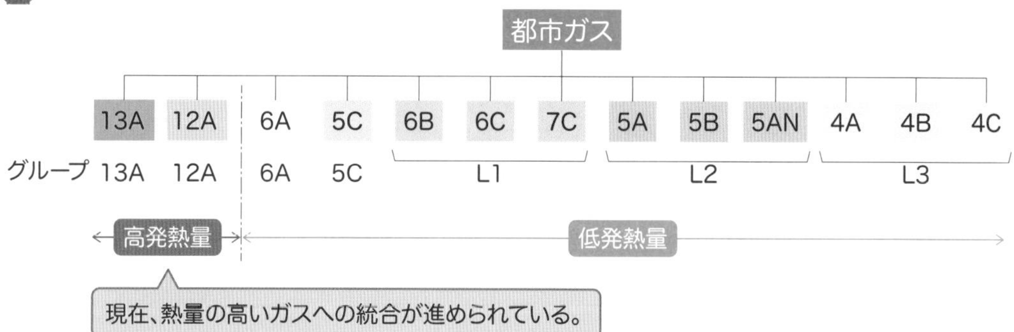

3つの供給方式

ガスを各建物に供給する圧力は、右図のように分かれている。

供給方式	供給圧力	供給する建物
低圧	0.1MPa 未満	一般家庭、小規模のビルなど
中圧	0.1MPa 以上 1.0MPa 未満	ビルなど
高圧	1.0MPa 以上	発電所や大規模の工場など

2 LP ガス

LP ガスとはどんなガス？　液化石油ガス

LP ガスは、**液化石油ガス**（**LPG**：Liquefied Petroleum Gas）の略称で、石油中のプロパンやブタンなどの低沸点炭化水素を主体とするガスを常温で加圧し液化したものです。プロパン 80％、ブタン 20％の混合ガスの圧力は、20℃で 0.6MPa 程度で、その体積は 1 ／ 250 に圧縮されています。LP ガスは充填容器（ガスボンベ）内では液体なので、気化装置を設けてガス化させて供給します。

LP ガスには**プロパンガス**、**ブタンガス**などの種類がありますが、一般の家庭では、プロパン（C_3H_8）がもっとも多く使われているので、一般に LP ガスはプロパンガスと呼ばれています。ブタン（C_4H_{10}）は、ガスライターの中に入っている液体です。**都市ガスに比べ、LP ガスは空気より重いため滞留しやすく、ガスが漏れたときにはタマネギの腐ったような臭いがあります**。正しく使っている限りは臭いはしません。

LN ガスの 2 倍の発熱量を持つ　LP ガスの発熱量

LP ガスは、圧力を加えて液化されたものがガスボンベに充填されており、**常温・常圧で気体になります**。発熱量は LNG の約 2 倍で、気体のプロパン 1 m³ を燃やすと約 99MJ、ブタン 1 m³ は約 128MJ の熱量を発生します。また、液体 1 kg 当たりではプロパン、ブタンともに約 52MJ の発熱量があり、都市ガスより火力が強くなります。

LP ガスの供給方式　ガスボンベ供給方式

LP ガスの一般的な供給方式には、個別供給方式、小規模集団供給方式、中規模集団供給方式、業務用供給方式および大規模供給方式があります。

個別供給方式は、一般家庭など個別にガスボンベを設置し、そこから配管により各ガス栓に供給する方式です。

小規模集団供給方式は、アパートなど 2 戸から 10 戸までの各家庭に供給する方式で、1 箇所に数本のガスボンベを設置し、配管により各ガス栓に供給する方式です。

中規模集団供給方式は、中規模マンションなど 11 戸から 69 戸までの各家庭に供給する方式で、小規模集団供給方式と同じような方式でガスを供給します。

業務用供給方式は、旅館や飲食店などに供給する方式、**大規模供給方式**は、業務用や工業用など大量にガスを使用するときの供給方式で、これらは大量にガスを使用するので、最近は LP ガスバルク貯槽方式が多くなってきています。旅館や飲食店、工場などに設置されたバルク貯槽に、タンクローリー車が LP ガスを充填し、そのバルク貯槽から配管により各ガス栓に供給する方式です。

LPガスはこうして届けられる

LPガス供給のしくみ

50kgボンベの容量≒25m³

充填(じゅうてん)容器の中身は液体で、自動切替調整器、または気化装置によってガス化される。また、一般消費者に供給されるLPガスは、プロパンとプロピレンの含有率により、下表のように分類される。

● LPガスの種類〔液化石油ガス法に基づく規定〕

名称	プロパンおよびプロピレンの合計量の含有率	エタンおよびエチレンの合計量の含有率	ブタジエンの含有率
い号液化石油ガス	80%以上	5%以下	0.5%以下
ろ号液化石油ガス	60%以上 80%未満	5%以下	0.5%以下
は号液化石油ガス	60%未満	5%以下	0.5%以下

第7章 ガス設備

LPガスの供給方式

●個別供給方式

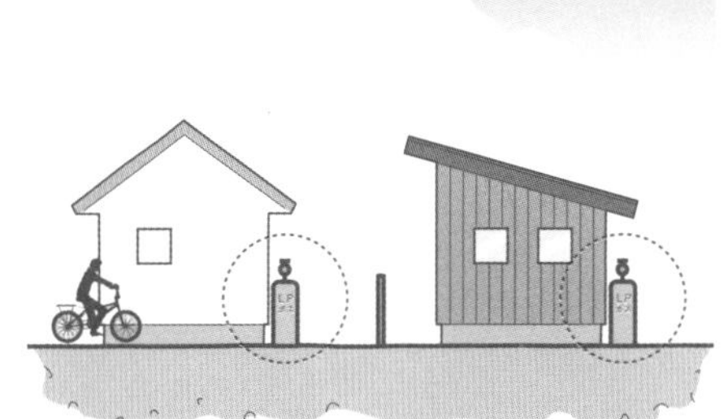

各戸個別にガスボンベを設置し、配管により建物にガスを取り入れる。

●小規模(中規模)集団供給方式

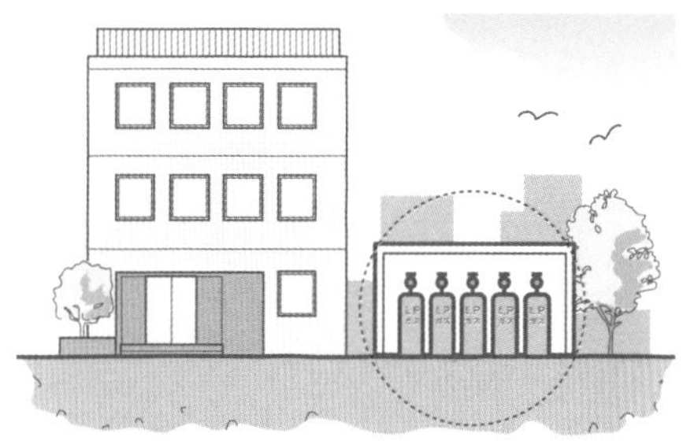

1箇所に設置した数個のガスボンベから各戸にガスを供給する。

●業務用供給方式

飲食店や旅館など大量にガスを消費する施設へガスを供給する。

●大規模供給方式

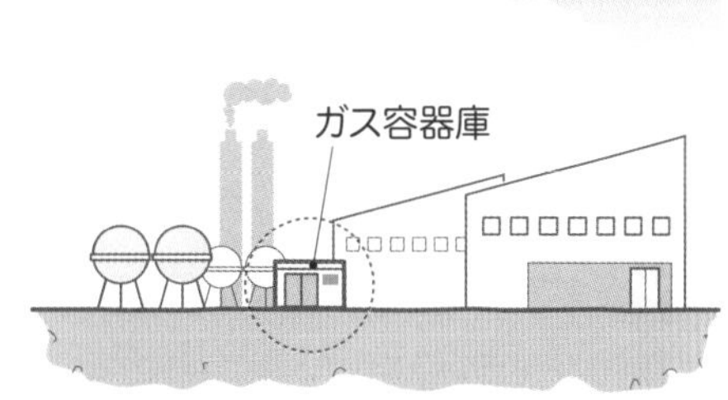

大規模な建物、ガスを大量消費する工場などにガスを供給する。

3 ガスメータとガスボンベ

ガスメータにはどんなものがあるか？　ガスメータの種類

都市ガス用のガスメータには、**膜式メータ**（一般的ガスメータ：N型メータ）、**ルーツメータ**（大容量の流量を測るメータ）があります。

LPガス用ガスメータには、LPガス専用のメータと都市ガスとの併用メータがありますが、一般的に都市ガス併用の膜式メータが使用されています。

コンピュータによる安全機能　ガスメータの役割

ガスメータは、コンピューターが内蔵しており安全機能が付いている**マイコンメータ**が一般的に使われています。

これは、**ガスの使用量を計量するだけでなく、コンピューターにより24時間ガスの使用状態を見守る安全機能**が付いています。地震発生（震度5以上の場合）などの非常時には、ガスメータが感知してガスを自動的に遮断するようになっています。その他、一定時間に多くのガスが使われた場合、急に多くのガスが使われた場合、長時間ガスが使われ続けた場合、メータに振動や衝撃が加えられたとき、圧力が低下したとき、警報器や不完全燃焼警報器が作動したときなどに、自動的に遮断するようになっています。

マイコンメータには、都市ガス用とLPガス用があります。

LPガス容器の扱いについて　設置に関する決まり

LPガス容器（LPガスボンベ）の代表的なものには、10kg、20kg、50kg型があり、10kg型の内容積は23.5L（充填質量10kg）以上、20kg型は47.0L（充填質量20kg）以上、50kg型は117.5L（充填質量50kg）以上となっています。

LPガスボンベは、**軒下や収納庫などに置き、水はけをよくして湿気を避け、塩害などによる腐食を防止するために防食塗装をし、コンクリートブロックなどの上に置く**ようにします。また、転落、転倒を防ぐため、**転倒防止チェーンを容器の背丈の3／4の位置に頑丈に取り付け固定**させます。**内容量20L以上のボンベは、火気の2m以内に置かない**ようにします。ガス給湯器やエアコンの室外機も火気とみなされます。また、**周囲温度は40℃以下に保つ**ことが原則です。

ボンベからガスメータまでのゴム管は耐候性が弱く、ガス給湯器などガス消費量の大きい供給には不適切です。また、連結用高圧ホースがLPガス容器の増設用として使用されています。

ガスを安全に供給するための機器

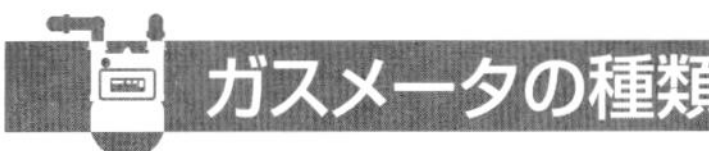

ガスメータの種類

N型ガスメータには、N1号～N120号まであり、供給熱量によって使い分ける。

N型メータ（N1号～N16号）

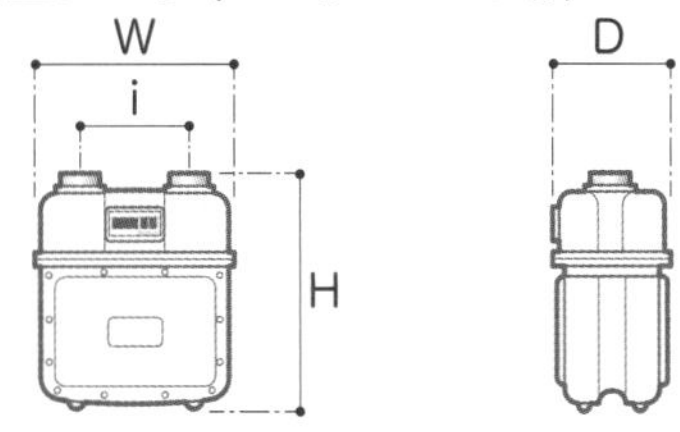

N型メータ（N25号～N120号）

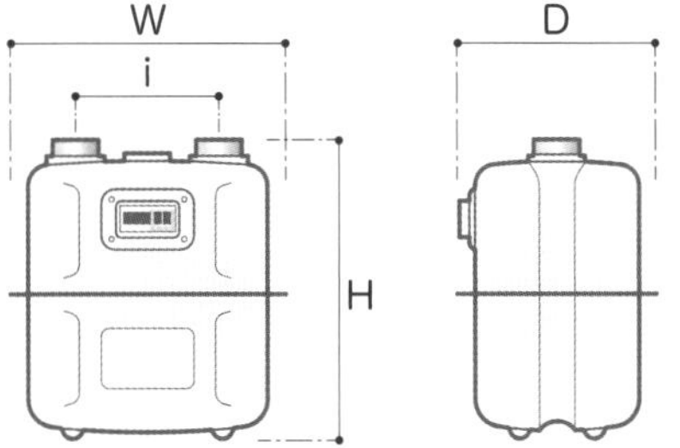

●N型ガスメータの寸法

使用最大流量〔m^3/h〕	型式	メーター寸法〔cm〕			接続口径〔mm〕	質量〔kg〕
		H	W（i）	D		
1	N1	21.2	17.4（13）	13.3	20	2.2
1.6	N1.6	21.2	17.4（13）	13.3	20	2.2
2.5	N2.5	23.2	17.4（13）	13.8	20	2.7
4	N4	26.2	19.5（13）	15.6	20	3.5
6	N6	26.2	19.5（13）	15.6	20	3.5
10	N10	34.1	30（22）	21.3	32	9
16	N16	34.1	30（22）	21.3	40	9
25	N25	22	41.8（22）	36.5	50	22
40	N40	32	51.3（32）	42.4	50	35
65	N65	38	63.9（38）	51.9	80	66
100	N100	38	63.9（38）	51.9	80	66
120	N120	38	63.9（38）	51.9	80	66

マイコンメータ

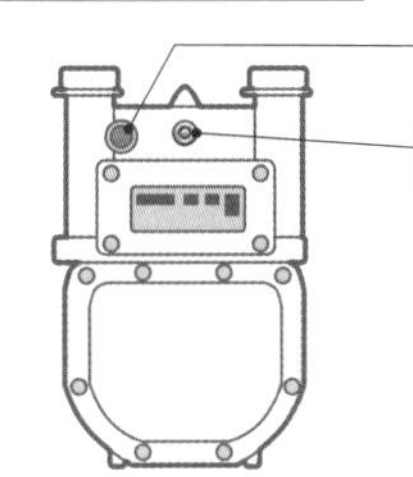

復帰ボタン

表示ランプ

地震、ガス漏(も)れ、機器消し忘れ、長時間の使用などの際にガスを遮断(しゃだん)。

マイコンメータは、地震の発生などの非常時に自動的にガスを止める。ガスを復帰させるときは、メータの 復帰ボタン を押し、表示ランプ が点灯したら指を離す。

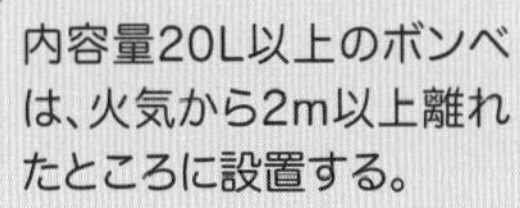

ガスボンベの設置方法

内容量20L以上のボンベは、火気から2m以上離れたところに設置する。

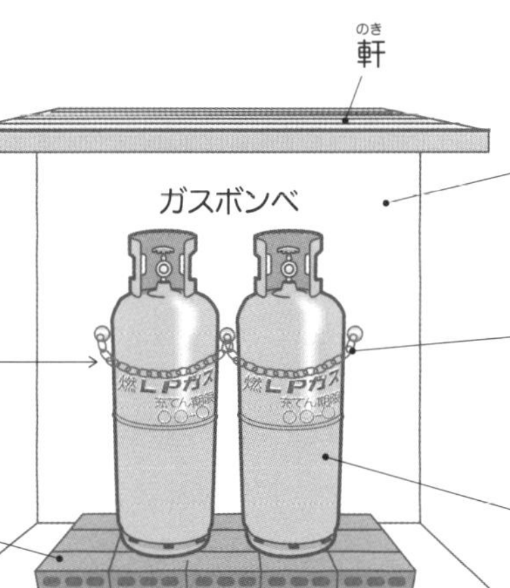

火気

コンロ、ガスストーブなどの燃焼機器

2m以上

軒下や収納庫などに置いて湿気を避け、周囲の温度は40℃以下に保つ。

容器の高さ3/4の位置に転倒防止のチェーンを取り付けて壁に固定する。

水はけのよい水平な場所で、コンクリートブロックなどの上に設置する。

塩害などによる腐食(ふしょく)を防ぐために防食塗装を施す。

4 ガス燃焼機器

ガス燃焼機器にはどんなものがあるか？ ガス燃焼機器の種類

ガス燃焼機器には、開放式、半密閉式、密閉式があります。

開放式ガス機器とは、コンロやレンジ、ガスストーブなどで、**燃焼用空気を室内から取り入れ、燃焼排ガスをそのまま室内に排出する**方式のガス器具をいいます。

半密閉式ガス機器とは、風呂釜や瞬間湯沸器などのように**燃焼用空気を室内から取り入れ、燃焼排ガスを排気筒で屋外に排出する**方式のガス器具をいいます。自然通気力による**自然排気方式**（Conventional Flue：**CF**）と、排気ファンを用いる**強制排気方式**（Forced Exhaust：**FE**）があり、強制排気方式のガス機器は、ガス機器自体に排気ファンを備えており、排気筒を取り付ける構造になっています。なお、半密閉式ガス機器を設置するときには、給気口および排気筒の設置位置を正しくしないと、不完全燃焼や一酸化炭素中毒の原因となるので注意しましょう。

密閉式ガス機器とは、ガスストーブ、風呂釜、瞬間湯沸器などで、**屋外から新鮮空気を取り入れ、屋外に燃焼排ガスを排出する**方式のガス器具をいいます。一般的に燃焼機器への給排気を送風機によって強制的に行う強制給排気式のことを**FF**（Forced Draft Balanced Flue）**式**、自然給排気式のことを **BF**（Balanced Flue）**式**といいます。

その他、**機器本体を屋外に設置し、屋外で給排気することを前提とする屋外用ガス機器**のことを、**RF**（Roof Top Flue）**式**ガス機器といいます。このタイプは機器の上部に排気装置が設置されているものが多く、室内空気を汚染しません。一般的に給湯器用としてよく使用されています。

ガス燃焼機器の付属機器は？ ガス栓と接続具

ガス栓には、**LA ヒューズコック**、**LB ヒューズコック**、**L ねじコック**、**ねじコック**、**メーターコック**などがあります。ヒューズコックは、ゴム管がはずれたり切れたりして、一度に多量のガスが漏れた場合に、自動的にガスが止まるようになっており、ガステーブルコンロ専用のゴム管で接続するホースエンド型、一般移動型ガス機器用のソケットで接続するコンセント型、壁や床に埋め込むボックス型があります。

ガス栓とガス機器を接続する**接続具**には、**金属フレキシブルホース**や**強化ガスホース**などがあり、強化ガスホースは、固定型ガス機器（風呂釜、湯沸器、業務用レンジ）に使用されます。また、**ガスコンセント付ゴム管**というものもあり、LP ガス専用ゴム管の両端に迅速継手が付いており、取付け、取外しが簡単で素早く確実に接続できる器具です。

ガス燃焼機器の種類

●開放式ガス機器

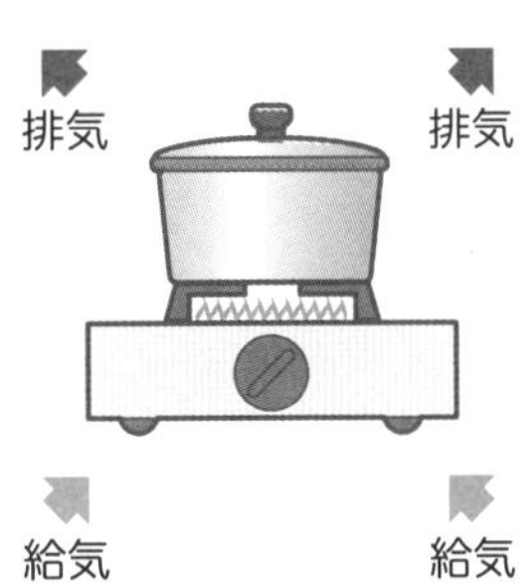

ガス燃焼に必要な空気を室内から取り入れ、排ガスを室内に排出するもの。

●半密閉式ガス機器

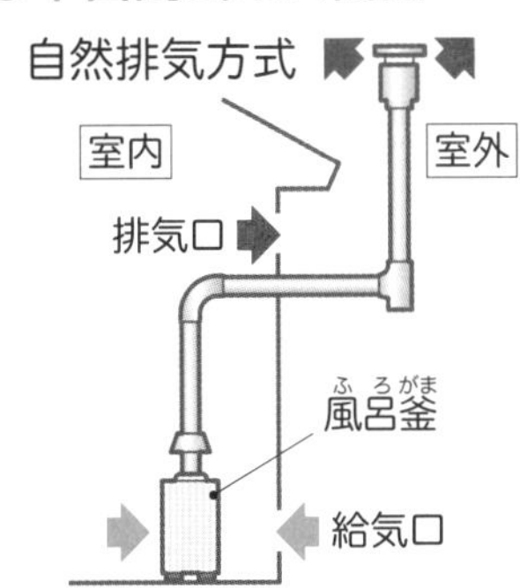

燃焼用空気を室内から取り入れ、排ガスを室外に排出するもの。

●密閉式ガス機器

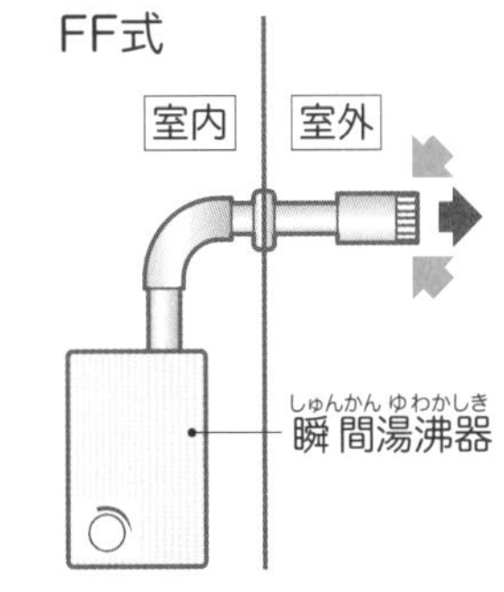

燃焼用空気を室外から取り入れ、排ガスを室外に排出するもの。

ガス栓の種類

ガス栓には右のようなものがある。ヒューズコックには、ガスが大量に流れたときにガスを止めるしくみが備わっている。

LAヒューズコック

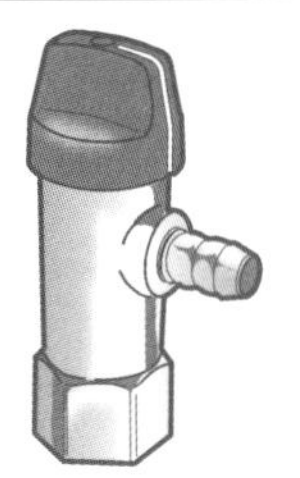

LBヒューズコック

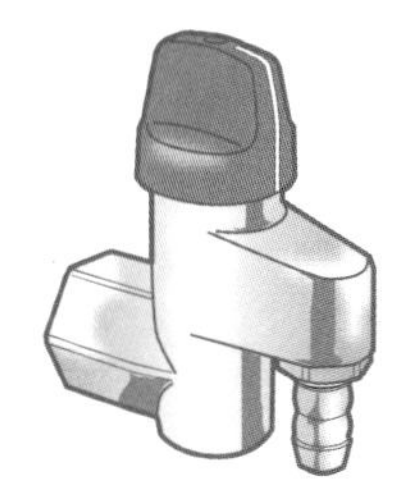

●ヒューズコックのしくみ

ガスが大量に流れると、ヒューズボールが浮き上がり、ガスの出口をふさぎ、ガスが止まる。

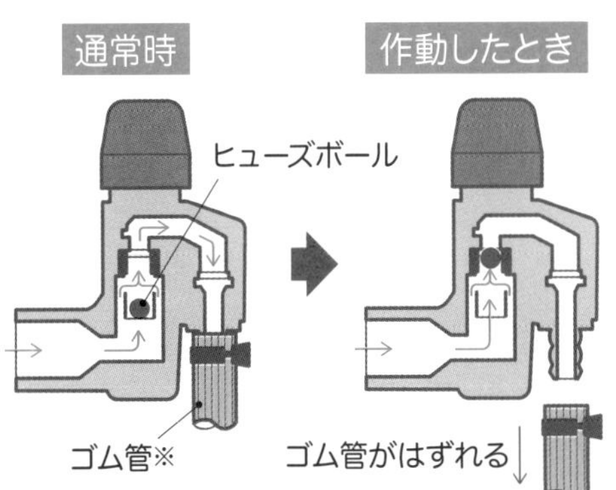

●接続方法

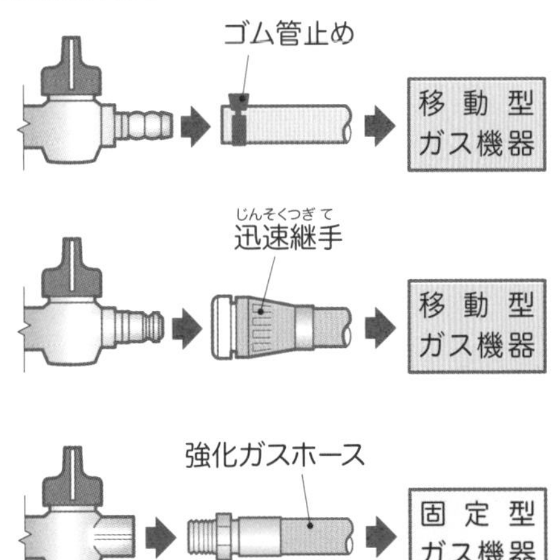

※ ゴム管は工業用には適さず、家庭用などの屋内低圧ガス用とされ、オレンジ色はプロパンガス、薄いベージュ色は都市ガス用に使われる。

5 ガス管

ガスを送るパイプにはどのような種類があるか　ガス管の材料

ガス管には配管用炭素鋼鋼管、プラスチック被覆鋼管、ポリエチレン管などがあります。一般的に、**建物内配管には配管用炭素鋼鋼管を、屋外埋設配管にはプラスチック被覆鋼管やガス用ポリエチレン管を使用**しています。

Ⓐ配管用炭素鋼鋼管（JIS G 3452）

配管用炭素鋼鋼管には一般的に、白ガス管を使用しますが、地中に埋設すると腐食するおそれがありますので、**建物内および露出部に使われています**。詳しくは 90 ページで説明していますので、そちらを参照してください。

Ⓑプラスチック被覆鋼管（JIS G 3469）

プラスチック被覆鋼管は、一般的に PLP などといわれ、鋼管の表面をプラスチック（ポリウレタン樹脂・ポリエチレン樹脂）で覆い、腐食の原因である電気回路を形成させないよう絶縁してあるもので、腐食に強いガス管です。**一般地中埋設配管や高圧ガス導管などのパイプラインに採用**されています。

Ⓒガス用ポリエチレン管（JIS K 6774）

プラスチック被覆鋼管の採用により、腐食の心配はほとんどなくなりましたが、近年多発している地震への対処が必要です。鋼管の継手部は地震に弱いのですが、ポリエチレン管は**可とう性（曲げや引っ張りに強い）が高く、地震などにより地盤が変化した場合でも破損しにくい**といえます。

工事の際に注意すること　ガス配管の留意点

ガス設備の工事は、都市ガスの場合は、配管その他の関連工事はすべて、ガス事業法によるガス会社または指定工事店しか行えません。また、プロパンガスの場合は、液体石油ガス設備士の資格を持っている者しか工事できません。

ガス配管でもっとも留意しなければならないことは、修理等が難しいので**コンクリート内の埋込み配管はしてはならない**ということです。また、ガス爆発の原因となるので、**電気配線とガス配管は別のパイプシャフト**（PS：パイプスペース）にします。屋内配管（天井内や床転がし配管）の場合は、**電気配線と低圧ガス配管の距離は 100mm 以上、高圧ガス配管なら 150mm 以上離さなければなりません**。また、**ガス配管の末端のガスコックやガスコンセントは、電気コンセントやスイッチと 150mm 以上離す**ようにします。**埋設配管は、路面からの重さに耐えるために地中埋設の深さを 60cm 以上**とします。

ガス配管工事の際に気をつけること

ガス管に使用するパイプ

ガス管は、室内用としては主に配管用炭素鋼鋼管が、屋外埋設用としてはプラスチック被覆鋼管やガス用ポリエチレン管が使用される。

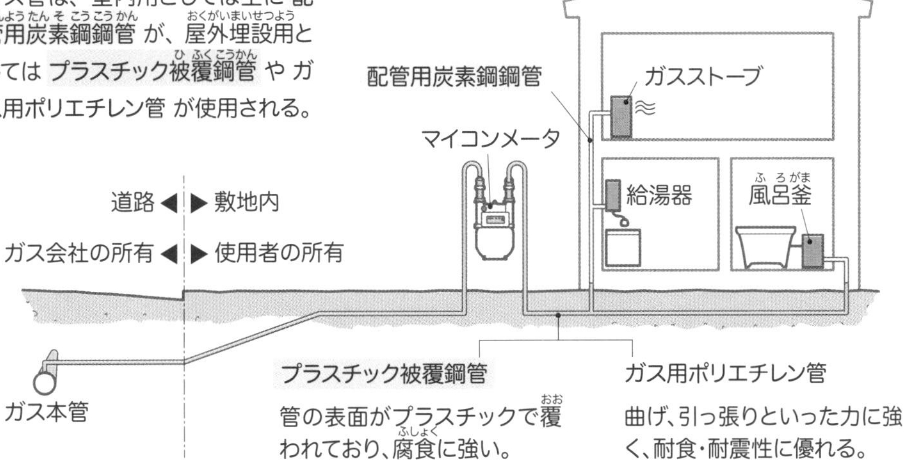

ガス配管に関する決まり

1 ガス管を直接コンクリートに埋込み配管してはならない。

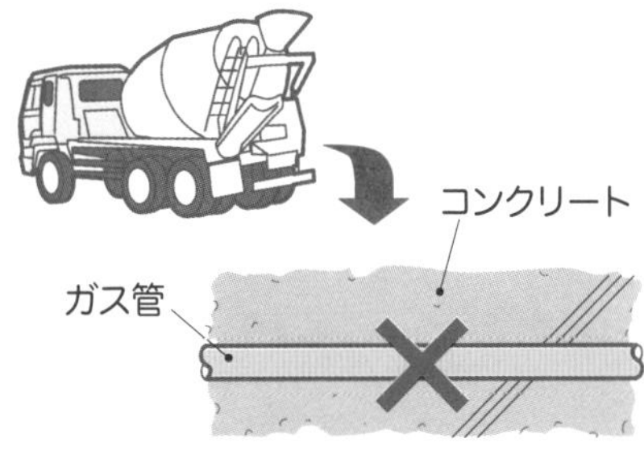

2 1つのパイプシャフトにガス配管と電気配線を混在させてはならない。

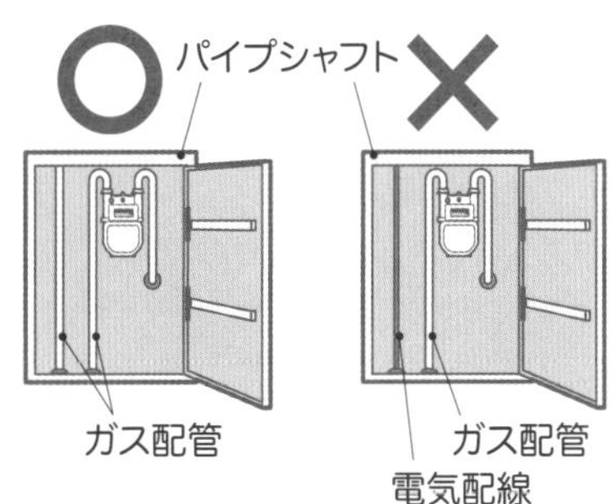

3 屋内配管の場合、電気配線とは一定の距離以上離す。

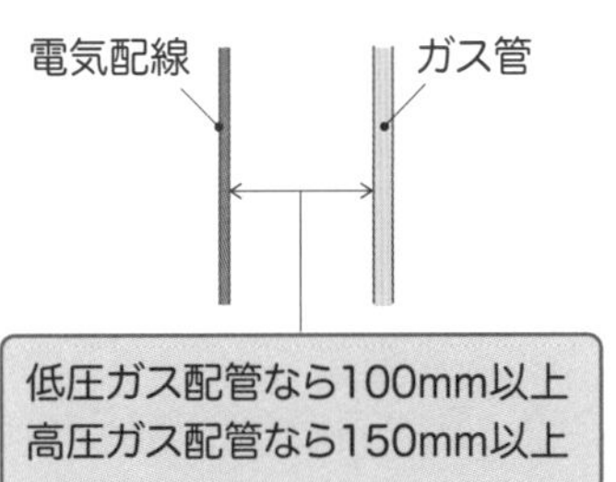

4 ガスコックやガスコンセントと電気コンセントを一定の距離以上離す(高圧ガス配管の場合)。

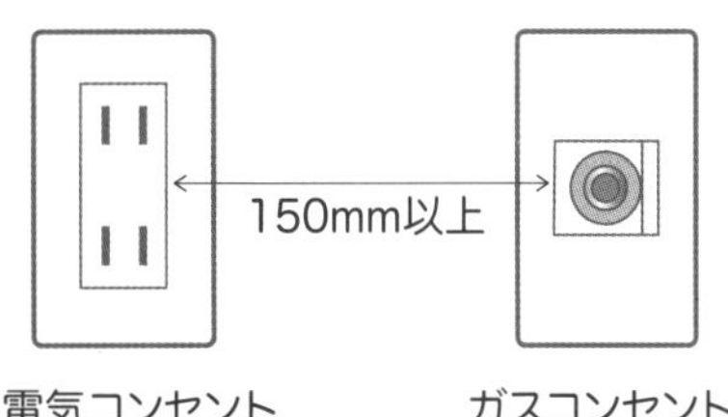

6 ガス漏れ警報器

都市ガスに使用される警報器　ガス事業法の設置基準

都市ガス用警報器は、ガス事業法の中では、**ガス漏れ警報設備**、**ガス漏れ警報器**または**自動ガス遮断装置**として**特定地下街等一定施設建築物の燃焼器のある部屋および導管貫通部等**に設置が義務付けられています。その技術上の基準は、ガス事業法にもとづく告示「ガス漏れ警報設備の規格及びその設置方法を定める告示」昭和56年通産省告示第263号に定められています。

法令では、一般住宅や理髪店、クリーニング店、床面積の合計が1000m^{2}未満の事務所などには設置が義務付けられてはいませんが、消費者の保安を確保するため、燃焼器のある部屋にはできる限り設置するよう推奨されています（ガス警報器の設置推奨施設という）。**都市ガスのガス漏れ警報器は、ガス機器から水平距離8m以内で天井面から30cm以内の位置に設置**し、かつ、**梁が天井面から60cm以上突出している場合は、梁より燃焼器側に設置**するようにします。

LPガスに使用される警報器　LPガス法の設置基準

LPガス用警報器は、LPガス法にもとづく「液化石油ガス器具等の技術上の基準等に関する省令」で定める技術基準に適合していなければなりません。LPガス法施行規則第86条に掲げる次の施設建築物には、設置が義務付けられています。

①劇場、映画館、演芸場、公会堂その他これらに類する施設、②キャバレー、ナイトクラブ、遊技場その他これらに類する施設、③貸席および料理飲食店、④百貨店およびマーケット、⑤旅館、ホテル寄宿舎および共同住宅、⑥病院、診療所および助産所、⑦小学校、中学校、高等学校、高等専門学校、大学、盲学校、ろう学校、養護学校、幼稚園および各種学校、⑧図書館、博物館および美術館、⑨公衆浴場、⑩駅および船舶または航空機の発着場（旅客の乗降または待合所の用に供する建物に限る）、⑪神社、寺院、教会その他これに類する施設、⑫床面積の合計が1000m^{2}以上の事務所（前各号に掲げるものに該当するものを除く）。

LPガス警報器は、ガス機器から水平距離4m以内で床面から30cm以内の位置に設置します。**ガス漏れ警報器の検知部は、給気口、排気口、換気扇などに近接したところに設けてはいけません。**

ガス漏れ警報器には、ブザーや音声で知らせるものや、緊急遮断弁と併用されているものなどいろいろな種類があります。なお、都市ガスおよびLPガス用警報器の保証期間は設置後5年とされています。

ガス漏れ警報器の適切な設置位置

都市ガスのガス漏れ警報器

ガス事業法では、特定地下街等、特定地下室等、超高層建物、高層建物、特定大規模建物などの施設・建築物に警報設備の設置を義務付けている。

●都市ガス用警報器の設置基準

設置が義務付けられていない建築物でも、安全のため設置が推奨（すいしょう）される。都市ガスは一般的に空気よりも軽いので、警報器は天井（てんじょう）付近に設置される。

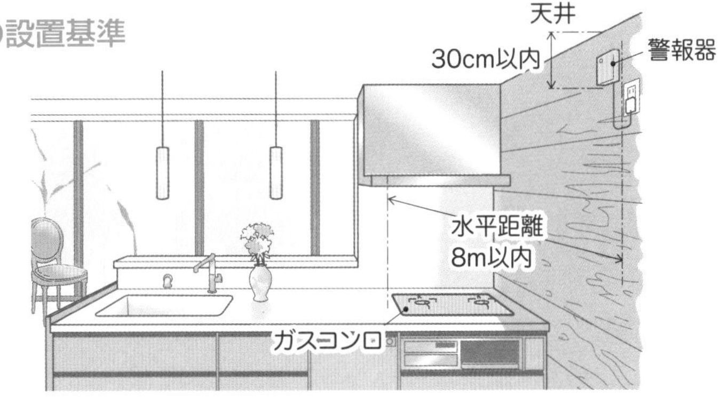

特定地下室等に都市ガス用ガス漏（も）れ警報器を設置する場合、導管（どうかん）の外壁貫通部（がいへきかんつうぶ）より8m以内に設置する。

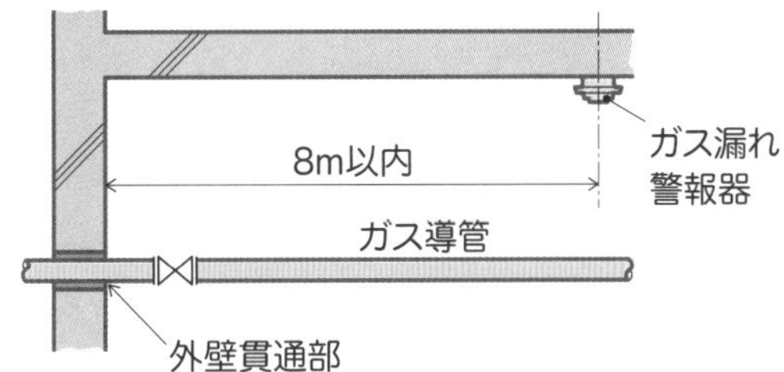

LPガスのガス漏れ警報器

LP ガス法では、劇場、飲食店、百貨店、旅館、病院、学校、図書館など、多数の人が集まる施設等に LP ガス用ガス漏れ警報設備の設置を義務付けている。

●LPガス用警報器の設置基準

上記に限らず、一般家庭でも設置が推奨される。LPガスは空気よりも重いので、警報器は床付近に設置される。

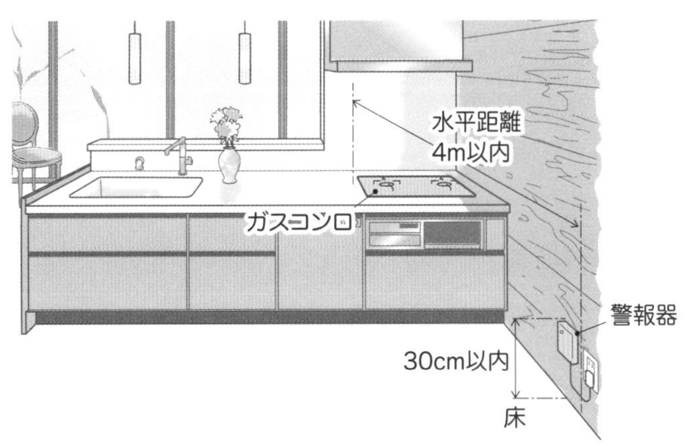

第7章 ガス設備

7 ガスを使用する部屋の換気

強制換気設備を設置する　換気設備の種類

ガスを使用する部屋には、強制換気の設備を設置しなければならないと、建築基準法で定められています。**強制換気**とは、送風機や排風機を使用するいわゆる機械換気設備のことです。機械換気設備には、第１種換気設備、第２種換気設備、第３種換気設備があります。

第１種換気設備は、**送風機（給気機）と排風機（排気機）を設ける**もので、一般的に窓のない部屋（機械室・劇場・映画館・地下街・厨房（ちゅうぼう）など）に適用されます。

第２種換気設備は、**送風機を設け、室内を正圧（＋）に保ち、排気口（ガラリなど）から排気する**方法で、ボイラー室、手術室などに適用されます。室内への汚染空気の侵入を防ぐのに適しています。

第３種換気設備は、**排風機のみを設け、室内を負圧（－）に保ち、給気口から給気する**方法で、便所、倉庫、浴室などに適用します。

１時間に何回空気を入れ替えるか　換気回数の規定

建築基準法では、換気回数の基準も設けています。換気回数とは、室の１時間当たりの換気量を室容積で割った値です（１時間に室内の空気が何回入れ替わったか、その回数を示したもの）。

換気回数〔回／h〕＝毎時の換気量〔m^3／h〕／室容積〔m^3〕

火を使用する室の換気の量　換気量の規定

火を使用する部屋の換気量は、下記の式により決められます。

V＝2・K・Q（煙突（えんとつ）を用いる場合）

V＝20・K・Q（フードを用いる場合①）

V＝30・K・Q（フードを用いる場合②）

V＝40・K・Q（フードがない場合）

ここに、V：有効換気量〔m^3／h〕、K：理論廃ガス量〔都市ガス、LPガス：0.93m^3／kW・h、灯油：12.1m^3／kg〕、Q：燃料消費量〔kW、kg／h〕とします。

なお、建築基準法（シックハウス対策）で、**24時間機械換気設備**の設置が義務付けられました。たとえば住宅の場合、特殊な例を除いて必要な換気量は0.5回／hと定められています。

ガスを使用する部屋での換気に関する規定

機械を使用する換気

●第1種換気

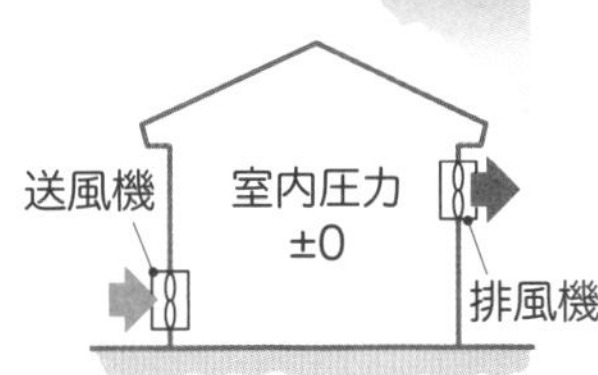

送風機で給気し、排風機で排気する。

●第2種換気

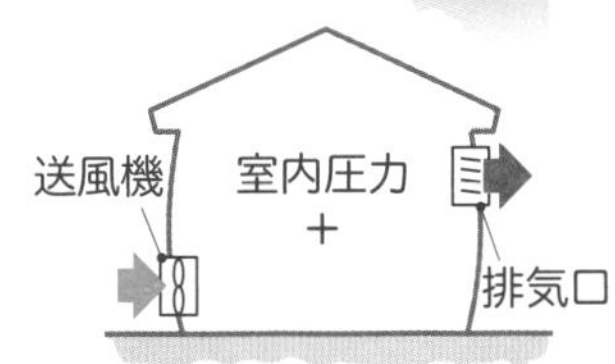

送風機で給気し、排気口から排気する。

●第3種換気

給気口から給気し、排風機で排気する。

換気の回数

一般的な各室の換気回数は右のとおりである。

室名	換気回数〔回 /h〕	室名	換気回数〔回 /h〕
居室（タバコ排気）	2 ～ 3	変電室	10 ～ 15
便所	10 ～ 15	厨房（大）※	30 ～ 40
洗濯室	20 ～ 30	厨房（小）※	40 ～ 60
機械室	5 ～ 10	地階倉庫	5 ～ 10
ボイラ室	10 ～ 15	屋内駐車場	10 以上

注）※印は実際はガス量から求める。

火を使用する部屋の換気量

●煙突（えんとつ）を用いる場合

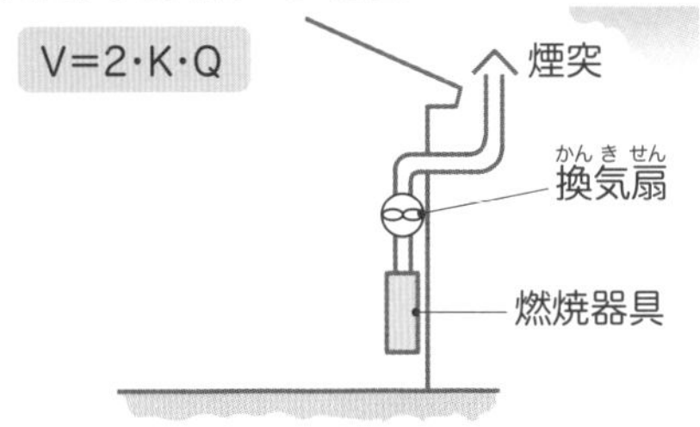

●フードを用いる場合①

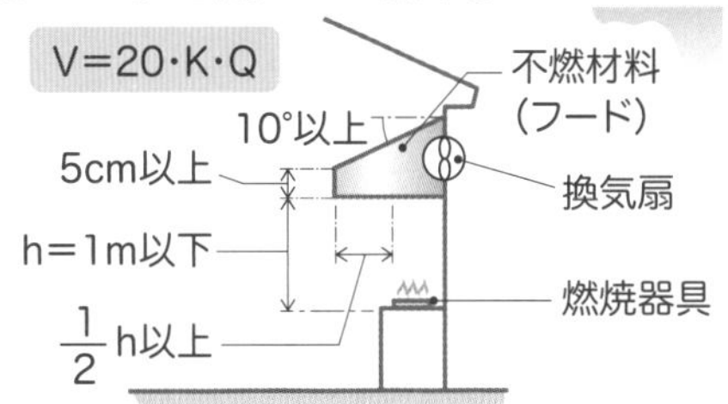

●フードを用いる場合②

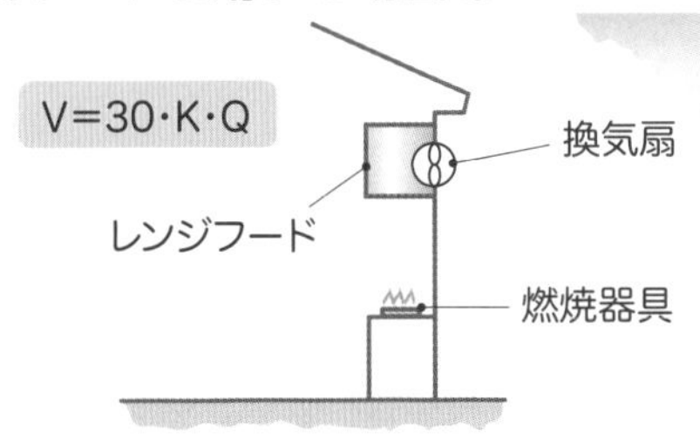

●フードがない場合

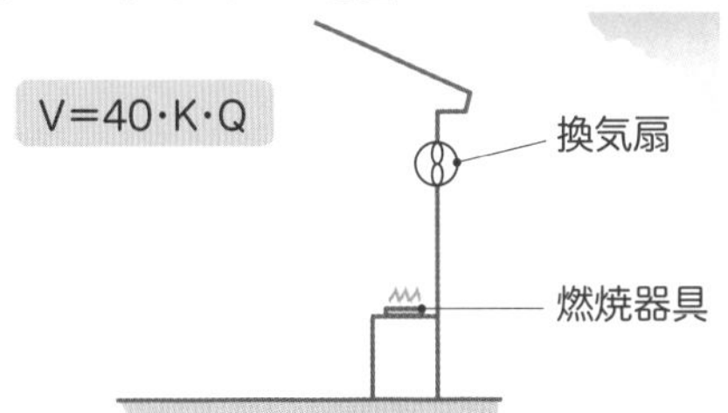

V：有効換気量〔m^3 / h〕、K：理論廃ガス量〔m^3 / kW・h〕、Q：燃料消費量〔kW、kg / h〕

8 ガス設備のよくあるトラブルと対策

ガス漏れ❶ ガスによる爆発火災

ガスによる爆発火災の一番の原因は、ガス器具の不良やガス栓、ガス管の老朽化による漏洩です。この老朽化は、ガスの元栓の閉め忘れによって起きるので、ガス器具およびガス管には常に注意を配っておくことが大事です。少しでも、老朽化が目立ってきたら新しいものに取り替えることが重要です。

ガス漏れを防ぐには、ガス器具は必ず目で確認し、移動できる器具の場合は、よく動かす部分の継ぎ目は十分注意して点検をすることが大事です。また、火が付いたかどうか、使用後は火が消えたかどうかを確認することです。赤っぽい色の炎は不完全燃焼で、青っぽい色になっているかを確認しましょう。

ガスの臭いに気が付いたら、室内の火は全部消し、速やかに窓や戸を開けてガスを外に出すことが必要です。決して、タバコは吸わないこと。また、電気のスイッチに触らないようにしましょう。ガスを使用するときは、換気を必ずするようにしましょう。

ガス漏れ❷ ガスによる一酸化炭素中毒

ガス器具などのガス漏れによる他に、排気筒（煙突）のズレやはずれ、腐食により屋根裏などにガスが漏れて室内に侵入し、一酸化炭素中毒になる場合があります。排気筒の先端の鳥の巣による詰まりなどにも注意しましょう。また、不完全燃焼による一酸化炭素中毒で死亡事故を招くおそれもあるので、炎の色の確認は大事です。

LP ガスでのトラブル LP ガス容器のトラブル

LP ガス容器に関するトラブルが頻発しています。LP ガス容器から火気を使用する箇所までは、2ｍ以上の距離をとる必要がありますが、どうしてもとれない場合は、火気を遮る処置が必要となります。前にも述べましたが、地震等の災害で容器が転倒し、圧力調整器や配管などが破損するおそれがあるので注意が必要です（148 ページ参照）。一般家庭の場合は、軒下などの平らな場所に転倒防止チェーンを取り付けていますが、雪で容器が埋まったり、屋根からの落雪で調整器や配管、メータなどが壊れるおそれがあるので、寒冷地においては雪囲いや容器小屋を設置してください。排気筒は丈夫な柱で補強して設置します。また、雪おろしの際は、LP ガス設備に損傷を与えないように十分注意してください。

なお、平成 12 年より、LP ガス容器からガスメータまでゴム管を使用することができなくなりました。ガスメータの使用期限にも注意しましょう。使用期限が切れると、本来の目的である計量能力が低下する傾向があります。

危険なガス事故を防ぐための注意事項

ガス漏れによる爆発

ガスは便利でクリーンなエネルギーだが、使い方を誤ると爆発火災を招く危険がある。

事故を ➡ 防ぐために

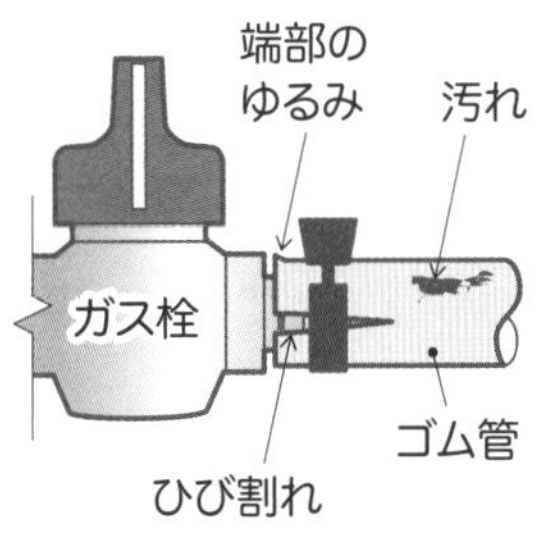

ガス管・ガス栓・ガス器具が老朽化していないか目で見て確認。

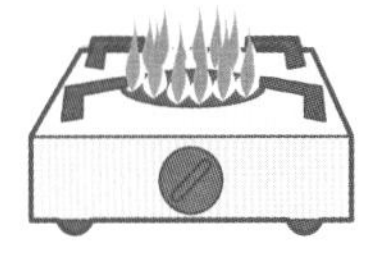

赤っぽい炎は不完全燃焼。この状態では使用しない。

死亡事故につながる一酸化炭素中毒

ガスの不完全燃焼などにより発生する一酸化炭素を吸いこむと、中毒症状が起こり危険。

事故を ➡ 防ぐために

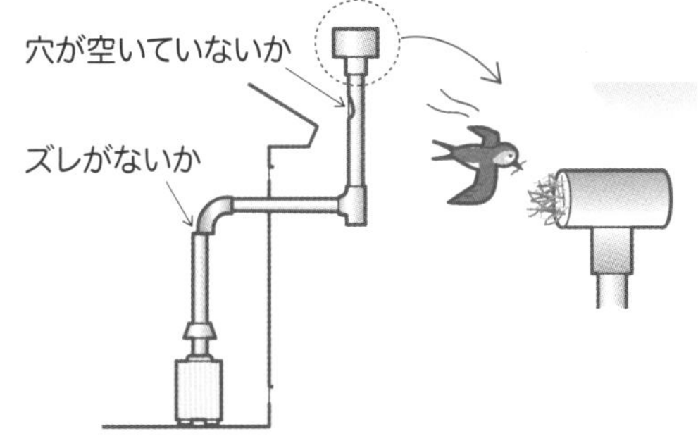

腐食による穴や、ズレがないか、煙突が鳥の巣などで詰まっていないかを確認。

LPガスによる事故

LPガスによる爆発事故や、漏洩、ガス設備のトラブルが頻繁に起こっており、死亡事故につながるケースもある。

事故を ➡ 防ぐために

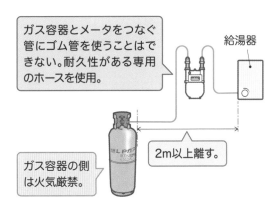

ガス容器とメータをつなぐ管にゴム管を使うことはできない。耐久性がある専用のホースを使用。

給湯器

2m以上離す。

ガス容器の側は火気厳禁。

Column 換気の必要性

頭痛
めまい
吐き気
喉の痛み
皮膚炎
シックハウス症候群対策の1つとして、24時間換気システムの設置が義務付けられている。

●24時間換気システム

ガスの完全燃焼には十分な空気が必要です。156ページで説明しているように、ガスを使用する部屋には強制換気の設備を設置しなければなりません。

一方で、住宅の高気密・高断熱化にともない、建材や家具等から発生するホルムアルデヒドやクロルピリホスなどによる頭痛や吐き気や、アトピー性皮膚炎などの健康障害を引き起こす、いわゆるシックハウス症候群が問題視され、2003年に建築基準法が改正され、24時間換気システムの設置が義務付けられました。

24時間換気システムとは、自然換気によるものではなく、機械換気設備による強制換気のことで、24時間、常に室外から室内に空気を取り入れ、室外に排気するシステム（住宅の場合、必要換気量は0.5回／h）をいいます。

●ホルムアルデヒド

ホルムアルデヒドは、刺激臭があり、皮膚や粘膜(ねんまく)への刺激が強く、発ガン性がある気体です。水に溶けると、ホルマリン（理科の実験室にある標本を保存する液体）になります。

浄化槽設備

浄化槽とは、トイレの汚水や洗濯・流しなどの雑排水をきれいな水にして、終末処理場を有する公共下水道以外に放流するための設備または施設です。この章では、「浄化槽の構造やシステム」および「浄化槽の選定、設置」「保守点検、清掃」などについて解説します。

1 浄化槽の種類

浄化槽にはどんなものがあるか？　浄化槽の種類

浄化槽は、**活性汚泥法**、**生物膜法**などの**生物処理方式によって汚水や雑排水を処理**する設備または施設で、処理した水は終末処理場を有する公共下水道以外に放流します。し尿浄化槽の構造の基準は、平成 18 年国土交通省告示第 154 号に定められています。

浄化槽には、**トイレ（水洗便所）からの汚水のみを処理する単独処理浄化槽**と、**汚水と台所や風呂、流しなどからの生活雑排水（工場廃水、雨水その他の特殊な排水を除く）を併せて処理する合併処理浄化槽**があります。

現在では、汚水より生活雑排水のほうが汚れが激しく、汚水のみでなく雑排水も一緒に浄化し、河川などへ放流しなければならなくなり、**単独処理浄化槽の使用は禁止**されています。ただし、浄化槽法の既設単独処理浄化槽に係る経過措置という規定により、既設の単独処理浄化槽はすぐに除去し、合併処理浄化槽を設置しなければならないというのではなく、既設単独処理浄化槽を使用する者は、原則として、合併処理浄化槽への設置替えまたは構造変更に努めなければならないものとしています。よって、既設単独処理浄化槽から合併処理浄化槽への転換促進を図るため、補助金を出す市町村役場が多くなってきています。

小型の合併処理浄化槽　小規模合併処理浄化槽

小規模合併処理浄化槽（小型合併処理浄化槽）とは、**処理対象人員**（建築基準法施行令の規定に基づく処理対象人員の算定方法により算定したもの）**が５人から 50 人まで**の合併処理浄化槽のことをいいます。一般的に、家庭用としては、処理対象人員が５人から 10 人程度の合併処理浄化槽が採用されています。

小規模合併処理浄化槽には、主として**好気性微生物**（酸素が存在する中で生息する微生物）を利用した**分離接触ばっ気方式**と、**嫌気性微生物**（酸素が存在しない中で生息する微生物）と好気性微生物を併用した**嫌気ろ床接触ばっ気方式**、生活排水中の窒素を高度に処理できる**脱窒ろ床接触ばっ気方式**の３方式があります。

分離接触ばっ気方式は、**沈殿分離槽**（上澄み水と沈殿汚泥に分離する）、**接触ばっ気槽**（水中の接触材に生物膜を生成させ、ばっ気する）、**沈殿槽**、**消毒槽**から成り立っています。嫌気ろ床接触ばっ気方式は、分離接触ばっ気方式の沈殿分離槽を**嫌気ろ床槽**（嫌気性微生物が有機物を分解する）に置き換えた形です。脱窒ろ床接触ばっ気方式の**脱窒ろ床槽**は、嫌気ろ床槽と同様に浮遊物の分離や除去、有機物の除去をするとともに、接触ばっ気槽の水を脱窒ろ床槽に送って窒素を除去します。

汚水は処理してから放流する

浄化槽の種類

●単独処理浄化槽

●合併処理浄化槽

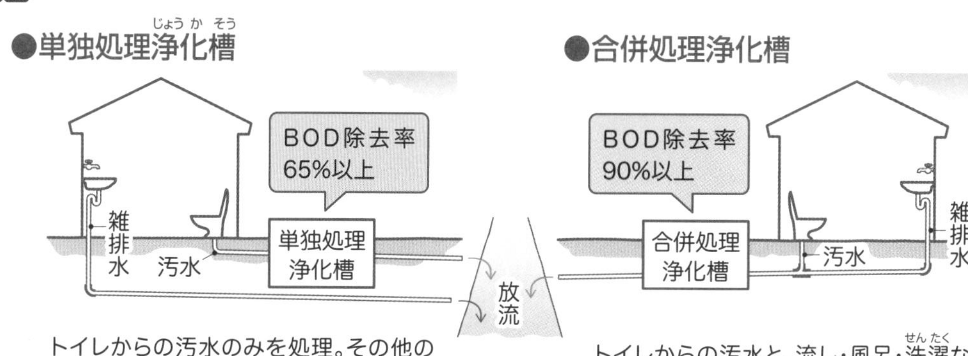

トイレからの汚水のみを処理。その他の生活雑排水はそのまま河川などに放流。

環境保護のため、単独処理浄化槽の新設は禁止となっている。

トイレからの汚水と、流し・風呂・洗濯などからの生活雑排水を同時に処理。

（BODについては166ページ参照）

小規模合併処理浄化槽のしくみ

●分離接触ばっ気方式

「ばっ気」とは、汚水に空気を触れさせ、酸化作用や微生物の働きを利用して浄化すること。

●嫌気ろ床接触ばっ気方式

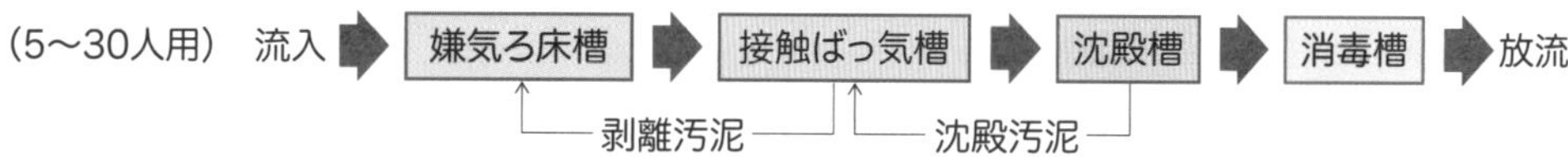

（31〜50人用）分離接触ばっ気方式の沈殿分離槽が嫌気ろ床槽に置き換わった形。

●脱窒ろ床接触ばっ気方式

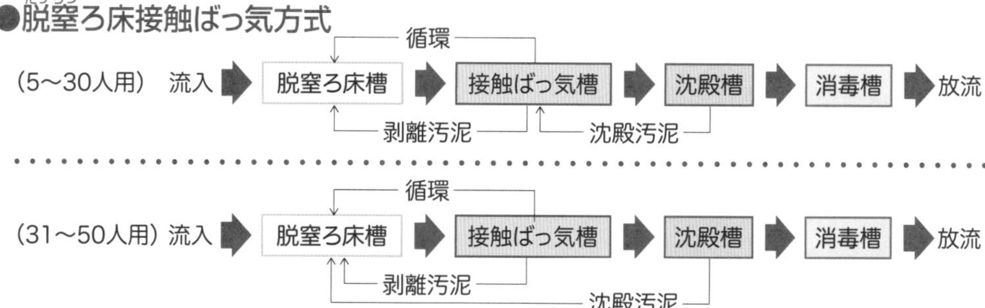

これらの小規模合併処理浄化槽の詳細図を巻末付録の204ページに掲載しているので、参照のこと。

2 生物処理方法

汚れを分解する方法　生物膜法と活性汚泥法

生物処理方式は、微生物を利用して汚水の汚れを分解するもので、生物膜法と活性汚泥法に分類されています。

生物膜法は、**汚水を接触材（ろ材）の表面に付着した微生物（生物膜）に汚水を接触させて酸化分解（微生物が汚れを食べて無害なものに変える現象）させ、汚れを浄化**する方式です。生物膜法は、接触材に汚水を通過させ、ろ過するのではなく、生物膜に汚水を接触させ酸化分解させるものです。

活性汚泥法は、**ばっ気槽（生物反応槽）内に浮遊している活性汚泥（微生物フロック）に汚泥物質（汚水）を接触させ、吸着、酸化、固液分離（液状の固まりに分けて離す）させて汚水を浄化**する方式です。なお、フロックとは、水に凝集剤を加えて混和させたときに形成される金属水酸化物（マグネシウム、アルミニウム、クロム、鉄、マンガンなど）の凝集体のことをいいます。

生物処理を効果的に機能させるための条件　食物連鎖

生物処理を効果的に機能させるには、有機物（汚水中の不安定な腐敗性物質）⇒細菌⇒原生動物（単細胞生物で汚水処理に欠かせない代表的な微生物）⇒微小後生動物（多細胞生物で原生動物より進化している微生物）という**食物連鎖**（食うか食われるかの関係で鎖のようにつながる状態）が必要です。

生物処理によって生じる汚泥の量は、内生呼吸率（自己酸化率：栄養源が不足してくると微生物が自己の体内に貯蔵された物質を栄養源として分解する率）が高いほど、また、食物連鎖が活発になるほど減少します。

生物膜法と活性汚泥法の比較　各方式の特徴

生物膜法と活性汚泥法を比較すると、**生物膜法のほうが汚水に接触する微生物の種類が多様性に富んでいるので、環境条件変動（流量変動や低負荷など）に対して対応力があります。**また、生物膜法のほうが一般的に**食物連鎖は長く続きます。余剰汚泥（必要量を上回る余分な汚泥）については、生物反応槽のみでは、生物膜法のほうがやや少なく**なります。

一方、**高負荷に対しては、活性汚泥法のほうが処理し**やすく、また、**生物量（微生物の量）のコントロールに関しては、活性汚泥法では沈殿層からばっ気槽に汚泥を送ることによって調整できます**が、生物膜法では急に微生物を増やすことはできません。

汚水の浄化に活躍する微生物

微生物が汚れを分解

●生物膜法

接触材の表面に付着した好気性微生物が汚水の有機物を分解し、浄化する方式。

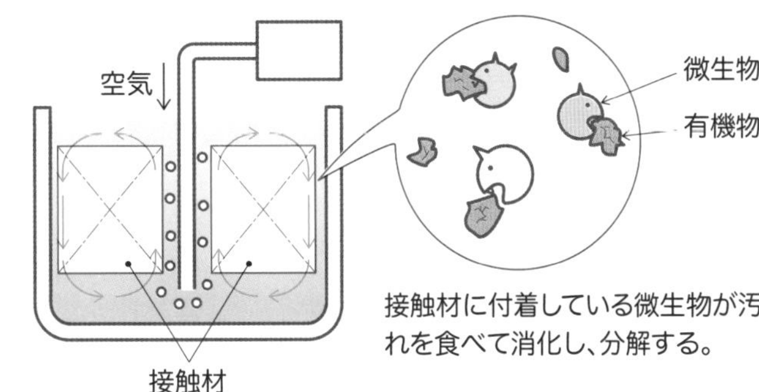

●活性汚泥法

ばっ気槽の汚水に酸素を送り、槽内の活性汚泥を繁殖させ、汚れを酸化、分解させる方式。

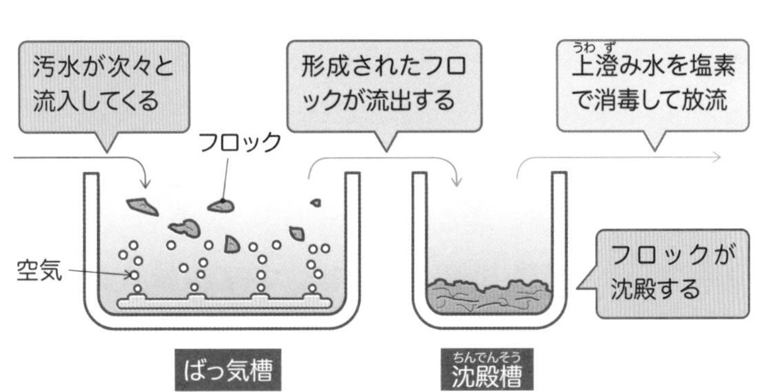

小規模合併処理浄化槽のしくみ

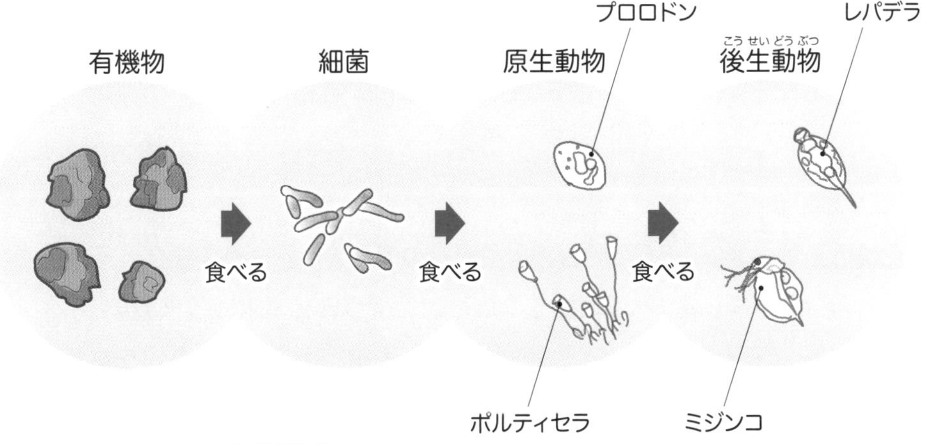

生物処理方式ではこうした食物連鎖を利用して汚水を浄化する。食物連鎖が活発化するほど処理の効率は上がり、処理によって生じる汚泥量は少なくなる。

3 BOD除去率

消費される酸素の量　BODとは

BOD（Biochemical Oxygen Demand）とは、日本語では**生物化学的酸素要求量**といい、**汚水中の不安定な腐敗性物質**〔有機物質：炭素化合物（一酸化炭素COと二酸化炭素CO_2を除く）の総称〕**が、水中の酸素を吸収しながら、より安定した物質〔無機物質：有機物質以外の物質**（水銀やカドミウムなど）の総称〕**またはガスに変わるのに消費される酸素の量**をいいます。

BODを測定する方法は　希釈法と検圧法

BODの測定法としては、希釈法と検圧法があります。

希釈法は、**試料を希釈水で薄め、20℃で5日間培養したときに消費される溶存酸素量**（DO：Dissolved Oxygen、水中に溶け込んでいる酸素の量）**からBODを求める**方法です。

検圧法は、**二酸化炭素吸収剤および気圧計、またはマノメーター**（流体の圧力を測定する器具）**を取り付けた密閉フラスコの中に試料を少し入れ、フラスコ内の圧力変化によって、マノメーターのメニスカス**（meniscus：界面張力によって細い管の内の液体の表面が作る凸・凹状の曲面）**の変化を測定し、その減少量から酸素の消費量を求める**方法です。

BODがどれだけ除去できたか　BOD除去率

浄化槽から放流される汚水の汚れの指標は、BOD値によって決められています。

浄化槽に流入したBOD量のうちどれだけ除去できたかを示す割合をBOD除去率といい、浄化槽への流入水のBOD濃度から、浄化槽からの放流水のBOD濃度を引いた濃度を、浄化槽への流入水のBOD濃度で割って求められます。

$$\text{BOD除去率〔\%〕} = \frac{\text{流入水BOD〔mg／L〕}-\text{放流水BOD〔mg／L〕}}{\text{流入水BOD〔mg／L〕}} \times 100\ \text{〔\%〕}$$

※ mg／L＝ppm（ppm（parts per million）は百万分率で、百万のうちいくつあるかを示す。）

浄化槽の処理性能は、BOD除去率と放流水のBOD値によって決まってきます。

なお、合併処理浄化槽のBOD除去率は、次のようにして求められます。

❶次の式により流入する汚水のBOD負荷量と雑排水のBOD負荷量を求め合計します（BOD負荷量は1日に流入するBODの量）。

流入水BOD負荷量〔g／d〕＝汚水量〔m^3／d〕×流入水BOD〔mg／L〕

❷流入水BODは、流入汚水量の合計で割って求めます。

❸流入水BODの値をBOD除去率の式に当てはめて求めます。

汚れの指標はBOD値で決まる

BODとは?

BODとは、微生物（びせいぶつ）が汚水中の有機物質を分解するのに必要とする酸素の量のことで、BODの値が高いほど、有機物の量が多い。つまり水が汚れているということになる。

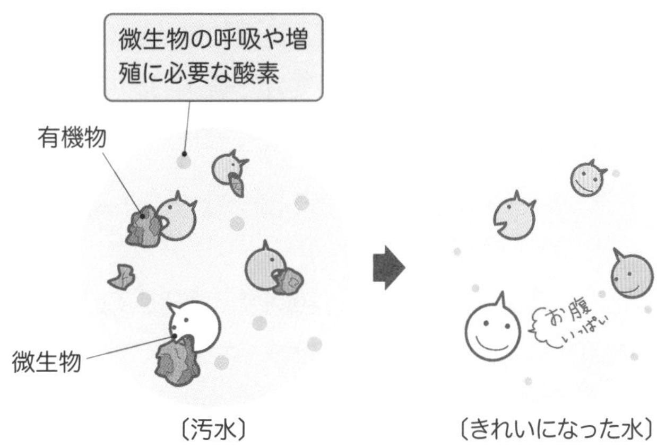

BODの除去率を求める

浄化槽（じょうかそう）の汚水のBODがどれだけ少なくなったかを表す値をBOD除去率といい、以下の式で求められる。

$$\text{BOD除去率〔\%〕} = \frac{\text{流入水のBOD〔mg/L〕} - \text{放流水のBOD〔mg/L〕}}{\text{流入水のBOD〔mg/L〕}} \times 100\text{〔\%〕}$$

例題

以下の条件における合併処理浄化槽のBOD除去率を求めよ。

水の種類		汚水量〔m^3 /d〕	BOD濃度〔mg/L〕
流入水	便所の汚水	10	200
	雑排水	20	80
放流水		30	30

解答

まずBOD負荷量を次の式によって求める。

流入水BOD負荷量〔g/d〕＝汚水量〔m^3/d〕×流水量BOD〔mg/L〕

すると、流入水（便所の汚水）BOD負荷量 ＝ 10×200＝2000〔g/d〕

流入水（雑排水）BOD負荷量 ＝ 20×80＝1600〔g/d〕

よって、合計流入水BOD負荷量 ＝ 2000＋1600＝3600〔g/d〕となる。

流入水BODは流入汚水量合計30〔m^3/d〕で割り、$\frac{3600\text{〔g/d〕}}{30\text{〔m}^3\text{/d〕}}$＝120〔g/$m^3$〕＝120〔mg/L〕。

この値を上記のBOD除去率を求める式に当てはめ、

$$\text{BOD除去率〔\%〕} = \frac{120\text{〔mg/L〕} - 30\text{〔mg/L〕}}{120\text{〔mg/L〕}} \times 100\text{〔\%〕} = 75\text{〔\%〕}$$となる。

4 処理対象人員

主な建物の処理対象人員　処理対象人員の算定

処理対象人員とは、**1つの建築物から排出される汚水が何人分とみなされるか**、という値で、建築基準法施行令の規定に基づく処理対象人員の算定方法（昭和 44 年建設省告示第 3184 号）により算定したものをいいます。

し尿浄化槽の算定処理対象人員は、JIS A 3302-2000 に規定されています。

たとえば、**住宅においては、延べ面積が 130m² 以下の場合、処理対象人員は5人となり、130m² を超える場合は、7人**と定められています。その他、主な建物について述べると、**共同住宅は、延べ面積に 0.05 を掛けて**決めます。ただし、1戸当たりの人員が 3.5 人以下の場合は、1戸当たりの人員を 3.5 人、または2人（1戸が1居室だけで構成されている場合に限る）とし、1戸当たりの人員が6人以上の場合は、1戸当たりの人員を6人とします。事務所ビルの場合は、業務用厨房設備を設けている場合と設けていない場合に分かれており、**業務用厨房設備がある事務所は、延べ面積に 0.075 を掛け、ない事務所は、0.06 を掛けて**算定します。集会場内に、飲食店が設けられている場合の処理対象人数は、それぞれの建築用途部分の人員を算出し合計します。保育所、幼稚園、小・中学校は、定員に 0.20 を掛けて算出、診療所、医院は、延べ面積に 0.19 を掛けて算出します。

その他は、203 ページの表を参照してください。

特殊な建築の処理対象人員　処理対象人員の算定

❶ 203 ページの表に記載されていない特殊な建築用途の建築物、または定員未定の建築物については、算定表に準じて算定します。

❷**同一建築物が2以上の異なった建築用途の場合は、それぞれの建築用途の項を適用し、加算**して処理対象人員を算定します。

❸**2以上の建築物が共同でし尿浄化槽を設ける場合は、それぞれの建築用途の項を適用し、加算**して処理対象人員を算定します。

❹学校などその他で、**特定の収容される人だけが移動することによって、2以上の異なった建築用途に使用する場合には、❷、❸を適用して加算**します。また、建築物ごとの建築用途別処理対象人員を軽減することができます。

なお、同一建築物内に複数の建築用途を有する場合の共有部分（ロビー、エレベーターホールなど）については、各用途を使用する人員数に比例すると考え、その面積比により、共用部分の処理対象人員を算定します。

浄化槽の容量を決めるために算出する

処理対象人員とは

1つの建築物から出る汚水が何人分にあたるかという値。浄化槽（じょうかそう）の容量を決めるにはまずこの値の算定が必要となる。

家の延（の）べ面積が130m²以下の場合、4人家族でも5人分の汚水が排出されると設定して設計する。
浄化槽

●処理対象人員算定基準

建築用途		処理対象人員	
		算定式	算定単位
住宅	A ≦ 130 の場合	n = 5	n：人員〔人〕、A：延べ面積〔m²〕
	130 ＜ A の場合	n = 7	
共同住宅		n = 0.05A	n：人員〔人〕※、A：延べ面積〔m²〕
事務所	業務用厨房設備を設ける場合	n = 0.075A	n：人員〔人〕、A：延べ面積〔m²〕
	業務用厨房設備を設けない場合	n = 0.06A	
保育所、幼稚園、小・中学校		n = 0.20P	n：人員〔人〕、P：定員〔人〕
診療所、医院		n = 0.19A	n：人員〔人〕、A：延べ面積〔m²〕

※ 1 戸当たりの n が 3.5 人以下の場合は、1 戸当たりの n を 3.5 人または 2 人（1 戸が 1 居室だけで構成されている場合に限る）とし、1 戸当たりの n が 6 人以上の場合は、1 戸当たりの n を 6 人とする。

JIS A 3302-2000 より抜粋

特殊な建築物での算出方法

1つの建築物が2つ以上の異なった建築用途で使われる場合

算定表のそれぞれの建築用途の項を適用して算定し、求めた人数を加算する。

2つ以上の建築物が共同で1つの浄化槽を使用する場合

算定表のそれぞれの建築用途の項を適用して算定し、求めた人数を加算する。

一定の人数が異なる建築用途の室に移動する場合

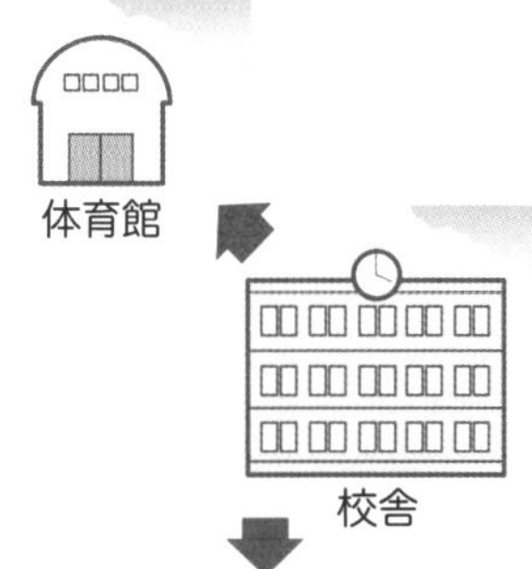

浄化槽が共同なら左記2つと同様に算定し、浄化槽をそれぞれ持つ場合は別々に算定する。

第8章 浄化槽設備

5 浄化槽の設置

浄化槽の構造　材料と施工方法

浄化槽の躯体（構造部分）の材料には、**鉄筋コンクリート、プレキャスト**（PC：工場で生産）**鉄筋コンクリート、ガラス繊維強化ポリエステル樹脂**（FRP：Fiberglass Reinforced Plastics）があり、組み立て方には、現場施工型やユニット型（工場生産浄化槽）があります。

施工計画を立てる　浄化槽の施工計画

浄化槽の施工計画を立てるには、浄化槽法をはじめ、関連法規である建築基準法や水質汚濁防止法を理解した上で、計画する必要があります。

まずは、**処理対象人員**を算定し、次に浄化槽を選定します。選定するにあたっては、処理水質、設置条件に留意が必要です。**処理対象人員が 50 人以下の場合は、現場打ちか工場生産浄化槽かを検討**し、さらには**分離接触ばっ気方式**か**嫌気ろ床接触ばっ気方式**かなどを選定します。

次に、設置場所の選定を行います。まずは、**便所や雑排水が建物から排出される場所からもっとも近いところに設置**することです。**設置を避けるべき場所は、車庫、物置等の建物の中や玄関先。**さらに、**飲食店であれば、その出入り口には設置しない**ようにします。

それから、設置のための申請を行います。申請には、新たに建築物を設ける場合と既設の汲み取り便所を改造する場合の二通りがあります。前記の場合、建築基準法による建築確認等の手続きを行い、後記の場合は浄化槽法による申請を行います。

FRP 製浄化槽を設置する　FRP 製浄化槽の施工手順

FRP 製浄化槽を設置するには、まず、浄化槽の外形に対して、周囲を 30cm 程度広く掘削（掘る）します。状況によって、土留め（土手や崖の土を止める）や水替え工事を行い、掘削後、割栗石（基礎の溝を掘った部分の底に敷く石）、砂利や砂で地盤を十分突き固めて捨てコンクリート（基礎コンクリートを作る前に、地盤の上に打設するコンクリートのこと）を打ち、底盤面を水平にし、高さの調整を行います。次に、コンクリートが固まったら、FRP 製浄化槽本体を所定の位置に下ろし、流入管底の深さを確かめて、水平を出してから設置します。

正しく設置したら、槽内に水を入れて満水にし、**24 時間漏水のないことを確認して埋め戻し**（余った土を隙間部分に戻す）をします。FRP 製浄化槽は衝撃に弱いので、石などの混入がない良質の土を使用し、埋め戻したら均等に突き固めていきます。

浄化槽設置の計画から施工までの流れ

浄化槽施工までの手順

関係法規を読み、理解する。	浄化槽を決定する。	設置場所を決定する。	市町村へ設置の届出をする。
・浄化槽法 ・建築基準法 ・水質汚濁防止法など	処理対象人員や汚水量を算定し、処理方法を選ぶ。	臭いの問題やメンテナンスの必要性も考慮し、検討する。	住宅の新築の場合 ➡建築確認申請を行う 水洗便所への改造の場合 ➡浄化槽設置届を提出

FRP製浄化槽の施工

1

浄化槽を埋設する穴を掘る。必要に応じて、土の崩れを防ぐ土留めを施す。

2

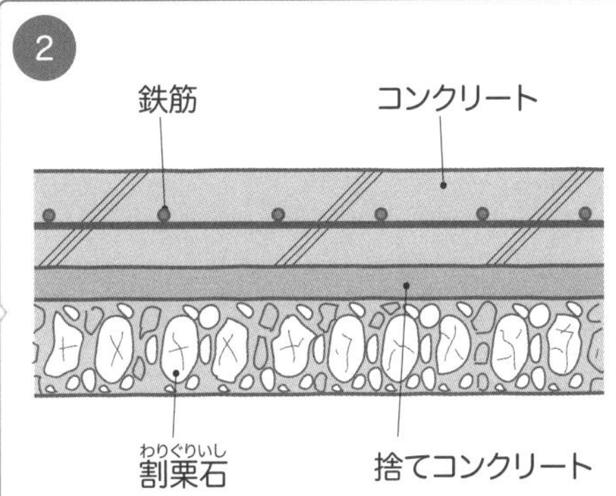

掘削後、割栗石を敷き、砂利や砂で地盤を固め、その上にコンクリートを打設する。

3

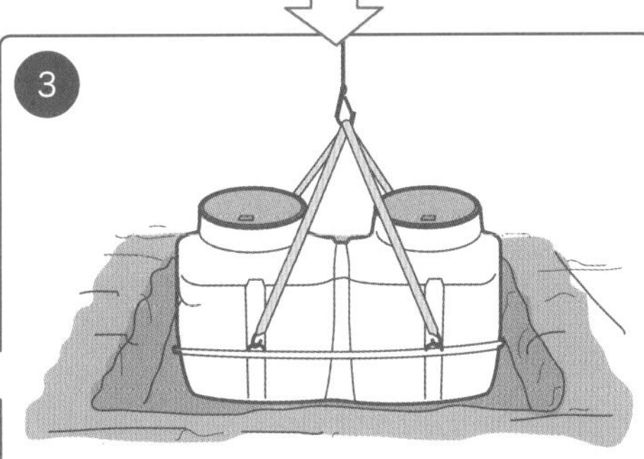

コンクリートが固まった後、浄化槽を穴の中に下ろし、水平を確認する。

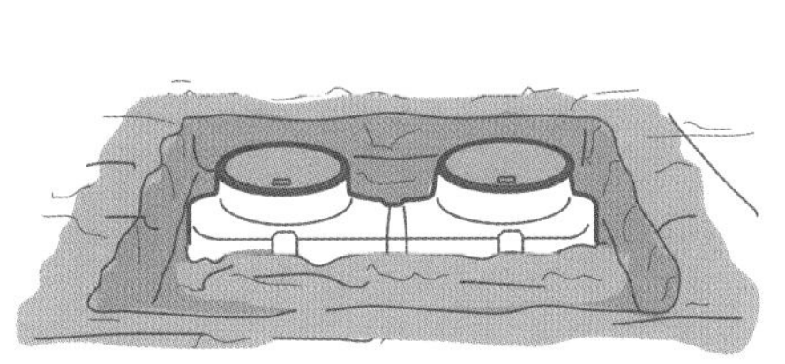

石などが混入していない土で浄化槽と掘削面の間を埋め、突き固めた後、コンクリートで上部を固める。

6 浄化槽の保守点検

はじめに確認すること　保守点検の注意事項

保守点検を行うにあたって必要なことは、まずはじめに、**浄化槽の管理者は、浄化槽の使用開始時に浄化槽の施工業者立会いのもと、計画書、仕様書、設計図、設置届、操作要領などの引継ぎをし、説明を受け、それらの書類と設置された浄化槽の内容が違っていないかを確かめておくこと**です。

新築現場においては、便器内などに建築廃材や、管の切りくず、ごみなどが混入していないか、また、マンホール内に土砂が入っていないかを確認し、清掃しておく必要があります。また、浄化槽の管理カード、水質検査カードを作成し、点検・修理・水質・清掃などについてそのつど記入しておきます。その点検記録は、**3年間保存**しておかなければなりません（浄化槽法施行規則第5条）。

すでに使用されている浄化槽の引継ぎを行う場合には、前任者の立会いのもと全体の点検を行い、後任者は不明な点を十分に聞き、その他関係書類なども引き継いでおく必要があります。

定期的に保守点検を！　保守点検の注意事項

浄化槽の機能を正常に維持するためには、定期的に保守点検作業を行わなければなりません。浄化槽法第10条において、**浄化槽の定期的な保守点検（年1回以上）**が義務付けられています。微生物の管理や、浄化槽本体や機器類および付属部品の調整・修理をしたり、汚泥などの蓄積状況を調べ、清掃時期を判断したり、消毒剤の補充を行う作業を行います。

保守点検の作業は、**都道府県に登録した業者の浄化槽管理士**（浄化槽の保守点検業務に従事するための国家資格）でなければ行えないことになっています。

保守点検を行う回数は、浄化槽の種類や規模などによって異なりますが、**合併処理浄化槽の分離接触ばっ気方式、嫌気ろ床接触ばっ気方式または脱窒ろ床接触ばっ気方式においては、処理対象人員が20人以下の浄化槽の点検期間は4ヶ月に1回、処理対象人員が21人以上50人以下の場合は3ヶ月に1回**となっています。その他の方式においての点検期間は、右表を参照してください。

浄化槽の機能を十分に発揮させるために

保守点検の義務

●使用開始時に気を付けること

新築建築物に設置する場合も、使用されていたものを譲り受ける場合も、しっかり引継ぎを行う。

●使用開始後の定期点検

資格を持った者による定期点検のほか、水質検査、清掃を行わなくてはならない。

定期点検を行う期間

定期点検を行う回数は、浄化槽（じょうかそう）の方式や規模によって以下のように定められている。

●単独処理浄化槽（みなし浄化槽）

処理方式	浄化槽の種類	点検期間／1回
全ばっ気方式	❶処理対象人員が 20 人以下の浄化槽	3月
	❷処理対象人員が 21 人以上 300 人以下の浄化槽	2月
	❸処理対象人員が 301 人以上の浄化槽	1月
分離接触ばっ気方式、分離ばっ気方式または単純ばっ気方式	❹処理対象人員が 20 人以下の浄化槽	4月
	❺処理対象人員が 21 人以上 300 人以下の浄化槽	3月
	❻処理対象人員が 301 人以上の浄化槽	2月
散水ろ床方式、平面酸化床方式または地下砂ろ過方式	–	6月

●合併処理浄化槽

処理方式	浄化槽の種類	点検期間 / 1 回
分離接触ばっ気方式、嫌気ろ床接触ばっ気方式または脱窒ろ床接触ばっ気方式	❶処理対象人員が 20 人以下の浄化槽	4 月
	❷処理対象人員が 21 人以上 50 人以下の浄化槽	3 月
活性汚泥方式	–	1 週
回転板接触方式、接触ばっ気方式または散水ろ床方式	❶砂ろ過装置、活性炭吸着装置または凝集槽を有する浄化槽	1 週
	❷スクリーンおよび流量調節タンクまたは流量調整槽を有する浄化槽（❶に掲げるものを除く）	2 週
	❸ ❶および❷に掲げる浄化槽以外の浄化槽	3 月

どちらも環境省関係浄化槽法施行規則第 6 条より

7 浄化槽の清掃と定期検査

洗浄した水は張り水として使用できる　浄化槽の清掃①

浄化槽法第 10 条では、**浄化槽の清掃について、年 1 回（全ばっ気方式の既存単独処理浄化槽にあっては、おおむね 6 ヶ月ごとに 1 回以上）の実施義務**が定められています。

清掃をするときは、槽内の洗浄に使用した水は引き出すことが原則ですが、**一次処理装置の機能に支障を与えない洗浄水は洗浄後の張り水として使用してもよい**ことになっています（浄化槽法施行規則第 3 条第 11 号）。装置別に見ると、一次処理装置、二階タンク、腐敗室または沈殿分離タンク、沈殿分離室もしくは沈殿分離槽の張り水には、嫌気ろ床槽、脱窒ろ床槽、消毒タンク、消毒室または消毒槽以外の部分の洗浄に使用した水を使用してもよいと定められています。なお、浄化槽法施行規則第 3 条第 12 号には、張り水に水道水などを使用しなくてはならない装置について 1 つ 1 つ定められています。

清掃する間隔には差が生じる　浄化槽の清掃②

建築物の用途によって汚泥の生成速度が違うため、清掃する間隔には差が生じます。法律では上記のように清掃の間隔が一律に決められていますが、同じ処理方式で同人員の浄化槽でも、建築物の用途、人員比（実使用人員／人槽）などの諸条件により、流入する汚水の水質、量、性質などが異なるため、生物処理槽における汚泥の増加速度が異なります。清掃する間隔は、建築物の用途やその他の諸条件によって考慮し、清掃を行うべきです。

1 年に 1 回の定期検査を！　定期検査

浄化槽法第 11 条に、環境省令で定めるところにより、**浄化槽管理者は毎年 1 回**（環境省令で定める浄化槽については、環境省令で定める回数）、**指定検査機関の行う水質に関する検査を受けなければならない**と定められています。

維持管理が適正に行われないと、浄化槽の機能が低下し、BOD 値の高い汚水が流れ出して環境汚染の原因になるばかりでなく、故障の原因にもなり、機能を正常に戻すために費用がかかることになります。

設置された浄化槽が適正に機能しているかどうかを確認するため、**浄化槽を使い始めて 6 ヶ月を経過した日から 2 ヶ月の間に設置状況検査を受け、その後、1 年に 1 回の定期検査を受けなければなりません**。なお、各都道府県によって設置状況検査を受けるべき時期に違いがあるので、設置場所の都道府県の役所で聞くことをお勧めします。

清掃と定期検査が義務付けられている

清掃についての決まり

浄化槽に溜まった汚泥をそのままにしておくと、機能低下や悪臭の発生などが起こるため、汚泥の引き抜きや洗浄などを行う必要がある。

浄化槽の清掃は、各区域を管轄する市町村長の許可を受けた専門の業者が行います。

浄化槽保守点検業者登録票	
氏名又は名称	○△□株式会社
代表者の氏名	○△□太郎
登録番号	第○-○○○○号
登録年月日	○年○月○日から○年○月○日まで
浄化槽管理士の氏名	○△次郎

清掃の手順は浄化槽の種類によって異なるが、以下におおまかな清掃の流れを記す。

浄化槽内の汚泥を引き抜く。

↓

内壁に付着した汚れを洗い落とし、きれいにする。

↓

浄化槽内を洗浄した汚れた水を再び引き抜く。

↓

規定の水位まで水を張る。

※ 張り水の使用については細かく規定されている。

定期検査の義務

浄化槽管理者（設置所有者）は、放流する水が環境を破壊する原因とならないように、新しく設置された浄化槽は、使用開始半年後、2ヶ月以内に設置状況検査を受け、その後1年に1回専門の保守点検業者に委託し、定期検査（浄化槽法第11条）を受けなければならない。

●検査項目

外観検査	水質検査
設置状況	水素イオンの濃度指数（pH）
設置の稼動状況	汚泥沈殿率
水の流れ方の状況	溶存酸素量
悪臭の発生	透視度
蚊・ハエの発生状況	生物化学的酸素要求量（BOD）

8 浄化槽設備用語

試験によく出る言葉

この章では、浄化槽設備のしくみや技術などについて説明してきましたが、最後に、建築・建築設備系の試験、またはインテリアコーディネーター試験によく出題されている用語の解説をします。

BOD（Biochemical Oxygen Demand）、**COD**（Chemical Oxygen Demand）、**浮遊物質**（**SS**：Suspended Solids）については、第1章22ページを参照してください。

Ⓐ 好気性微生物（Aerobic Bacteria）

酸素が存在する中で生息する微生物で、ラン藻、アゾトバクター、枯れ草菌、酢酸菌、メタン細菌、硫黄細菌などをいい、役割としては、**汚物等を消化・分解し、無機物と炭酸ガスにします。**

Ⓑ好気性分解（Aerobic Resolution）

好気性細菌によって有機物質（汚水中の不安定な腐敗性物質：油脂類、細菌類、微生物など）**が分解されること**をいいます。分解すると、水、二酸化炭素、硝酸性窒素、硫酸塩といった**安定した無機物質**（無機の酸・アルカリ、塩類、窒素、りん、シアンなど）**が得られます。**

Ⓒ 嫌気性微生物（Anaerobic Microorganisms）

酸素が存在しない中で生息する微生物で、ビフィズス菌などの腸内細菌、発酵菌、硫酸還元菌、緑色硫黄細菌などをいい、役割としては、**腐敗あるいは発酵させます。**

Ⓓ嫌気性分解（Anaerobic Resolution）

嫌気性細菌によって有機物質を分解させること。分解によって有機酸や硫化水素が発生し、最終的に**アンモニア性窒素、二酸化炭素、水素、メタンガスなどが発生**します。

Ⓔ蒸発残留物（Evaporator Dregs）

試料を**100℃で加熱して蒸発乾固（乾いて固まること）させ、さらに105～110℃で乾燥させたときに残る固形物**をいいます。浮遊物質と溶解性物質からなり、成分は無機物と有機物の混合物です。

Ⓕ塩素消毒（Chlorine Sterilization）

塩素ガス（Cl_2）または過量の塩化化合物を水中に加えることにより、**水中の菌類・微生物を滅菌したり、水中の有機物・無機物を酸化**（酸素と化合すること）させます。

覚えておきたい用語

浄化槽に関する重要な用語

●好気性微生物（こうきせいびせいぶつ）

酸素がある場所に生息し、酸素を使って活動する微生物。

●好気性分解

好気性微生物が有機物を水や二酸化炭素などに分解すること。

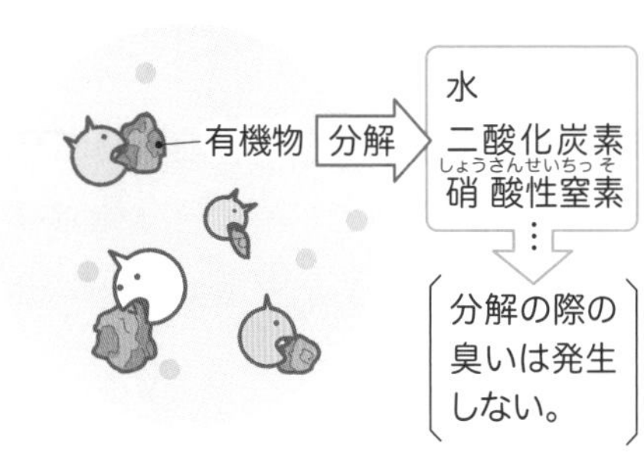

●嫌気性微生物（けんきせいびせいぶつ）

酸素がない場所で生息できる微生物。酸素があっても生存できるものと、酸素があると生存できないものがある。

自然界の土壌の中では、酸素の少ない深層に多く存在。

●嫌気性分解

嫌気性微生物が有機物を二酸化炭素やメタンガスなどに分解すること。

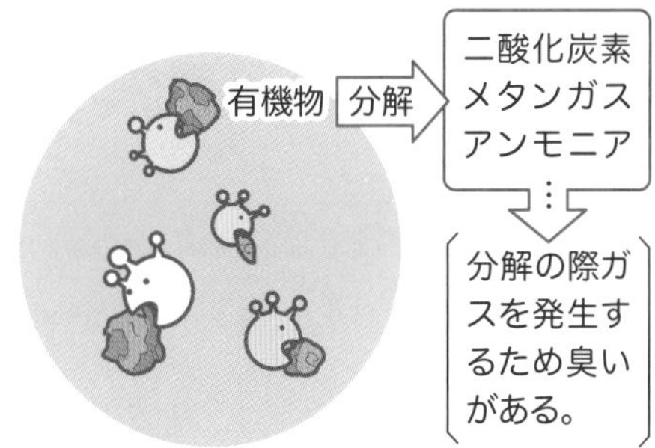

●蒸発残留物

加熱・蒸発・乾燥させたときに残った物質。水道水にはカルシウムやマグネシウムなどの残留物が含まれている。

残留物が多すぎると水の味が苦い。

●塩素消毒

水中の菌や微生物を死滅させるために、塩素で消毒をすること。

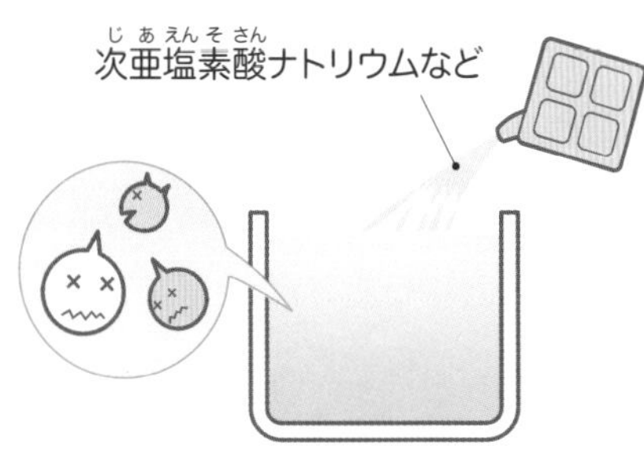

9 排水・雨水再利用設備およびごみ処理設備

水を循環利用する　排水再利用設備

地球温暖化などにより気候が不安定になってきた近年、各地での水不足が生じてきた中で、排水を処理して再び利用する設備が増えてきました。また、節水、下水道の負荷の軽減という考えも、水の再利用を進める要因となっています。

再利用のことを循環利用ともいい、**規模によって、建物ごとに設置される個別循環方式**、**地域でまとめて設置される地域循環方式**、**下水処理場と対応して設置される広域循環方式**に分けられています。その他、**水洗便所の排水、厨房の排水、手洗いの排水、風呂の排水などすべてを含む排水**、または**一部を含むもの**、さらに**厨房排水を含むもの**に分けられています。その設置にあたっては、国土交通省や厚生労働省によって設備基準が定められており、色や臭い、衛生上の配慮および配管や衛生器具への影響などの配慮がなされています。

再利用の利用用途としては、一般的に便所の洗浄水にもっとも多く利用されています。その他、散水、冷房・冷却水、洗車、掃除用水、最近は環境緑化および噴水などの美景などにも使用されています。

雨水は溜めて有効利用　雨水再利用設備

雨水利用の考え方は、排水再利用と同じですが、降った雨を排水しないで、直接に利用したり、**地下に涵養（水を自然に染み込むように溜める）し、水資源を有効に利用**しています。また、**節水対策（省エネルギー対策）や、河川の氾濫や下水道管からの下水の溢れ防止の対策**として雨水を利用しています。

これらの具体的な設計基準は、国土交通省大臣官房官庁営繕部による「雨水利用・排水再利用設備計画基準（平成28年版）」に示されています。

ごみ設備も建物の一部として設計　ごみ処理設備

ごみに関する法律として「廃棄物の処理及び清掃に関する法律」があります。この法律によると、**ごみ、粗大ごみ、燃え殻、汚泥、糞尿、廃油、廃酸、廃アルカリ、動物の死体その他の汚物または不要物であって、固形状または液体のもの（放射性物質およびこれによって汚染されたものを除く）を廃棄物と定義**しています。廃棄物は、**一般廃棄物**と**産業廃棄物**に分けられ、産業廃棄物以外のごみはすべて一般廃棄物に該当し、そのほとんどが市の施設で処理されています。産業廃棄物は、許可を受けた専門の処理業者が処分しなければなりません。建物内でのごみ処理設備としては、ごみの種類ごとの分別や圧縮装置、収集運搬や、保管スペース、搬出スペースなどを設置および計画することが必要です。

大事な資源である排水・雨水の有効活用

水の再利用

水不足の解消や環境保全、下水道の負担軽減などの目的で、一度使用した水の再利用や雨水（うすい）を再利用しようという考えが普及し、近年そのための設備が増えてきた。

●個別循環（じゅんかん）方式

1つの建物内で排水を再生処理し、利用する。

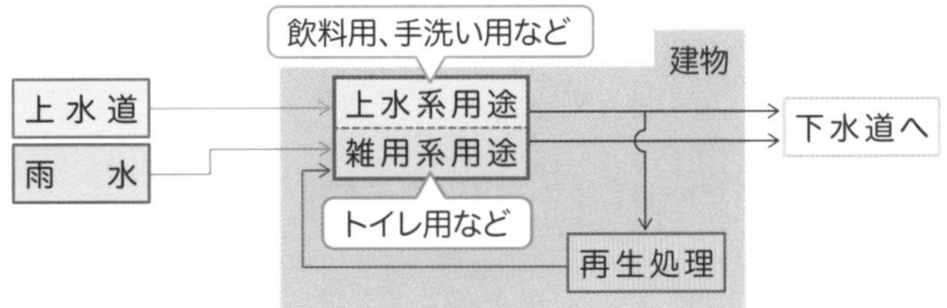

●地域循環方式

複数の建物で構成される地区で、まとめて排水の再生処理を行う。

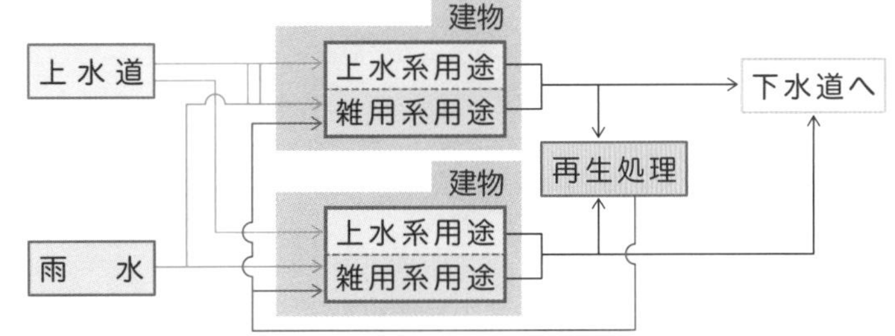

●広域循環方式

さらに多くの建物からの排水を、下水処理場で再生処理する。

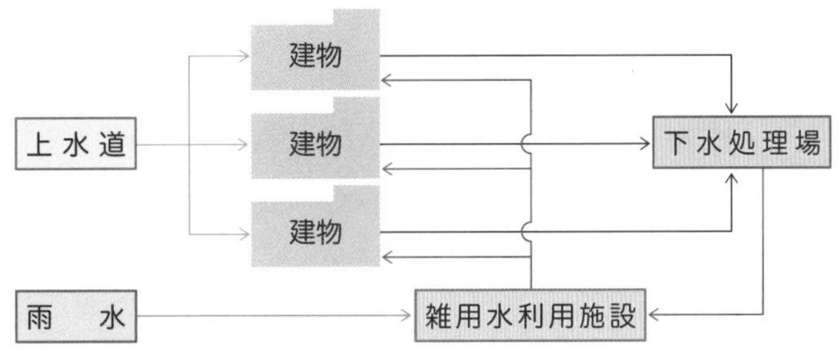

廃棄物の処理

廃棄物は以下のように分類される。

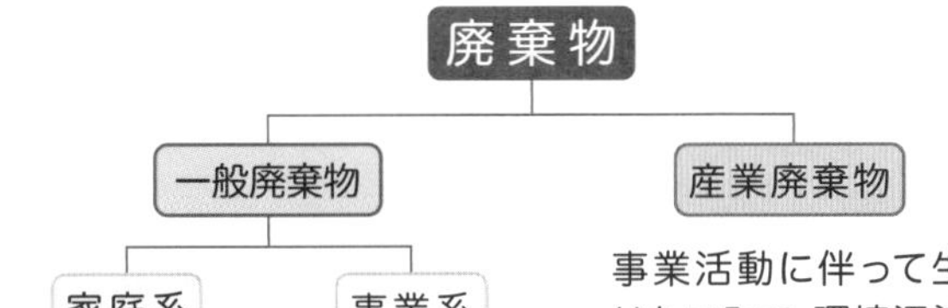

家庭内の日常生活の中で生じたごみ

事業活動に伴って生じたごみ

事業活動に伴って生じたごみで、環境汚染の原因となり得るもの

ごみ置き場や収集、搬出のための場所は建物の一部として計画しなくてはならない。

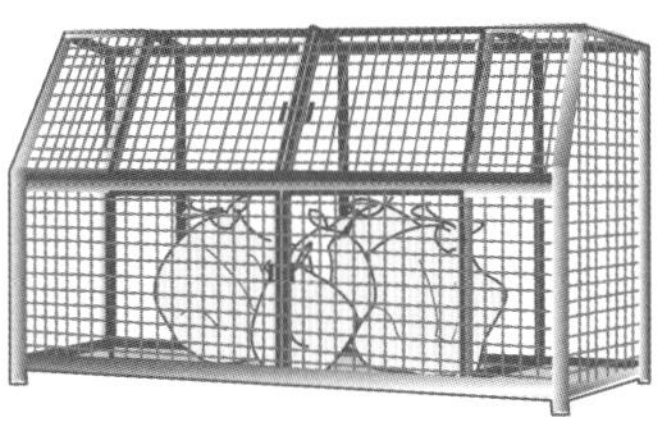

Column　なぜ合併処理浄化槽か

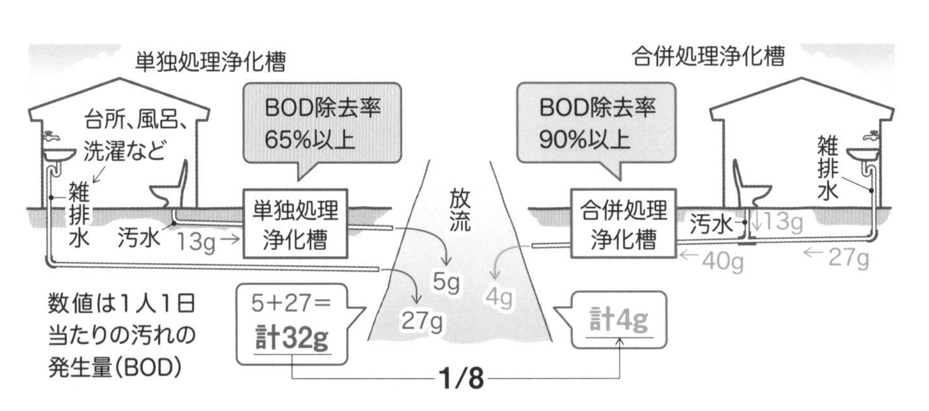

汚水と生活排水をまとめて処理して放流する合併処理浄化槽は、単独処理浄化槽に比べ、環境に与える負荷が圧倒的に少ない。

●合併処理浄化槽になった理由

2001 年に浄化槽法が改正され、浄化槽を新設する際には原則的に合併処理浄化槽でなくてはならなくなりました。その理由としては、川や湖などにおける水質汚濁の原因は、生活排水の割合が多く占めており、生活排水を処理せずに放流する単独浄化槽は問題があるとされたからです。

●合併処理浄化槽の助成制度

合併処理浄化槽への変更または、設置する場合においては、各都道府県の助成制度があり、補助金が支払われます。助成の対象となるものには、専用住宅（店舗を併用した住宅で、専ら居住の用に供する部分が延べ面積の 2 分の 1 以上であるものを含む）であることや、浄化槽の処理対象人員が 10 人槽以下のもの、設置場所が下水道法に基づく下水道認可区域外であることなどの条件があります。

その他、雨水貯留浸透施設の各種助成制度、ごみ集積箱設置事業補助金、生ごみ処理機器設置費補助金、住宅用太陽光発電システム設置費補助金など、地域によって多くの助成制度がありますので、調べておく必要があります。

ここでは、本文では取り上げなかった、給排水衛生設備に関連する情報を紹介します。まず、給排水衛生設備を含む設備工事の施工の際には、建築工事とどのように折り合いをとりながら進められているのかを説明します。また、設備の仕事をする上で必要な管の径を求める計算問題とその解き方、そして関連資料を紹介します。

建築工事と設備との絡み

配管の管径を求める

関連資料

建築工事と設備との絡み

設備工事を進めるにあたって、建築との取り合いが生じ、双方の協力が必要になる工事が発生します。ここでは、特に問題となる建築と設備の絡みについて解説します。

梁の貫通

■鉄筋コンクリートの梁に孔を空ける▶▶▶RC 造の梁貫通

梁は、建築物の上部の荷重を支えるため、または柱をつなぐために設けられているものです。最近は特に階高をおさえて、天井を高くするようになってきました。よって、配管などを天井内に収めようとすると天井内の梁が邪魔をし、やむをえず梁を貫通せざるを得なくなってきます。そこで、梁を貫通してもよい最低の基準が設けられています。

RC 造の梁は、補強を行えば、梁背（梁の躯体上端から梁下端までの高さ）の 1 ／ 3 までの貫通孔を空けることができますが、孔の上下方向の位置について限度があります。梁が 500mm ≦梁背＜ 700mm の場合、上下とも 175mm 以上、700mm ≦梁背＜ 900mm の場合、上下とも 200mm 以上、900mm ≦梁背の場合、上下とも 250mm 以上は孔がかかってはなりません。

また、柱の面から貫通孔の外面までは、梁背の 1.5 倍以上離さなければなりません。さらに、貫通孔が並列する場合、孔の中心間隔は、孔の径（D）の平均値の 3 倍以上（3D）とします。

梁を貫通してもよい位置

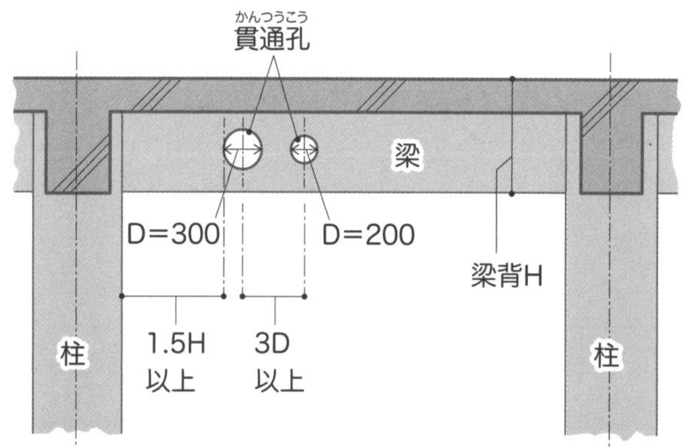

左の孔の径が300mm、右の孔の径が200mmの場合、

$$\frac{300(\text{mm})+200(\text{mm})}{2}=250(\text{mm})$$

3D=3×250（mm）=750（mm）で、
2つの孔の中心間隔は750mm以上とする。

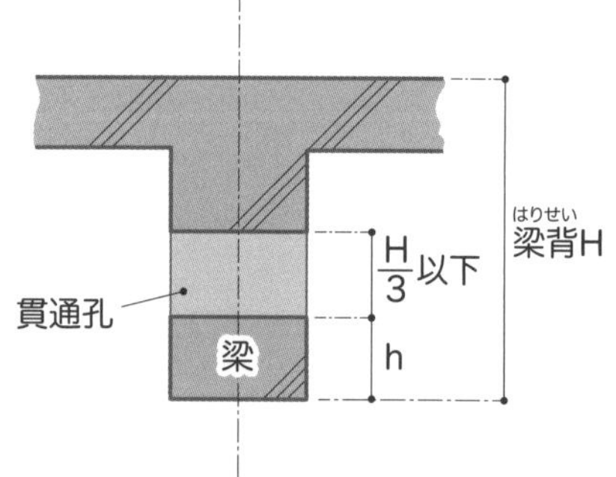

500mm≦H ＜700mm：h≧175mm
700mm≦H ＜900mm：h≧200mm
900mm≦H　　　　　：h≧250mm

梁は、力が加わり、曲げモーメント（部材を曲げる力）とせん断力（部材をずらす力）を受けるので、**せん断力の補強のために、あばら筋**（stirrup：梁の主筋を囲んでその外側を巻いた鉄筋）**を入れています。**あばら筋は、梁に生じるせん断力に抵抗させるため、**φ 9 以上 D10 以上**（直径 9 mm 以上で、かつ異形鉄筋直径約 10mm、公称直径 9.35mm）のものを用い、**間隔は、梁背の 1 ／ 2 以下、かつ 25cm 以下**とします。**梁に孔を空けることにより、特に貫通孔部のせん断強度が低下するので、せん断補強筋を入れ、またその周囲では応力が大きくなるので、さらに補強筋を入れるようにし、また、梁全体としての断面欠除による主筋・あばら筋の補強も必要になります。**なお、貫通孔の大きさが梁背の 1 ／ 10 以下で、かつ 150mm 未満の場合は、補強は省略することができます。一般的に**梁は、主筋の径がφ 13 以上で、かつ 4 本以上、背筋段数は 2 段以下**とします。**中間階の両端支持の梁の主筋は、中央部では下側に多く配筋する**ようにします。

■コンクリートに孔を空ける▶▶▶スリーブの使用と材料

スリーブ（sleeve）とは、壁や梁にコンクリートを打ち込むとき、配管などを通す孔をあらかじめ埋め込んでおく鞘管のことをいいます。この目的は、配管の腐食防止と、管の膨張収縮対策です。スリーブの材料としては、鋼管製、鋼板製、紙製、ビニル管などが使用されています。紙製スリーブは、取付け時に脱落したりつぶされるおそれがあり、強度上好ましくありませんが、切断や取付けが容易で、孔を空けたあとの処理が簡単なので、一般的に使用されています。

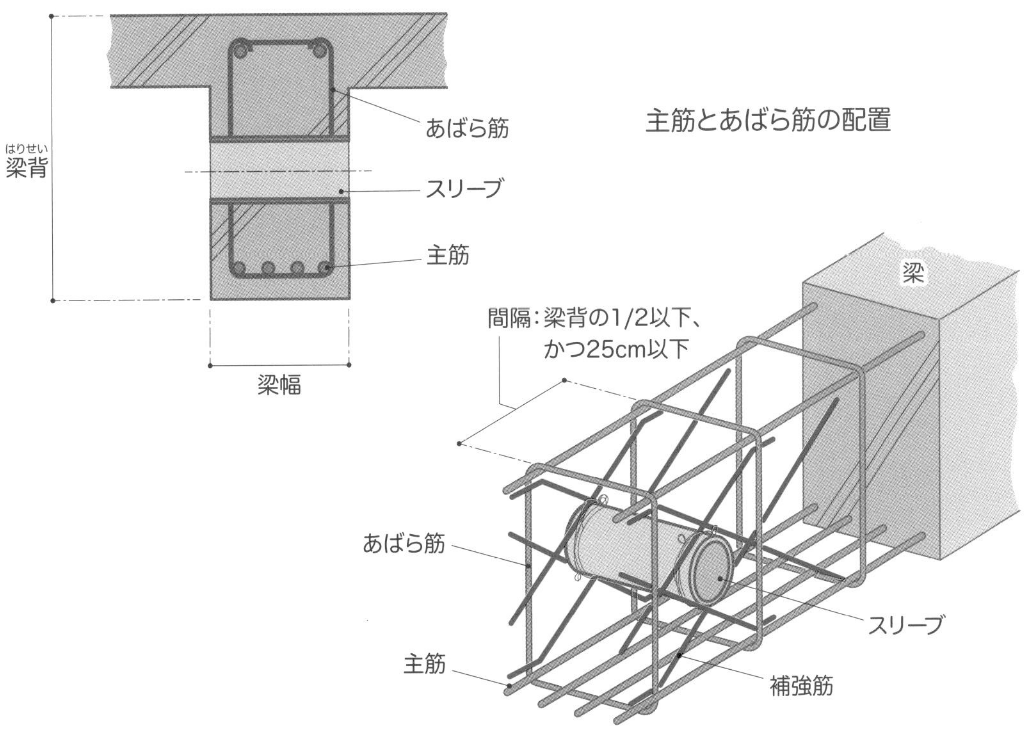

主筋とあばら筋の配置

床の箱入れ

■鉄筋コンクリートの床に孔を空ける▶▶▶ RC 造の床の箱入れ

鉄筋コンクリートの床に埋め込み形の大便器の穴を空けるために、コンクリート打ちの際に、角型の型枠（木箱）を入れ角穴を空けることを箱入れ（はこいれ）といいます。大便器以外でも、壁埋め込みの消火栓箱（しょうかせんばこ）などで壁を貫通（かんつう）させたり、据付けするためのスペースを作るときに、箱入れをします。箱入れは、梁貫通（はりかんつう）のように鉄筋工事が終わったあとからスリーブを入れ、その後、鉄筋でその周辺を補強するのではなく、前もって建築施工担当者と打ち合わせておき、**配筋する前に箱入れをし、その後、鉄筋工事を行うので、補強工事もそのときに同時にできる**というメリットがあります。

■和風大便器の箱入れと取付けについて▶▶▶和風大便器の収まり

和風大便器の箱入れの場合は、一般的に **500mm × 200mm の型枠を入れておきます。** コンクリートと陶器との接触部は、**3mm 以上の厚さのアスファルトで被覆（ひふく）し、大便器を支えるブロックを取り付ける位置に、高さを正確に、また水平に取り付け、モルタルで固定**します。防火区画貫通部の場合は、耐火カバー（1.5mm 以上の鉄板など）を施します。

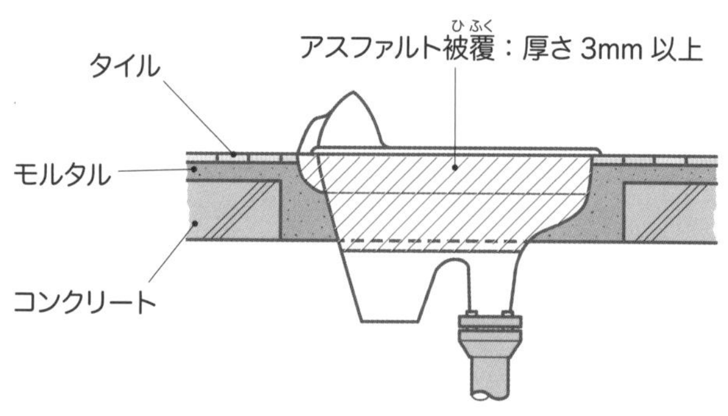

和風大便器の取付け

■スリーブ・箱入れのときの注意事項▶▶▶構造の補強

径が100mm以下のスリーブには、鉄筋の補強がいらない場合がありますが、それ以上の径の場合は、構造設計者および建築施工担当者とよく打ち合わせを行ってください。スリーブの材料は先に述べましたが、**箱の材料は厚さ9mm以上の合板（ごうはん）か板とし、箱の直角部にはコンクリート打設時に変形しないように火打ち（ひうち）**（直交する部材の隅（すみ）に斜めにかける補強材）**などの補強を入れ**、破損しない構造とします。また、スリーブや箱の大きさは、配管に保温材などを巻くことを考え、加味した大きさとします。

■デッキプレートのスリーブ入れと箱入れ▶▶▶正確な施工を

デッキプレート（deck plate：コンクリートを流し込む際の型枠などに使う波型をした鋼板）を使用するときのスリーブ入れや箱入れは、**デッキプレート上にスリーブや箱を取り付け、コンクリートの打設後にデッキプレートを溶断し、開口します。**スリーブの場合は、先に孔を空けてスリーブを入れることもあります。デッキプレートを使用する場合の床仕上げは、一般的にモノリシック工法といいます。これは、デッキプレートとコンクリートを一体化して仕上げる工法で、床の貫通の手直しなどがしにくく、正確な工事が必要です。

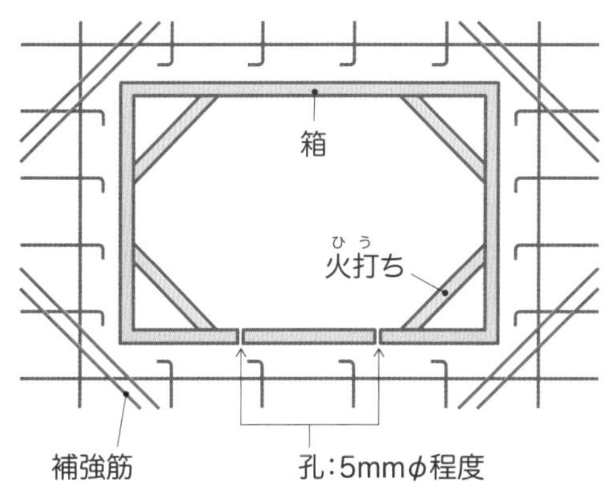

壁面へ配筋補強と箱の補強

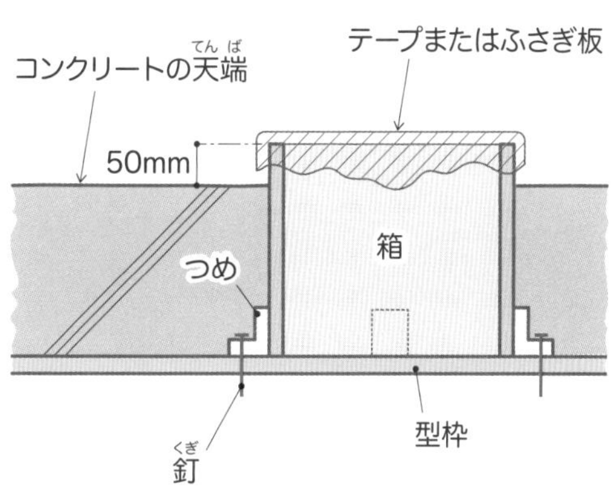

床面への箱入れ

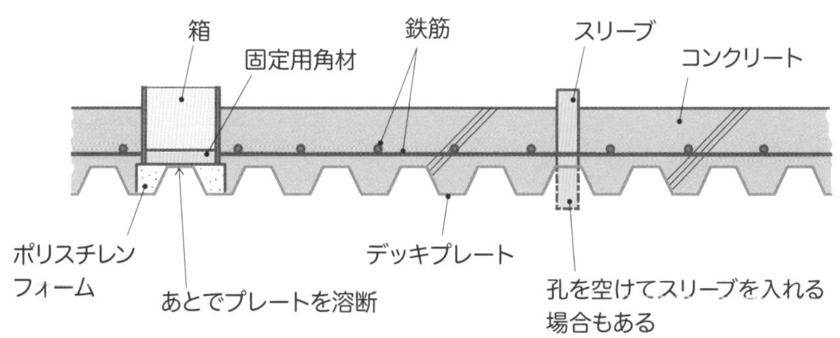

デッキプレートのスリーブ入れ、箱入れ

インサート・ホールインアンカーと基礎工事

■インサートをコンクリートの中に埋め込む▶▶▶インサート金物

インサート（insert）とは、天井や配管などを吊るためのボルトを取り付けるためにコンクリートの中に埋め込む鋳鉄製や鋼製の金物をいいます。床の型枠ができたら、配管などを吊る位置を決めます。横走り管を吊る支枝間隔は、**鋼管およびステンレス鋼管の場合、管径 100mm 以下は、2.0m 以下とし、100mm を超える場合は 3.0m 以下と**するため、インサートを型枠に取り付けるようにします。また、**銅管は、管径 80mm 以下は 1.0mm 以下、80mm を超える場合は 2.0mm 以下、ビニル管およびポリエチレン管は、管径 75mm 以下は 1.0mm 以下、75mm を超える場合は 2.0mm 以下です。**鋳鉄管は直管および異形管各 1 本につき 1 箇所とします。

■アンカーをコンクリートの中に埋め込む▶▶▶ホールインアンカー

ホールインアンカー(hole in anchor)とは、インサートを付け忘れたり、計画変更となった場合に、あとでコンクリート内に打ち込み、物を吊るための金物です。打ち込むときには、鉄筋や埋め込んである電線管などに当たらないように注意しなければなりません。床にデッキプレートを使用する場合は、溶接ハンガー、または、アンカーボルト（anchor bolt：基礎などに埋め込むボルト）を使用しています。

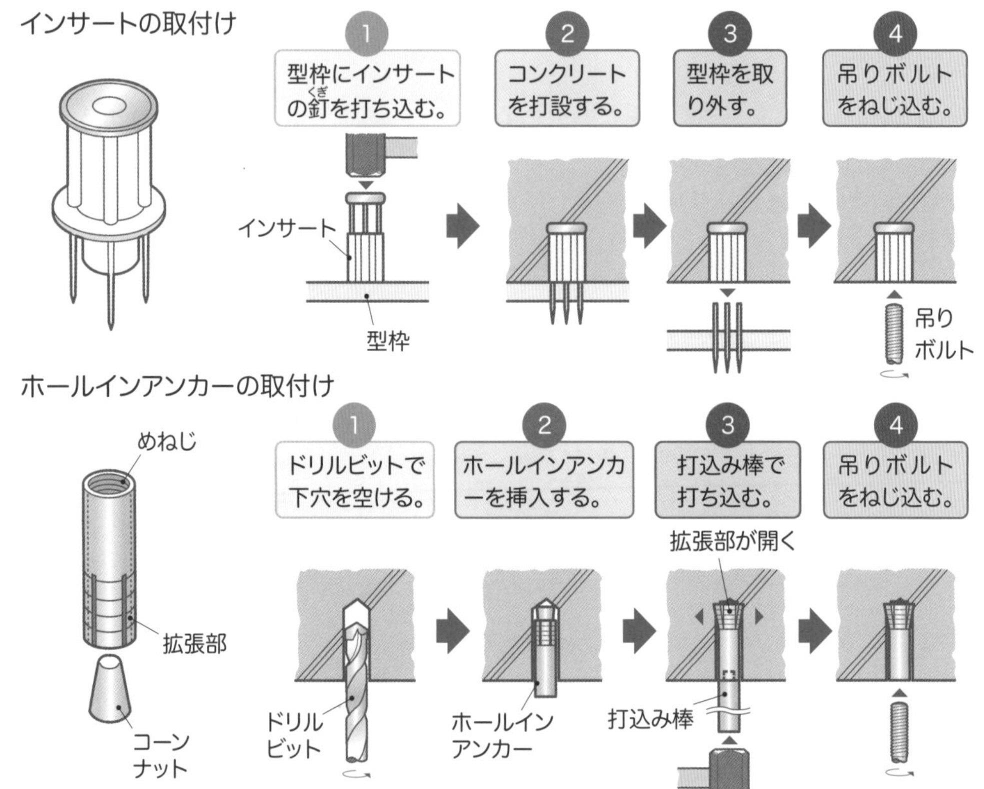

インサートの取付け
1 型枠にインサートの釘を打ち込む。
2 コンクリートを打設する。
3 型枠を取り外す。
4 吊りボルトをねじ込む。
インサート
型枠
吊りボルト
ホールインアンカーの取付け
めねじ
拡張部
コーンナット
1 ドリルビットで下穴を空ける。
2 ホールインアンカーを挿入する。
3 打込み棒で打ち込む。
4 吊りボルトをねじ込む。
拡張部が開く
ドリルビット
ホールインアンカー
打込み棒

■コンクリートの基礎を作る▶▶▶機器を床に据え付ける場合

設備機器を床に据え付ける場合には、一般的にコンクリート基礎の上に設置します。コンクリート基礎は、防振、防音、耐震に対して効果があります。一般的に、屋上の基礎工事（防水絡みは建築工事）以外は設備工事としています。**コンクリートを現場練りする場合は、容積比を１（セメント）：２（砂）：４（砂利）程度で練り、コンクリートを打設し、打設時に金ごてで仕上げとし、コンクリートの表面を水洗いしてからモルタルで水平に仕上げます。**打設前には、躯体の鉄筋と基礎の鉄筋とを溶接しておくなどします。小型軽量機器の基礎の場合は、躯体の床表面を目荒らし、清掃して水を打ち、コンクリートを打ちます。

一つの例として、ポンプの基礎について述べることにします。ポンプの基礎は、コンクリート打設後 10 日以内は機器を据え付けてはなりません。機器は水平にかつ堅固に、荷重は基礎に均等に分布するようにします。また、機器のずれや転倒防止の処置を施し、保守点検が容易にできるように据え付けます。コンクリート基礎の高さは 300mm とし、幅と奥行きは、埋込みアンカーボルトの埋込み部分の隅角部に十分な余裕を持たせるため 100mm から 150mm 大きくします。また、基礎の表面に排水溝を設け、呼び径 25A（直径の大きさ 25mm）以上の配管で、最寄りの排水系統に排水するようにします。

防水層の貫通

■配管が屋上を貫通するには▶▶▶防水性の確保を

配管などが屋上を貫通する場合には、つば付きのスリーブなどを用いて十分に防水性を確保しなければなりません。できるだけ１箇所にまとめて、屋上の上に下図のように小屋のようなものを作り（鳩小屋に似ているので鳩小屋ともいう）、雨水の浸入を防ぐようにします。搭屋の横壁を利用して、防水層の立ち上がりの上部より屋外に配管を出す方法がよく取られています。

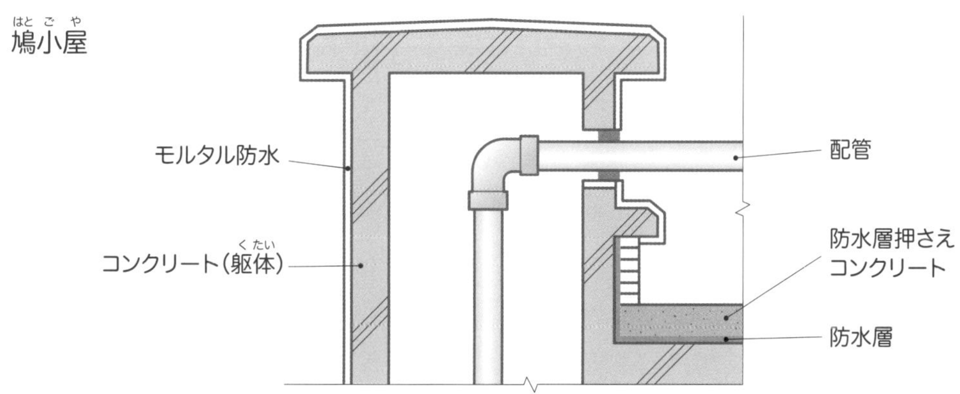

配管の管径を求める

設備の計画を立てる際、配管の管径を計算する必要があります。管径を求める方法はいくつかありますが、ここでは一般的によく使われる方法を紹介します。

給水管管径の決定

給水配管の管径を求める方法には、**流量線図**による方法や**管均等表**による方法などがあります。前者は、管の流量と単位長さ当たりの圧力損失の関係を表す線図により求めます。また、後者はもっとも簡単な方法で、均等表を見て求める方法です。

■流量線図による方法で管径を決める▶▶▶給水管管径決定

まずは、水平方向に配管させる横枝管の管径を求めます。

➊右図各階便所配管図より、**衛生器具（便器、手洗器など）の数を拾い出します。**

❷ 191 ページの表 1 より、**公衆用か、私室用かを選択し、器具給水負荷単位を求めます。**

❸ 191 ページの図 1 で、**器具給水負荷単位の合計より、瞬時最大給水流量を求めます。**この同時使用流量線図は、各器具の器具給水負荷単位の合計に同時使用率を考慮したものです。図内（b）は、図（a）の 240 単位以下を拡大したもので、洗浄弁の付いた便器が多い場合は曲線①を、水栓（すいせん）のみを使用する場合には曲線②を見て瞬時最大給水流量を求めます。

❹瞬時最大給水流量が決まったら、192 ページ図 2 の硬質塩化ビニルライニング鋼管流量線図より**流量と単位長さ当たりの圧力損失から配管管径を求めます。**なお、管径および圧力損失は、線図の緑色の範囲（流速は、0.6m ／ s 以上 2 m ／ s 以下）で決定します。

次に、垂直方向に配管される立て管の管径を求めます。

➊表 1 より、**公衆用か、私室用かを選択し、器具給水負荷単位を求め、器具給水負荷単位の合計を求めます。**

❷図 1 を利用し、**器具給水負荷単位の合計より、瞬時最大給水流量を求めます。**

❸瞬時最大給水流量が決まったら、**図 2 の流量線図により管径を決定します。**

排水横枝管管径決定と同じ方法で求められます。

■管均等表から管径を決める▶▶▶器具数が少ない場合の管径

この方法は簡便法で、器具数の少ない場合などの管径を決めるのによく使われます。

❶「各種衛生器具・水栓の流量および接続管径」の表を利用して**各種器具の接続管口径を決め、枝管の口径を求めます。**❷枝管は、「硬質塩化ビニルライニング鋼管均等表」を利用して**その系統の枝管の管径に換算して累計します。**❸「同時使用率」の表で**同時使用率を決め、各区間ごとの均等数を算定し、均等表より逆にたどって管径を決定します。**

例題を解いてみよう

5 階建て貸事務所ビルの屋上に設置した高置水槽より各階の便所に給水する場合の各階の給水管および立て管の管径を求めなさい。ただし、小便器（洗浄弁）3 個、大便器（洗浄弁）3 個、掃除流し 1 個、洗面器 2 個とする。

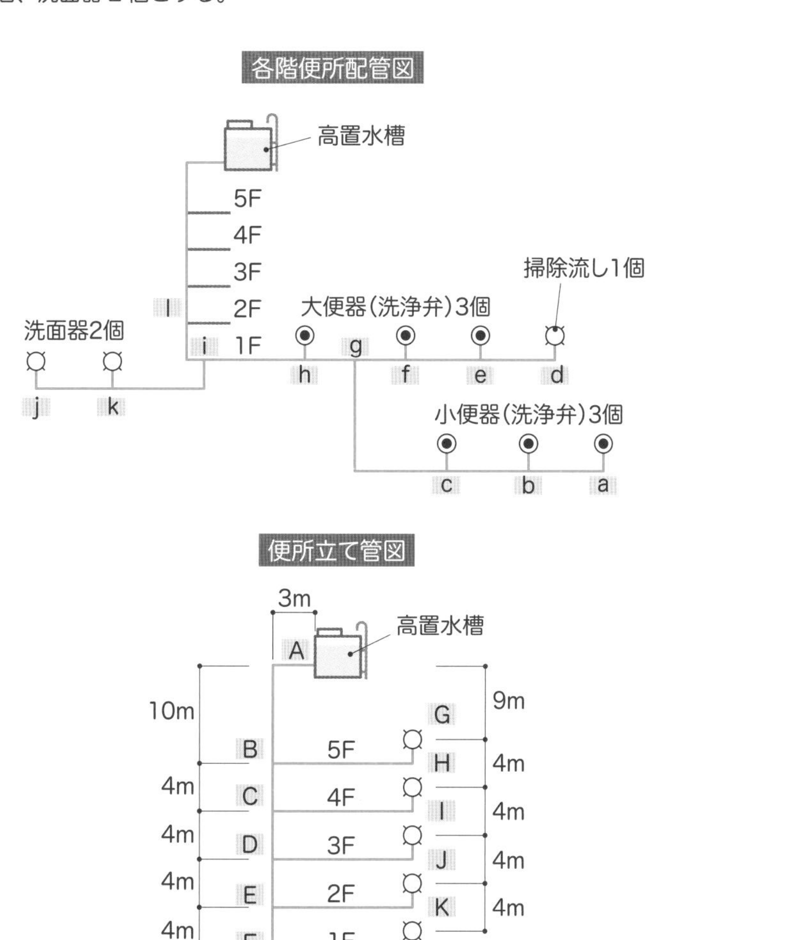

1. 横枝管の管径を求める

❶ 例題文より、衛生器具の数を拾い出す。
小便器（洗浄弁）3 個、大便器（洗浄弁）3 個、掃除流し 1 個、洗面器 2 個

❷ 表 1 の器具給水負荷単位表より 1 個当たりの器具給水負荷単位を求める。貸事務所ビルのため、公衆用の欄を見る。
小便器（洗浄弁）5 単位 / 個、大便器（洗浄弁）10 単位 / 個、掃除流し 4 単位 / 個、洗面器 2 単位 / 個

190ページへ続く

❸ a~b の管径から順次求める。本来は図 1 の同時使用流量線図を見て瞬時最大給水流量を求めるが、小便器（洗浄弁）の器具給水負荷単位が 1 個 5 単位と小さいので、表 2 の瞬時最大流量を見て、20~25L/min とした。次の b~c については、器具給水負荷単位数を累計して 5+5=10 単位となり、図1（b）の①(洗浄弁が多い場合）で瞬時最大給水流量が決定できるので、瞬時最大給水流量は約 100L/min とした。順次、c~g と求めていくと、下の表のようになる。

区間	器具給水負荷単位		瞬時最大給水流量〔L/min〕	管〔A〕	圧力損失〔kPa〕	流速〔m/s〕
	1 個	計				
a ~ b	5	5	25	20※2	1.8	1.5
b ~ c	5	10	100	32	1.7	2.0
c ~ g	5	15	120	40	0.9	1.7
d ~ e	4	4	15	20	0.7	0.9
e ~ f	10	14	120	40	0.9	1.7
f ~ g	10	24	140	50	0.35	1.2
g ~ h	15 + 24	39	180	50	0.55	1.4
h ~ i	10	49	200	50	0.7	1.7
j ~ k	2	2	10	20※2	0.36	0.62
k ~ i	2	4	20	20	1.3	1.25
i ~ l	49 + 4※1	53	210	50	0.8	1.8

※1 g ~ h の器具給水負荷単位は a ~ g と d ~ g、i ~ l は h ~ i と j ~ i の合計を記入。
※2 小便器および洗面器のタッピング（接続口径）は 13mm だが、20mm とした。

❹ 図2の硬質塩化ビニルライニング鋼管流量線図を見て、管径を決定する。管径および圧力損失は、線図の緑色の範囲（流速 0.6m/s 以上 2m/s 以下）で決定する。

2. 立て管の管径を求める

❶ 表1より、公衆用の器具給水負荷単位を求め、総器具給水負荷単位を出す。これは、各階便所の総器具給水負荷単位の求め方と同じである。

洗面器	2〔個 / 階〕×2 単位	4〔単位 / 階〕
大便器（洗浄弁）	3〔個 / 階〕×10 単位	30〔単位 / 階〕
小便器（洗浄弁）	3〔個 / 階〕×5 単位	15〔単位 / 階〕
掃除用流し	1〔個 / 階〕×4 単位	4〔単位 / 階〕
合計		53〔単位 / 階〕

❷ 図 1 より瞬時最大給水流量を求める。順次、末端の E~F 間から求め、次に D~E 間と累計していく（E~F 間は 53 単位、D~E 間は 53+53=106 単位）。（b）の①の線図から、E~F 間の流量は約 210L/min となる。このように順次瞬時最大給水流量を求めていくと、D~E 間：106 単位→280L/min、C~D 間:159 単位→325L/min、B~C 間:212 単位→375L/min、A~B 間:265 単位→420L/min となる。

❸ 瞬時最大給水流量が決まったら、各階便所配管と同じように、図2により簡易的な方法で管径を決定する。

区間	瞬時最大給水流量〔L/min〕	管径〔A〕	圧力損失〔kPa/m〕	流速〔m/s〕
A ~ B	420	80	0.36	1.5
B ~ C	375	65	0.65	1.9
C ~ D	325	65	0.50	1.6
D ~ E	280	65	0.35	1.4
E ~ F	210	50	0.80	1.8

表１　器具給水負荷単位

器具名	水栓	器具給水負荷単位	
		公衆用	私室用
大便器	洗浄弁	10	6
大便器	洗浄タンク	5	3
小便器	洗浄弁	5	
小便器	洗浄タンク	3	
洗面器	給水栓	2	1
手洗器	給水栓	1	0.5
掃除流し	給水栓	4	3

（注）給湯栓併用の場合は、１個の水栓に対する器具給水負荷単位は上記の数値の３／４とする。

『改訂第 10 版　管工事施工管理技術テキスト』技術編　地域開発研究所編・発行より

図１　同時使用流量線図

(a)

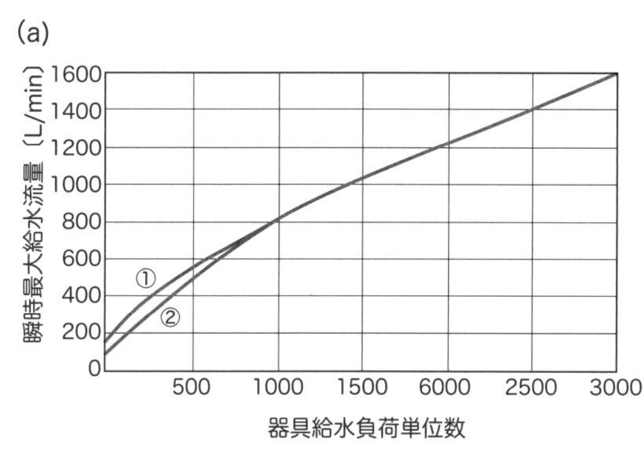

(b)

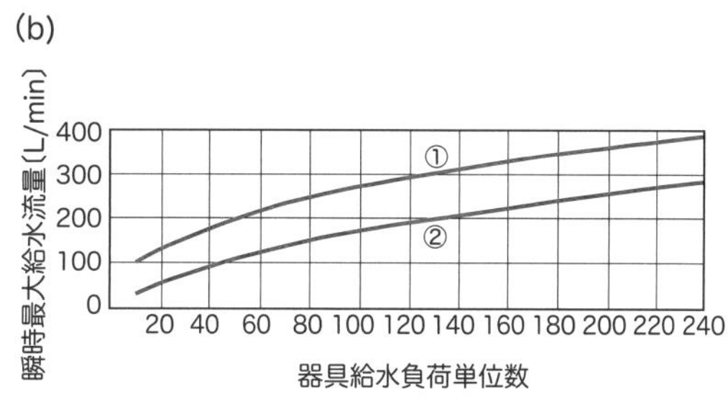

曲線①は大便器洗浄弁の多い場合、曲線②は大便器洗浄タンクの多い場合に用いる。

『改訂第 10 版　管工事施工管理技術テキスト』技術編　地域開発研究所編・発行より

表２　各種衛生器具・水栓の流量および接続口径

器具	水栓	１回当たり使用水量 q〔L〕	１時間当たりの使用回数 n〔回〕	瞬時最大流量 qp〔L/min〕	接続管口径〔mm〕
大便器	洗浄弁	8.5L 超	6 ～ 12	100	25
		節水Ⅰ型 8.5L 以下			
		節水Ⅱ型 6.5L 以下			
	洗浄タンク	8.5L 超	6 ～ 12	10	13
		節水Ⅰ型 8.5L 以下			
		節水Ⅱ型 6.5L 以下			
小便器	洗浄弁	4L 超	12 ～ 20	20 ～ 25	13
		2 ～ 4			
手洗い器		3	12 ～ 20	8	13
洗面器		10	6 ～ 12	10	13

『改訂第 10 版　管工事施工管理技術テキスト』技術編　地域開発研究所編・発行より

図２　硬質塩化ビニルライニング鋼管流量線図

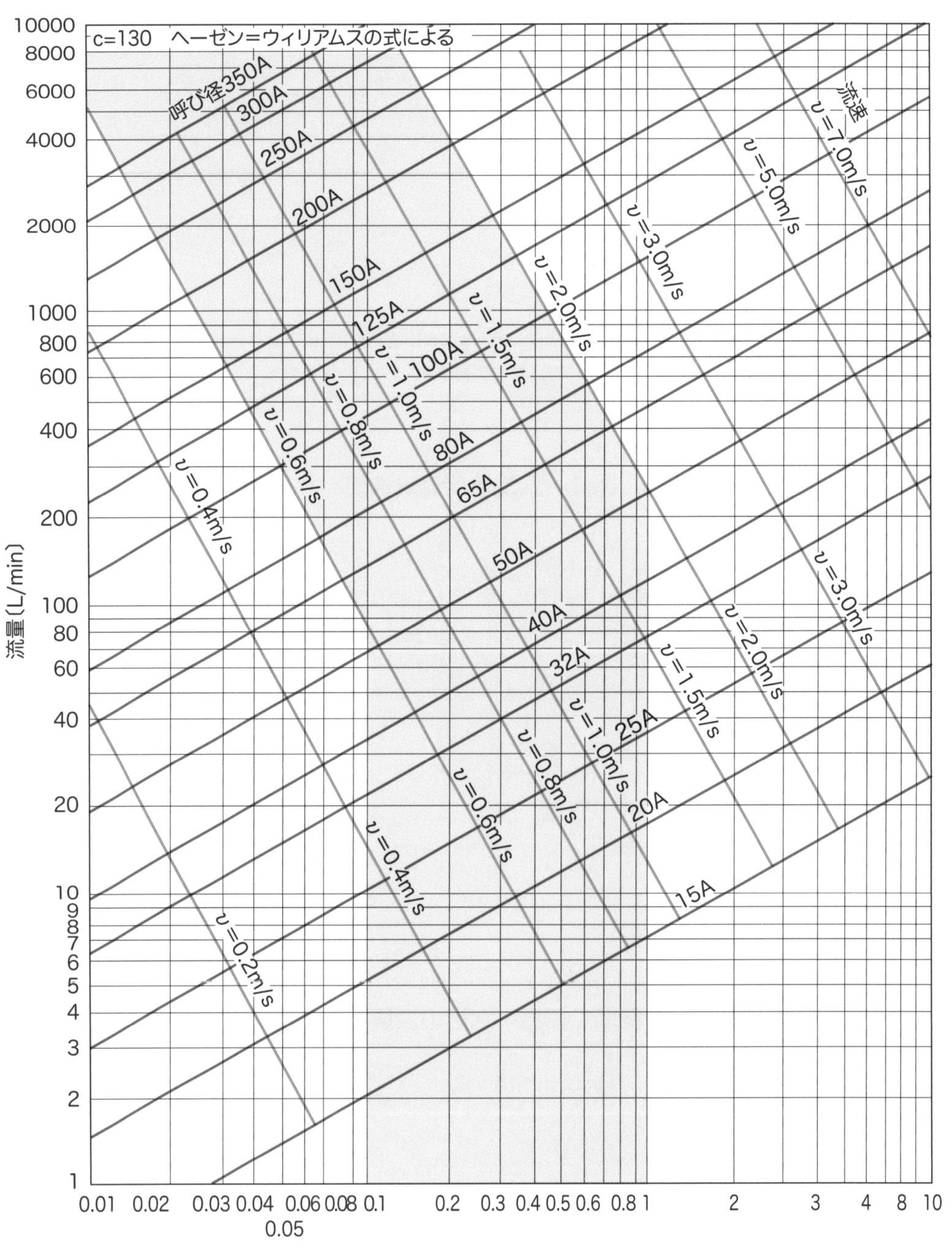

SHASE-S 206-2019 より

排水管管径の決定

排水管の管径を決めるには、一般的に**器具排水負荷単位法**と**定常流量法**の２種類の方法があります。器具排水負荷単位法は、アメリカのNPC（National Plumbing Code）による方法であり、定常流量法は、SHASE-S 206（空気調和・衛生工学会）による方法です。

■排水管の管径を決めるにあたっての約束事▶▶▶排水管管径の約束

排水管の管径を決めるにあたっての約束事は、器具排水負荷単位法、定常流量法とも同じ考えに基づいています。

❶**排水横枝管は、衛生器具のトラップ最大口径以上**とします（196ページ表３）。

❷**器具排水管の最小管径は、30mm**とします。

❸**排水立て管は、排水横枝管の最大口径以上で、上部から下部まで同じ管径**とします。

❹**地中埋設排水管は、50mm以上**とします。

■器具排水負荷単位法によって決める▶▶▶器具排水負荷単位法

器具排水負荷単位とは、ある器具の最大排水時における流量を標準器具（洗面器）の最大排水時における流量で割ったものを器具単位とし、これを器具の同時使用率などを考慮して相対的な単位で表したものです。

❶**それぞれの器具トラップ口径を拾い出し、グループごとに個数を合計**します。

❷ 196ページの表３より**器具排水負荷単位数を求めます。**

❸求めるそれぞれの受け持つ管の**器具排水負荷単位の累計を算出**します。

❹その累計より、196ページの表４から**排水横枝管および排水立て管を求めます。**

❺ 196ページの表５より**排水横主管および敷地排水管を求めます。**

■定常流量法によって決める▶▶▶定常流量法

定常流量法とは、ラッシュ時間帯における排水量の平均水量（定常流量）をもとに、器具の排水流量に応じて負荷流量（消費する量）を求め、その負荷流量が許容流量以内となっている管径を求めていく方法です。

❶**器具排水量ω**を「各種衛生設備の器具排水量および器具平均排水流量」の表より**グループごとに求めます。**

❷同表より**器具平均排水流量を求めます。**

❸**器具平均排水間隔を「器具平均排水間隔」の表より求め、定常流量を求めます。**

❹排水管選定線図（横枝管）より、**負荷流量と横枝管管径を求めます。**

❺排水管選定線図（立て管）により、**排水立て管を求めます。**

❻最後に、排水管選定線図（横主管）により、**排水管横主管を求めます。**

例題を解いてみよう

図に示す便所の排水横枝管①～⑥、⑦⑧の立て管および⑨⑩の横主管の管径を求めよ。ただし、床排水用トラップは除く。また、大便器はサイホン型（FV）、小便器はストール形トラップ付き（FV）とする。

〔平面図〕

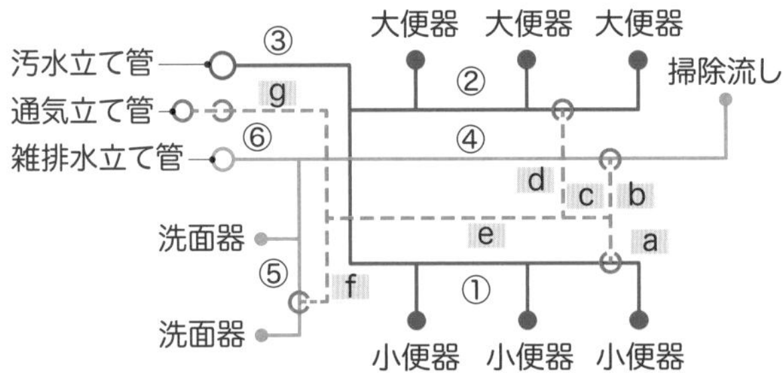

ただし、通気管の長さ：a＝1.0m、b＝0.8m、c＝0.8m、d＝1.5m、e＝1.8m、f＝1.4m、g＝4.0m

〔立面図〕

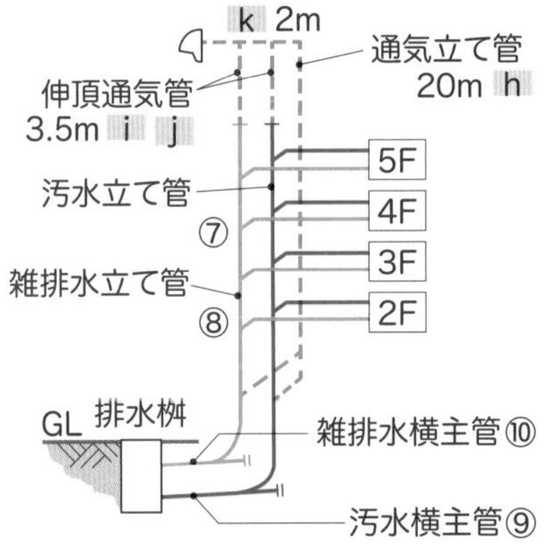

ここでは、器具排水負荷単位法によって求める。

❶ 表3より、それぞれの器具トラップ口径を拾い出し、グループごとに個数を合計する。
小便器ストール形トラップ付き（FV）：50mm、大便器サイホン型（FV）：75mm、掃除流し：65mm、洗面器：30mm
①のグループ：小便器 3 個、②のグループ：大便器 3 個、④のグループ：掃除流し 1 個、⑤のグループ：洗面器 2 個

❷ 表3より、器具排水負荷単位数を求め、それぞれの器具排水負荷単位の累計を算出する。
①小便器：fuD 5×3 個＝15 単位、②大便器：fuD 8×3 個＝24 単位、①と②が合流した③は、合計39 単位となる。このようにして、掃除流し、洗面器についても同様に求める。

❸ 表 4 より、雑排水横枝管の管径を求める。④の管径は 40mm となるが、器具トラップ口径が65mm のため、65mm とする。また、⑤⑥はメインとなる管が 65mm のため、65mm とした。

器具名	器具トラップ口径（mm）	個数	器具排水負荷単位		管径（mm）	決定管径（mm）
			fuD	計		
① 小便器トラップ	50	3	5	15	75	75
② 大便器洗浄弁	75	3	8	24	100	100
③ ①と②の合計				39	100	100
④ 掃除用流し	65	1	2.5	2.5	40	65
⑤ 洗面器	30	2	1	2	40	65
⑥ ④と⑤の合計				4.5	50	65

❹ 器具排水負荷単位の累計より、表 4 を用いて排水立て管の管径を求める。なお、雑排水立て管は、3 階建てを超える場合の 1 立て管に対する合計を見る。雑排水立て管管径は 50mm だが、雑排水横枝管管径が 65mm のため 65mm とした。

❺ 表 5 より、排水横主管および敷地排水管の管径を求める。なお、勾配は 1/96（1/100）を見る。

管系統	器具排水負荷単位合計（fuD）	管径（mm）	決定管径（mm）
⑦ 汚水立て管	39×4 ＝ 156	100	100
⑧ 雑排水立て管	4.5×4 ＝ 18	50	65
⑨ 汚水横主管	156	100	100
⑩ 雑排水横主管	18	75	75

付録

表３　各種衛生器具のトラップの口径と器具排水負荷単位数

器具名	トラップの最小口径〔mm〕	器具排水負荷単位数
大便器（私室用）	75	4
大便器（公衆用）	75	6、8※
小便器（壁掛小形）	40	4
小便器（ストール大形）	50	4、5※
洗面器	30	1
手洗い器	25	0.5
掃除流し（台形トラップ付き）	65	2.5
汚物流し	75	6

※使用頻度が高い場合に用いる。

『改訂第10版　管工事施工管理技術テキスト』技術編　地域開発研究所編・発行より

表４　排水横枝管および排水立て管の許容最大器具排水負荷単位数

管径〔mm〕	受け持ちうる許容最大器具排水負荷単位数			
	排水横枝管	３階建てまたはブランチ間隔３を有する１立て管	３階建てを超える場合	
			１立て管に対する合計	１階分または１ブランチ間隔の合計
30	1	2	2	1
40	3	4	8	2
50	6	10	24	6
65	12	20	42	9
75	20	30	60	16
100	160	240	500	90
125	360	540	1100	200
150	620	960	1900	350
200	1400	2200	3600	600

『改訂第10版　管工事施工管理技術テキスト』技術編　地域開発研究所編・発行より

表５　排水横主管および敷地排水管の許容最大器具排水負荷単位数

管径〔A〕	排水横主管および敷地排水管に接続可能な許容最大器具排水負荷単位数			
	勾配			
	1/200	1/100	1/50	1/25
50			21	26
65			24	31
75		20	27	36
100		180	216	250
125		390	480	575
150		700	840	1000
200	1400	1600	1920	2300

『改訂第10版　管工事施工管理技術テキスト』技術編　地域開発研究所編・発行より

通気管管径の決定

通気管の管径を決めるのにも、前項と同じ器具排水負荷単位法と定常流量法の２種類の方法があります。

■通気管の管径を決めるにあたっての約束事▶▶▶通気管管径の約束

通気管に関する約束事も、排水管管径決定と同じように器具排水負荷単位法、定常流量法と同じ考えに基づきます。

❶最小管径は 30mm とします。

❷伸頂通気管（しんちょうつうきかん）の管径は、排水立て管の管径より細くしないようにします。

❸ループ通気管の管径は、排水横枝管（はいすいよこえだかん）と通気立て管のいずれかのうち、小さいほうの管径の１／２より細くならないようにします。

❹排水横枝管の逃（にが）し通気管の管径は、それに接続する排水横枝管の管径の１／２より細くならないようにします。

❺建物の排水タンクに設ける通気管の管径は、50mm 以上とします。

■器具排水負荷単位法によって決める▶▶▶器具排水負荷単位法

❶器具排水負荷単位を求め、排水管の管径を求めます。

❷通気管の長さを求めます。

❸ 200 ページの表 6 より通気管の管径を求めます。

■定常流量法によって決める▶▶▶定常流量法

❶排水横枝管の負荷流量を求めます。

❷「通気管の必要通気量および許容圧力差」の表より必要通気量と許容圧力差を求めます。

❸通気管の計算上の長さを求めます（実長に局部抵抗相当長として実長の１／２を加算）。

❹許容圧力差と通気管の計算上の長さにより圧力損失を求めます。

❺最後に、必要通気量と圧力損失から通気管抵抗線図より管径を求めます。局部抵抗（損失）相当長とは、配管の曲り部分を直管の長さに換算した場合に相当する長さをいいます。「実長に局部抵抗相当長として実長の１／２を加算」とは、直管の長さが 10 ｍあった場合、そのうち曲がりが５ｍ あるとして加算し、15ｍ とします。

例題を解いてみよう

194ページの例題の排水配管図において、通気管a～kの管径を求めよ。ただし、通気管の長さは、a=1.0m、b=0.8m、c=0.8m、d=1.5m、e=1.8m、f=1.4m、g=4.0mとする。

〔平面図〕

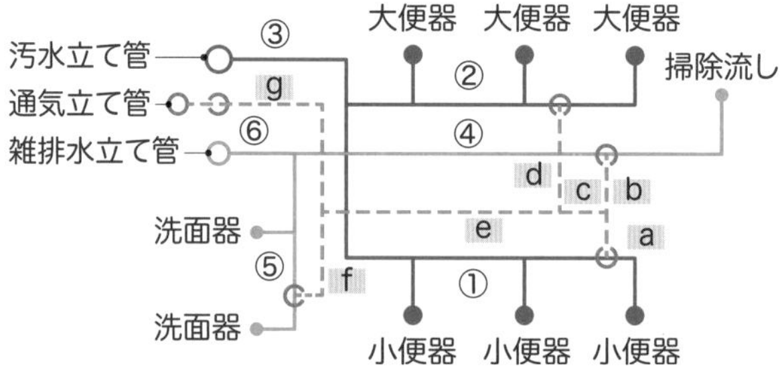

ただし、通気管の長さ：a=1.0m、b=0.8m、c=0.8m、d=1.5m、e=1.8m、f=1.4m、g=4.0m

〔立面図〕

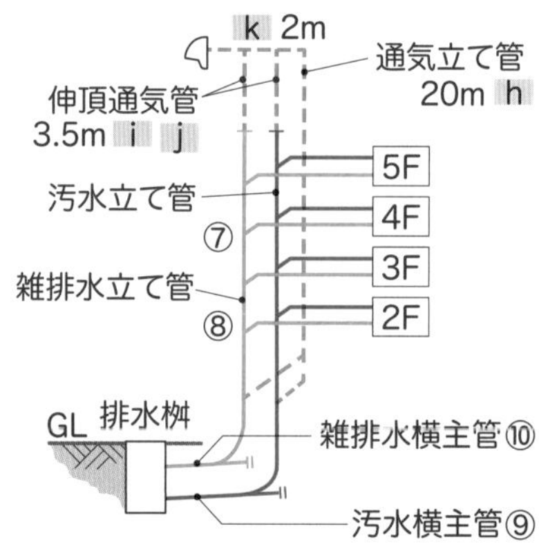

ここでは、器具排水負荷単位法によって求める。

❶ 表3より器具排水負荷単位を求め、表4より接続する排水管の管径を求める。a の器具排水負荷単位は、小便器 3 個を受け持っているので 15 単位となる。b は掃除流し 1 個で 2.5 単位、と順次求めていく。排水管（汚水管）の管径は、通気管が接続されている排水管の管径で、a の排水管管径は①の 75mm である。b は④の 65mm となる。

❷ 次に通気管の長さを求める。a~g の通気管の長さは、例題のただし書きに記してある。a=1.0m、b=0.8m、c は a と b のうち長いほうの a を加算して a+c=1.8m、d=1.5m、e は a+c+e=3.6m …と計算していく。また、通気立て管および伸頂通気管の長さは立面図に記してある。

❸ 表 6 よりループ通気横枝管の管径を求める。a の器具排水負荷単位は 15 単位、排水管管径が 75mm で、器具排水負荷単位数 30 の行を見ると、通気管の長さは 1.0mであるが最長距離 18 mを選び、上にたどると通気管管径 50mm となる。b は、器具排水負荷単位は 2.5 単位だが排水管管径が 65mm のため表 6 の排水管径 65mm、器具排水負荷単位数 42 の行を見て通気管の最長距離 9 m を選び上にたどると40mmとなる。このようにして順次管径を決定していく。なお、h、i、j、k の決定管径は、排水管管径と同じにする。

通気管	器具排水負荷単位	排水管管径〔mm〕	通気管の長さ〔m〕	管径〔mm〕	決定管径〔mm〕
a	15	① 75	1.0	50	50
b	2.5	④ 65	0.8	40	40
c	17.5	① 75	1.8	50	50
d	24	② 100	1.5	50	50
e	41.5	①または② 100	3.6	50	50
f	2	⑤ 65	1.4	40	40
g	43.5	①または② 100	7.6	50	50
h	174	⑨ 100	20.0	65	100
i	18	⑧ 65	3.5	40	65
j	156	⑦ 100	3.5	50	100
k	174	⑦ 100	22.0	65	100

表６　通気管の管径と長さ

汚水または雑排水管の近似管径〔mm〕	器具排水負荷単位数	通気管径〔A〕						
		30	40	50	65	75	100	125
		通気管の最長距離〔m〕						
30	2	9						
40	8	15	45					
40	10	9	30					
50	12	9	22.5	60				
50	20	7.8	15	45				
65	42	—	9	30	90			
75	10	—	9	30	60	180		
75	30	—	—	18	60	150		
75	60	—	—	15	24	120		
100	100	—	—	10.5	30	78	300	
100	200	—	—	9	27	75	270	
100	500	—	—	6	21	54	210	
125	200	—	—	—	10.5	24	105	300
125	500	—	—	—	9	21	90	270
125	1100	—	—	—	6	15	60	210
150	350	—	—	—	7.5	15	60	120
150	620	—	—	—	4.5	9	37.5	90
150	960	—	—	—	—	7.2	30	75
150	1900	—	—	—	—	6	21	60

『改訂第10版　管工事施工管理技術テキスト』技術編　地域開発研究所編・発行より

水道水の水質基準

水質基準に関する省令（平成15年厚生労働省令第101号）より

1	一般細菌	1mの検水で形成される集落数が100以下であること
2	大腸菌	検出されないこと
3	カドミウムおよびその化合物	カドミウムの量に関して、0.003mg/L以下であること
4	水銀およびその化合物	水銀の量に関して、0.0005mg/L以下であること
5	セレンおよびその化合物	セレンの量に関して、0.01mg/L以下であること
6	鉛およびその化合物	鉛の量に関して、0.01mg/L以下であること
7	ヒ素およびその化合物	ヒ素の量に関して、0.01mg/L以下であること
8	六価クロム化合物	六価クロムの量に関して、0.02mg/L以下であること
9	亜硝酸態窒素	0.04mg/L以下であること
10	シアン化物イオンおよび塩化シアン	シアンの量に関して、0.01mg/L以下であること
11	硝酸態窒素および亜硝酸態窒素	10mg/L以下であること
12	フッ素およびその化合物	フッ素の量に関して、0.8mg/L以下であること
13	ホウ素およびその化合物	ホウ素の量に関して、1.0mg/L以下であること
14	四塩化炭素	0.002mg/L以下であること
15	1、4-ジオキサン	0.05mg/L以下であること
16	シス-1、2-ジクロロエチレンおよびトランス-1、2ジクロロエチレン	0.04mg/L以下であること
17	ジクロロメタン	0.02mg/L以下であること
18	テトラクロロエチレン	0.01mg/L以下であること
19	トリクロロエチレン	0.01mg/L以下であること
20	ベンゼン	0.01mg/L以下であること
21	塩素酸	0.6mg/L以下であること
22	クロロ酢酸	0.02mg/L以下であること
23	クロロホルム	0.06mg/L以下であること
24	ジクロロ酢酸	0.03mg/L以下であること
25	ジブロモクロロメタン	0.1mg/L以下であること
26	臭素酸	0.01mg/L以下であること

27	総トリハロメタン（クロロホルム、ジブロモクロロメタン、ブロモジクロロメタンおよびブロモホルムのそれぞれの濃度の総和）	0.1mg/L 以下であること
28	トリクロロ酢酸	0.03mg/L 以下であること
29	ブロモジクロロメタン	0.03mg/L 以下であること
30	ブロモホルム	0.09mg/L 以下であること
31	ホルムアルデヒド	0.08mg/L 以下であること
32	亜鉛およびその化合物	亜鉛の量に関して、1.0mg/L 以下であること
33	アルミニウムおよびその化合物	アルミニウムの量に関して、0.2mg/L 以下であること
34	鉄およびその化合物	鉄の量に関して、0.3mg/L 以下であること
35	銅およびその化合物	銅の量に関して、1.0mg/L 以下であること
36	ナトリウムおよびその化合物	ナトリウムの量に関して、200mg/L 以下であること
37	マンガンおよびその化合物	マンガンの量に関して、0.05mg/L 以下であること
38	塩化物イオン	200mg/L 以下であること
39	カルシウム、マグネシウム等（硬度）	300mg/L 以下であること
40	蒸発残留物	500mg/L 以下であること
41	陰イオン界面活性剤	0.2mg/L 以下であること
42	（4S、4aS、8aR）-オクタヒドロ-4、8a-ジメチルナフタレン-4a（2H）-オール（別名ジェオスミン）	0.00001mg/L 以下であること
43	1、2、7、7-テトラメチルビシクロ〔2、2、1〕ヘプタン-2-オール（別名2-メチルイソボルネオール）	0.00001mg/L 以下であること
44	非イオン界面活性剤	0.02mg/L 以下であること
45	フェノール類	フェノールの量に換算して、0.005mg/L 以下であること
46	有機物（全有機炭素（TOC）の量）	3mg/L 以下であること
47	pH 値	5.8 以上 8.6 以下であること
48	味	異常でないこと
49	臭気	異常でないこと
50	色度	5 度以下であること
51	濁度	2 度以下であること

建築用途別し尿浄化槽の処理対象人員算定基準

類似用途別番号	建築用途					処理対象人員 算定式	処理対象人員 算定単位
1	集会場施設関係	イ	公会堂・集会場・劇場・映画館・演芸場			n=0.08A	n：人員〔人〕 A：延べ面積〔m^2〕
		ロ	競輪場・競馬場・競艇場			n=16c	n：人員〔人〕 c[*1]：総便器数〔個〕
		ハ	観覧場・体育館			n=0.065A	n：人員〔人〕 A：延べ面積〔m^2〕
2	住宅施設関係	イ	住宅	A≦130[*2]の場合		n=5	n：人員〔人〕 A：延べ面積〔m^2〕
				130[*2]＜Aの場合		n=7	
		ロ	共同住宅			n =0.05A	n：人員〔人〕 ただし、1戸当たりのnが、3.5人以下の場合は1戸当たりのnを3.5人または2人（1戸が1居室[*2]だけで構成されている場合に限る）とし、1戸当たりのnが6人以上の場合は1戸当たりのnを6人とする。 A：延べ面積〔m^2〕
		ハ	下宿・寄宿舎			n =0.07A	n：人員〔人〕 A：延べ面積〔m^2〕
		ニ	学校寄宿舎・自衛隊キャンプ宿舎・老人ホーム・養護施設			n=P	n：人員〔人〕 P：定員〔人〕
3	宿泊施設関係	イ	ホテル・旅館	結婚式場または宴会場をもつ場合		n=0.15A	n：人員〔人〕 A：延べ面積〔m^2〕
				結婚式場または宴会場をもたない場合		n=0.075A	
		ロ	モーテル			n=5R	n：人員〔人〕 R：客室数
		ハ	簡易宿泊所・合宿所・ユースホステル・青年の家			n=P	n：人員〔人〕 P：定員〔人〕
4	医療施設関係	イ	病院・療養所・伝染病院	業務用厨房設備または洗濯設備を設ける場合	300床未満の場合	n=8B	n：人員〔人〕 B：ベッド数〔床〕
					300床以上の場合	n=11.43（B－300）+2400	
				業務用厨房設備または洗濯設備を設けない場合	300床未満の場合	n=5B	
					300床以上の場合	n=7.14（B－300）+1500	
		ロ	診療所・医院			n=0.19A	n：人員〔人〕 A：延べ面積〔m^2〕
5	店舗関係	イ	店舗・マーケット			n =0.075A	n：人員〔人〕 A：延べ面積〔m^2〕
		ロ	百貨店			n =0.15A	
		ハ	飲食店	一般の場合		n =0.72A	
				汚濁負荷の高い場合		n =2.94A	
				汚濁負荷の低い場合		n =0.55A	
		ニ	喫茶店			n=0.80A	

＊1　大便器数、小便器数および商用便器数を合計した便器数

＊2　この値は、当該地域における住戸の一戸当たりの平均的な延べ面積に応じて増減できるものとする

JIS A 3302-2000より抜粋

小規模合併処理浄化槽の構造

●分離接触ばっ気方式

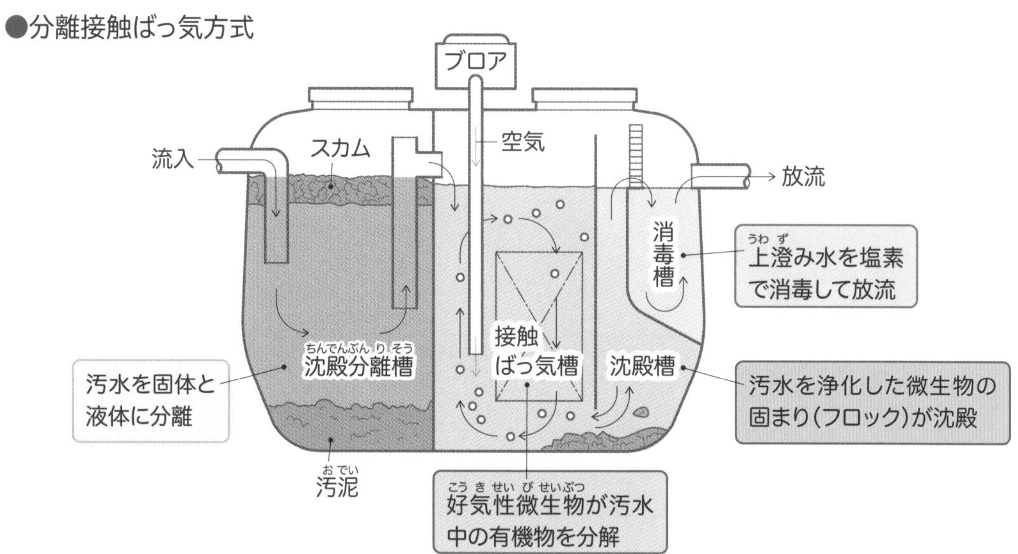

●嫌気ろ床接触ばっ気方式

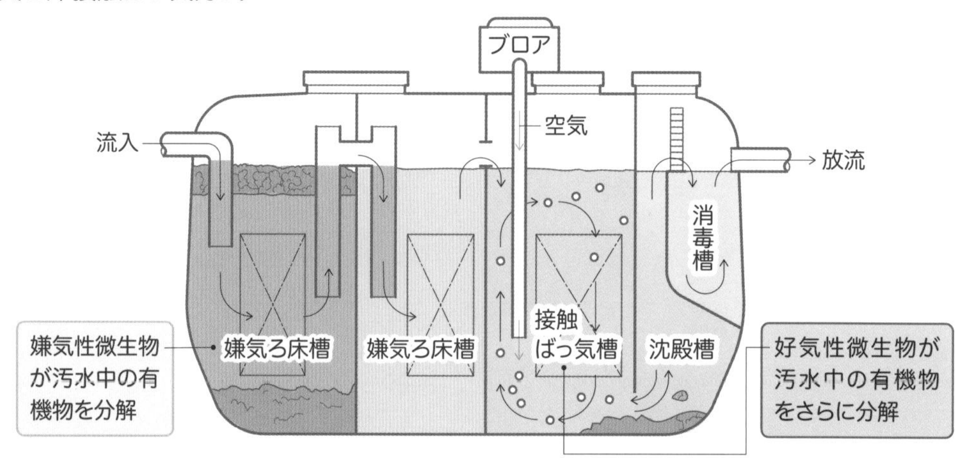

●脱窒ろ床接触ばっ気方式

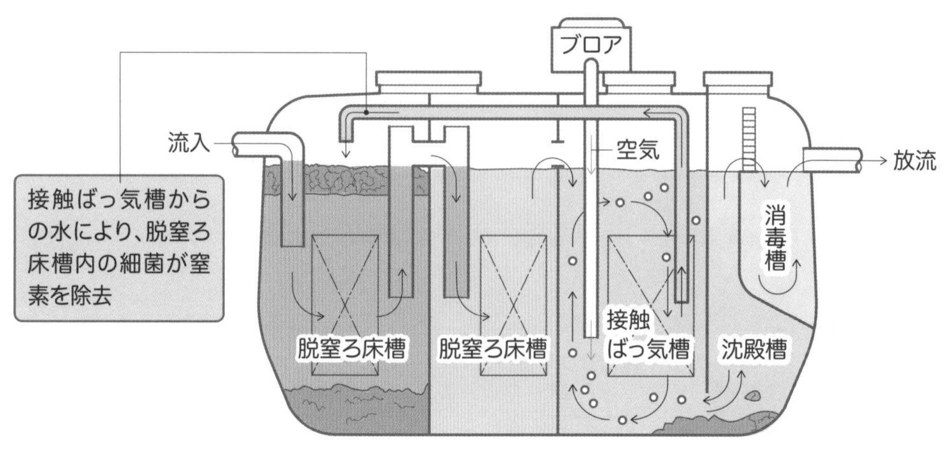

索 引

■ ア行

■ カ行

■ サ行

■ タ行

■ ナ行

■ ハ行

■ マ行

■ ヤ行

■ ラ行

■ 外字

参考文献・資料

『第 14 版　空気調和・衛生工学便覧』 4　給排水衛生設備編　空気調和・衛生工学会編・発行
『SHASE-S 206-2019　給排水衛生設備基準・同解説』空気調和・衛生工学会編・発行
『改訂第 10 版　管工事施工管理技術テキスト』技術編　地域開発研究所編・発行
『イラストでわかる建築設備』山田信亮、打矢瀅二、中村守保、菊地至著　ナツメ社
『図解管工事技術の基礎』打矢瀅二、山田信亮、井上国博、中村誠、菊地至著　ナツメ社
『図解建築設備の知識〈改訂 3 版〉』建築設備の知識編集委員会著　オーム社

●著者
山田　信亮（やまだ　のぶあき）
1946年生まれ。関東学院大学工学部建築設備工学科卒業。一級建築士・建築設備士。
A・K・I設計室（一級建築士事務所）代表、東京テクニカルカレッジ建築設備工学科科長、小山学園就職部長、人材育成センター長、テラハウス／東京工科専門学校建築系統括科長兼建築工学科科長、建築科（夜間）科長を経て、現在、團紀彦建築設計事務所、管理部長兼環境計画担当。
著書に『図解 空調設備の基礎』『図解 消防設備の基礎』『図解 管工事技術の基礎』『イラストでわかる 建築設備』『イラストでわかる ビル設備』（以上ナツメ社）、『図解 建築環境工学の知識』『図解 建築設備の知識』（以上オーム社）、その他多数。

●イラスト
菊地　至（きくち　いたる）
平成14年、東京工科専門学校建築科夜間卒業。商業施設設計施工会社、住宅設計事務所を経て、主に建築関連書籍のイラストレーター、ライターとなる。

編集担当 ――― 山路和彦（ナツメ出版企画）
編集協力 ――― 持丸潤子

本書に関するお問い合わせは、書名・発行日・該当ページを明記の上、下記のいずれかの方法にてお送りください。電話でのお問い合わせはお受けしておりません。
・ナツメ社 web サイトの問い合わせフォーム
https://www.natsume.co.jp/contact
・FAX（03-3291-1305）
・郵送（下記、ナツメ出版企画株式会社宛て）
なお、回答までに日にちをいただく場合があります。正誤のお問い合わせ以外の書籍内容に関する解説・個別の相談は行っておりません。あらかじめご了承ください。

図解 給排水衛生設備の基礎 オールカラー

2023年5月8日　初版発行

著者　山田信亮
イラスト　菊地 至

発行者　田村正隆
発行所　株式会社ナツメ社
東京都千代田区神田神保町 1-52 ナツメ社ビル 1F（〒101-0051）
電話　03（3291）1257（代表）　FAX　03（3291）5761
振替　00130-1-58661
制　作　ナツメ出版企画株式会社
東京都千代田区神田神保町 1-52 ナツメ社ビル 3F（〒101-0051）
電話　03（3295）3921（代表）
印刷所　ラン印刷社

ISBN978-4-8163-7362-6　Printed in Japan
〈定価はカバーに表示してあります〉〈落丁・乱丁本はお取り替えいたします〉